DeepSeek
即时通

提示词重塑AI生产力

黑马王子◎著

清华大学出版社

北　京

内 容 简 介

针对全球 AI 困境——"学不完的 AI 工具，追不上的 AI 更新"，黑马王子张得一教授，融合其四十年"化繁为简"的实践，独创"通用提示词"的"道法术器"体系，授人以"渔"，助人"一通百通"。

道（规律）：以"六套黄金魔方"破解人机交互元规则；

法（策略）：借"六元轮动魔法"动态适配多场景任务；

术（技巧）：用"六套变形魔术"技法实现创意即战力；

器（模型）：创"六路破局魔型"让知识资产秒变生产力。

全书以 300＋图解撕碎技术晦涩，以"万能三想法则"驾驭 AI 智能，更附赠 12 套通用提示词库和行业魔型模板。无论是职场人还是银发族，皆可掌握"提示词之道"，实现"学一当十、一通百通"——纵使百种 AI 技术涌现，读者自能以简驭繁，稳立 AI 时代潮头。

图书在版编目（CIP）数据

DeepSeek 即时通：提示词重塑 AI 生产力 / 黑马王子著 . -- 北京：清华大学出版社，2025.8（2025.10 重印）. --(新时代·技术新未来). -- ISBN 978-7-302-70171-2

Ⅰ. TP18

中国国家版本馆 CIP 数据核字第 2025Q46H18 号

责任编辑：刘　洋
装帧设计：方加青
责任校对：宋玉莲
责任印制：沈　露

出版发行：清华大学出版社
　　　　网　　址：https://www.tup.com.cn，https://www.wqxuetang.com
　　　　地　　址：北京清华大学学研大厦 A 座　　　　邮　　编：100084
　　　　社 总 机：010-83470000　　　　　　　　　邮　　购：010-62786544
　　　　投稿与读者服务：010-62776969，c-service@tup.tsinghua.edu.cn
　　　　质 量 反 馈：010-62772015，zhiliang@tup.tsinghua.edu.cn
印 装 者：小森印刷（天津）有限公司
经　　销：全国新华书店
开　　本：170mm×240mm　　　　印　　张：15.75　　　　字　　数：260 千字
版　　次：2025 年 10 月第 1 版　　　印　　次：2025 年 10 月第 5 次印刷
定　　价：79.00 元

产品编号：113441-01

推荐序一

DeepSeek

通向人机共生的时代
——南开大学新闻与传播学院元宇宙实验室主任　钟沈军教授

在人工智能浪潮席卷全球的今天，DeepSeek 以其卓越的推理能力和开源生态的包容性，正悄然重塑着人类与机器协作的边界。作为一名人工智能领域人机协作的应用者、研究者和传播者，有缘在清华大学出版社的这本《DeepSeek即时通：提示词重塑 AI 生产力》付梓之前得以先睹为快，备感荣幸。

我惊讶于作者将晦涩的技术原理平民化的匠心，更对黑马王子张得一教授年逾古稀躬身入局人工智能的热潮，在未来呼啸而来时一跃而上，驰骋数智星河的矫健身姿而心生敬意。

更为难得的是，作者以"授人以渔"的利他之心，将其闯荡数智星河的亲身经历，潜心研习的经验心得在书中"手把手"倾囊相授，深入浅出传授其苦心孤诣总结出的 DeepSeek 应用宝典，并寄望于读者阅后即通，成为自己数智星河的摆渡人。

不同于市面上那些堆砌代码、罗列技术参数的"极客手册"，这本《DeepSeek 即时通：提示词重塑 AI 生产力》有三大特点。

其一，直抵元规则的"黄金钥匙"。 本书作者、年逾古稀的张得一老师基于对人机交互底层逻辑的深刻洞察，提炼出"通用提示词"的精髓，并锻造出"提问""描述""指令"这打开 AI 之门的"三把黄金钥匙"。

其二，即学即用的"共生手册"。 本书摒弃空洞晦涩的理论说教，全书洋溢着"动手就会"的务实精神。300 余幅精心设计的图解、流程图、思维导图，如同一位耐心的向导，将复杂的操作步骤可视化、直观化。它真正实现了作者追求的即学、即用、即通，从而将 AI 化为本能，进一步推进人机协作的实用共生。

其三，破除 AI 幻觉的"实用良方"。面对 AI 时而出现的"幻觉陷阱"，初学者往往无感而陷入其中。作者以其深厚的实践功底，开出"三想法则"的良方："想深、想透、想明白"。同时通过交叉验证，人工纠错校正的方法，严格防范 AI 幻觉。

本书最值得称道的是，作者深谙《道德经》中"道生一，一生二，二生三，三生万物"的中华哲理，并以"三元万象"定律在"道、法、术、器"四个层面创造性地构建了一套驾驭现代 AI 的实用框架。比如：

在"道"的（规律）层面，有"六套黄金魔方"揭示提示词构建的底层逻辑；

在"法"的（策略）层面，有"六元轮动魔法"提供应对复杂场景的策略框架；

在"术"的（技巧）层面，有"六套变形魔术"展现激发创意潜能的具体技法；

在"器"的（模型）层面，有"六路破局魔型"成为解决实际问题的强大工具。

纵观本书，我们能深刻感受到年逾古稀的长者以其认知系统与生成式大模型完成了一次次实时交互，演绎了"经验沉淀"与"智慧涌现"的现代交响。

作者用半生积累的认知势能，以其特有的大道至简的思维构建了适配东方思维的 AI 认知框架，以"触类旁通"的哲学思维架起了传统智慧与现代科技之间的虹桥，从而在人机交互瞬息万变的海洋开辟出系统框架相对稳定的认知航道。

理论上讲，随着人机交互的深层次推进，一些大模型宣称"人类只需提问"并非只是技术狂妄的喧嚣。但是，本文作者张得一教授却在生成式人工智能应用的战略实践中，完成了一次深刻的反拨——根植于中华现代文明的 DeepSeek 或许将承载着中华文脉的基因驶向智能的星河。而真正的智能不是单向的索取，而是双向的对话；不是算法的奴役，而是人机的共生。技术的持续进化，应该只是人文的镜像；AI 时代最好的启蒙，莫过于让每个人都能成为自己认知宇宙的舵手。

两千多年前，伟大的诗人屈原仰观宇宙，俯察人世，以恢弘磅礴的惊世《天问》，发出了对天地万物、古往今来的深沉叩问："遂古之初，谁传道之？上下未形，何由考之？"

今天，我们站在了智能时代的门槛前，借助 DeepSeek 这样的深度求索系统，将人类奇思妙想的"天问"专注于 AI 独有的创造力的魔幻方框之中，并由此通向一个人机共生智慧涌现的世界。

"路漫漫其修远兮，吾将上下而求索"！

谨以此序，纪念屈子行吟探索宇宙规律与人类命运终极关怀的《天问》，致敬这个用艾草香薰穿越秦砖汉瓦，叩击现代文明的 AI 启蒙时代。

愿每位读者都能在 DeepSeek 的引领下，在人生旅途中探索出自己的深度求索之路。

钟沈军

乙巳年端午 南开园秀山堂

推荐序二

DeepSeek

进入智能时代的密钥

——新华社高级记者　王安

人人知道"未来已来！"

人人知道"AI 产品日新月异！"

人人知道"AI 技术一天十个样！"

朋友，当你深夜加班，看着满屏闪烁的 AI 工具而无从选用时，当你刚刚学会的"魔法咒语"隔天就被新版淘汰时，你是否感觉到你脚下的土地在震颤？

别慌！此刻放在你面前的，不是又一本速朽的技术手册，而是一叶带你穿越时空的轻舟——《DeepSeek 即时通：提示词重塑 AI 生产力》。

这是百万畅销书作者黑马王子张得一教授的又一部扛鼎力作。

DeepSeek 的惊雷已劈开数字苍穹！当工具智能化的浪潮席卷全球，当效率与幸福感的边界被巨浪重塑，你是否仍在迷雾中徘徊？是沦为算法的附庸，还是执掌技术的权杖？答案，就在这本《DeepSeek 即时通：提示词重塑 AI 生产力》中——它不是一本工具书，而是一把劈开认知藩篱的利剑，是一部智能文明的生存法典！

一、何谓"即时通"？——效率革命的四大法则

1. **即时认知**：零基础？无妨！图解化繁为简，大白话帮你秒懂 DeepSeek！

2. **即时学习**：是小白？无忧！"万能三想法则"，帮你三思而为一用就灵！

3. **即时应用**：从"黄金钥匙"到"黄金魔方"，十二章内容帮你即学即用即时通！

4. 即时突破：创"三招破幻"到"十大戒律"直击痛点化风险为跳板！

书中无高深理论，无难懂术语，无翻墙搭梯，唯有实战经验——

职场人用它三个月晋升主策，创业者借其降本三成，技术迷凭此效率翻倍；

学员对联云："秒懂秒会秒回应，精讲精练精准评"，横批"智在指尖"。

二、何能"即时通"？——以实证铸就丰碑

请看 2024 年新版《中国科学家年鉴》对本书作者黑马王子张得一的介绍：

四十年前，作者在其主编的《现代写作学》中提出了"电脑写作"的科学设想，曾任人大常委会副委员长的周谷城为之题写书名，人民日报出版社出版，本书成为全国大专院校教材，作者用其书中独创的"三级飞跃"理论开办**"成人写作即时通"**培训班，半年时间竟培训出一批从中央到地方的写作栋梁。

三十年前，为实践"电脑写作"的科学设想，他发明了"不记不背，动手就会"的"天然码输入法"，湖北省原教委主任陶醒世教授为此题写推荐序，让"即时通"三个字成为一代人的美好回忆。

二十年前，为了筹集"电脑写作"的开发资金，他一头钻进股市，推出了"不记不背，看柱即会"的"股海明灯"论坛，创造了连续 85 个交易日精准兑现预报值的股市神话，也成就了众多**"菜鸟炒股即时通"**的佳话，清华大学出版社将其结集出版《伏击涨停》一书，曾直接登顶新华网"中国影响力图书"榜首；本书相关的内容课题《量学理论及其实用量化标准大数据系统》被列入国家科学信息技术部研究中心"十四五"全国科学技术发展研究规划课题。

十年前，他又重续"电脑写作"的梦想，多次重金聘请高手合作研发电脑写作软件。而今，DeepSeek 横空出世，他高兴得老泪纵横，夜以继日地边实践边写作，再度以"即时通"之书名，将毕生绝学"三级飞跃理论"凝结为 AI 时代的《DeepSeek 即时通：提示词重塑 AI 生产力》！

这不是偶然，而是四十年"化繁为简"的终极爆发。

这不是噱头，而是一部"即时通"的史诗——从预言到传奇。

四十载深耕，步步皆以实践验证理论，以成果奉献社会。《DeepSeek 即时通：提示词重塑 AI 生产力》正是张教授对智能革命的终极解码——用中国哲学驾驭智能技术，让深奥规律归于"大道至简"！

四十年磨砺，只为告诉每个普通人：AI 时代真正的生存力，不是背诵咒语的速记术，而是以简驭繁的通达心。

工具当如筷——趁手方能品味生活百态；

工具当如灯——照亮脚下而非刺眩双目；

工具当如伞——风雨来时撑起一方天地。

三、实践"即时通"！——"道法术器"精彩演绎

本书中，作者用 300 多幅图解撕碎技术晦涩，用十二套魔法破解万般场景，更以"**道法术器**"的中国智慧，将 AI 规律炼成"周天术"。无论职场新人、创业先锋还是企业舵手，皆可在此找到"即学即用、一通百通"的密钥！

1. 以道御器：撕碎术语天障（认知革命）

"六套黄金魔方"，此谓"道"："三把黄金钥匙"开启千锁之门。

2. 以法固道：炼就火眼金睛（学习真言）

"六元轮动魔法"，此谓"法"："三想法则"探索未解之谜。

3. 以术证法：魔方转动万象（应用宝库）

"六套变形魔术"，此谓"术"："三问绝技"通解百业难题。

4. 以器载术：破局利刃出鞘（实战锋刃）

"六路破局魔型"，此谓"器"："三链合一"链合知识生金。

DeepSeek 不是神灵，盲目跪拜终成奴仆；

DeepSeek 亦非洪水猛兽，逃避漠视必被淘汰！

唯有以本书为舟，方能在智能大海中稳舵前行——

提效：让 AI 替你处理琐碎，释放创造潜能；

破局：用"通用提示词"驾驭百种新技术，以不变应万变；

增值：从知识库搭建到智能体训练，让技术真正赋能尊严与幸福！

人类文明的每次跨越，皆始于对工具的驯服。《DeepSeek 即时通：提示词重塑 AI 生产力》，就是驯服 AI 的即时通！愿此书为你点燃火种，以中国智慧领航智能新时代！

你与未来，只差一本《DeepSeek 即时通：提示词重塑 AI 生产力》的距离。

免费赠送

12 套实战模板 +12 套独家思维导图 +12 套通用提示词库 +12 组 120 道问答题，把工具真正**"驯服为筷箸"**！扫描下方二维码下载资源。

DeepSeek即时通
附赠内容

推荐语

在 AI 时代，面对层出不穷的工具与时新日异的变化，许多人无所适从。本书为 AI 学习者和实践者提供了一份难得的"通关秘籍"，以"三把黄金钥匙""六套魔方"的创新方法，帮助你迅速掌握通用提示词，举一反三，一通百通。《DeepSeek 即时通》强调人机协作，鼓励我们用好 AI 工具，激发日常创新潜力，无论你是 AI 领域的新手，还是追求突破的专业人士，本书都能为你打开认知新维度。让我们以本书为桥梁，拥抱 AI 新时代，携手迈向更加广阔的智能世界。

——许泽宇 微软最有价值专家（MVP），华为云开发者专家，AI 科技自媒体博主，上市公司首席架构师

《DeepSeek 即时通》是一本"即学即用即时通，炼智炼慧炼真知"的好书。它以"通用提示词"为牛鼻子，提炼出放之于多种 AI 工具皆准的元规则，助你以不变应万变，实现"学一知十，一通百通"的认知升维！《DeepSeek 即时通》让初学者也能抓住人工智能的规律。人工智能的潜力需要更多的使用者去挖掘，用好国产人工智能软件，助力国产人工智能发展。

——宋科言 "AI 思维体"创始人，北航软件工程硕士，获腾讯网全国观众喜爱的科技科普博主，北京丽科智能公司创始人、首席技术官

本书不仅是一本技术指南，更是一本 AI 时代的生存进化指南。黑马王子为你拆解 DeepSeek 的核心用法，即使你零基础，也能通过"三把黄金钥匙"打开 AI 大门。书中配备针对性练习与测试案例，助你快速掌握要领。《DeepSeek 即时通》的价值不在于炫技，而在于为用户构建认知框架。特别推荐给渴望用 AI 重塑工作与生活的探索者和普通人。

——覃天威　上汽通用五菱汽车股份公司数字化运营经理，高级工程师，公众号"跟锅头一起学 AI"创始人

在 AI 领域，我见过太多学员陷入"学—忘—再学"的循环，工具的频繁更新让人疲惫不堪。《DeepSeek 即时通》是终结这种困境的一剂良方，它是一本真正的实战工具书。

这本书的内容让我这个科班出身的 AI 从业者都十分折服。它没有堆砌晦涩的技术理论，而是用"三把黄金钥匙""六套魔方"手把手教你从小白变成驾驭 AI 的大拿。更重要的是，它立足于 AI 大模型，让先进的 AI 能力真正普惠到每一个普通人。这不仅是一本书，更是对未来最好的投资。

——王虎　浙江大学计算机硕士，公众号"小虎 AI 生活"创始人

全球深陷"学不完的 AI 工具，追不上的 AI 更新"困境，《DeepSeek 即时通》是助你一通百通的珍贵指南。它由浅入深，以一驭万，从核心知识功能到通用提示法宝，"三把黄金钥匙""六套魔方"手把手教菜鸟变成雄鹰。更可贵的是，它不局限于技术实操，而是扎根中华文脉，强调人机共生，突破工具使用，真正以 AI 为翼，探索未知之境。无论是职场进阶、学术深耕，还是掌控 AI 时代主动权，这本书都值得一读，将带你解锁新智能，走进新时代。

——邓永标　中华人民共和国国史学会光明读书会会长，光明日报出版社原总编辑

2025 年，DeepSeek 横空出世，开启中国 AI 发展的新篇章。张得一教授带你掌握 DeepSeek 核心功能，图解易懂，技巧实用，知识库与智能体创建轻松搞定。作为多年互联网从业者和 AI 领域研究者，强烈推荐《DeepSeek 即时通》作为 AI 从业者的必备学习手册，让我们一起踏上这场智慧之旅，开启 AI 时代的新篇章！

——王英武　AI 产业联盟发起人，武汉私域流量研究院创始人，金华域圈全域品牌管理有限公司 CEO

目录

DeepSeek

第六章
DeepSeek 的 "六元轮动魔法" 103

第七章
DeepSeek 的 "六套变形魔术" 130

从《太空歌剧院》到《空天旅行器》

DeepSeek

一、一不小心夺魁的创世杰作

2022 年冬季，一位不会绘画的外行，用 AI（Artificial Intelligence）工具创作了图 0-1 的《太空歌剧院》，这幅作品中的每一个人物、每一个场景、每一个细节，都是由 AI 画出来的。这幅画参加了美国科罗拉多州博览会的艺术比赛，从众多名家名画中脱颖而出，一不小心荣获第一名。

图 0-1　由 AI 创作的艺术作品《太空歌剧院》

一时间，这幅画轰动了美国，轰动了全世界。

请问各位读者，你从这幅《太空歌剧院》里能看到什么？

张三说：看上去，这似乎是一座幽深华美的礼堂，金碧辉煌的舞台上，几位身着长袍的女子，远眺着画面中心的一轮"圆窗"，面对礼堂里的观众，进行着歌剧演唱表演，神秘的氛围弥漫在这座殿堂里……

张三说的对吗？似乎是对的。

李四说：我怎么也看不出这是"太空歌剧院"，因为这里看不出有"太空"的丝毫影子，或者说这里根本就看不出歌剧院在太空里。

李四说的对吗？好像也是对的。

王五说：看这场景，就是一般的歌剧院，中间的那个圆窗，也就只是一个视频的投影，标题名为《太空歌剧院》只是吸引人的噱头罢了。

王五说的对吗？仿佛也是对的。

错了！错了！错了！重要的事情说三遍。全都错了！

所有人都忽略了一个划时代的真相：**人类第一次用语言直接驾驭创造力**。真正的启示藏于画布之外：这是人类首次用自然语言直接编译想象力。创作者不再是执笔人，而是"思维架构师"——用精准的提示词在 AI 的画布上浇筑脑中的宇宙。从这幅画，我们应该看到一个崭新的时代来临了！

这是一个使人震惊、催人奋进、令人神往的伟大时代的到来。

据该画作者介绍，他借用了一款名叫 Midjourney 的 AI 绘图工具，通过一个类似"文字游戏"的过程，输入题材、光线、场景、角度、氛围等等有关画面效果的"提示词"，并做了反复的调整和修改，总共用了 80 个小时。

80 小时的"文字游戏"击败了数十年功力的艺术大师，"不会绘画的人"用提示词重构了创作范式。

他是怎么做到的？在这位作者看来，这个作品是"人与 AI"的一次成功合作。他说："我觉得我所做的那部分工作，更像是一位作家。我用尽可能精确、具体的词语来描述脑海中理想的画面，让 AI 帮我画出来。"

作者所说的，**"他更像是一位作家"**，他与电脑之间的**"文字游戏"**，就是**"人与 AI 之间"**的交流与提示，也就是人将自己的想法告诉电脑，电脑把人的想法表达出来。

这并非简单的"文字游戏"，而是一场思维的升维革命。创作者自称"像作家般精准描述画面"，AI 则成为将抽象想象具象化的神笔。正如作者所说："**提示词是打开 AI 潜能的钥匙，是点石成金的魔杖，更是跨越专业壁垒的咒语。**"

受到《太空歌剧院》的启发，老夫聊发少年狂，我也与电脑 AI 来了一段"文字游戏"，我不会绘画，只是根据想象，写了几段"提示词"，让 AI 帮我生成一幅画作《空天旅行器》，几经周折，AI 的作图如下（图 0-2）。

这幅画虽然不那么理想，但它让我通过这种"文字游戏"，开启了一段神奇的心灵旅行。它使我认识到，只要有 AI 这个工具，只要我们学会了"奇思妙问"的提示词，什么人间奇迹都能创造出来。

图 0-2　作者用提示词实现的星际幻想——《空天旅行器》

笔者以《空天旅行器》为命题与 AI 共舞，虽未臻完美，但这场合作已揭示了一串真理：

在 AI 时代，思想的质量决定输出的高度；

每个形容词都是调参旋钮，每个比喻都是神经网络权重；

创造力民主化：艺术不再属于握笔的手，而属于会用 AI 的大脑。

外行与专家的界限在此消融，唯一的分水岭在于：你是否掌握了与机器进行"文字游戏"的能力——运用提示词。

这个"提示词"，犹如一把"钥匙"，可以打开 AI 的无限潜能；

这个"提示词"，就像一柄"魔杖"，可以点化 AI 的无限可能；

这个"提示词"，活像一句"咒语"，可以激活 AI 的无限奇能。

更神奇的是——

这个"提示词"，可以让外行迅速变成内行；

这个"提示词"，可以让新手瞬间超越老手；

这个"提示词"，可以让业余即时胜过专业；

这个"提示词"，可以让"菜鸟"眨眼变为"雄鹰"。

总之——

有了"提示词"，我们才能叩开 AI 大门，才能进入 AI 时代！

让我们进入 AI 时代的神奇天地吧！

二、日新月异的智能时代

2022 年 11 月 30 日，由 OpenAI 公司发布的生成式聊天工具 ChatGPT 横空出世，它可根据用户要求，快速生成文章、生成故事、生成诗歌、生成剧本、生成代码、生成音乐、生成视频……并且具有多轮对话、认错改错等"类人"的特点，让全世界惊喜不已。

1 周百万用户，碾压互联网史上所有产品；资本市场陷入癫狂：BuzzFeed 股价 3 日翻了 3 倍，A 股概念股鸿博股份半年涨了 6 倍；全球开启"科技军备竞赛"：400 万家企业卷入大模型浪潮；但西方技术霸权的神话在 2025 年春节被打破了——

中国"深度求索"祭出 DeepSeek，以七大降维打击重塑游戏规则，见表 0-1。

表 0-1 七大降维打击重塑 AI 游戏规则

维度	ChatGPT	DeepSeek
用户增速	2月破亿	7天1亿（快8倍）
训练成本	数亿美元	不到左侧1/10成本
架构创新	Transformer	MoE+强化学习框架
算力依赖	十万级GPU集群	干级TPU超越左侧
商业落地	API 接口	端到端行业解决方案
伦理规范	被动约束	主动价值对齐引擎
生态建设	开发者工具	全民通用提示词学院

如图 0-3 所示，这就是"中国功夫"！这就是中国速度！

DeepSeek **7 天 1 亿名用户，增速超 ChatGPT 8 倍；**

DeepSeek **性能碾压 GPT-4o，训练成本却不到 1/10；**

DeepSeek 的 **MoE 架构 + 强化学习框架，打破"算力霸权"魔咒；**

更令人惊叹的是：资本市场用涨停潮致敬这场技术革命。笔者 2 月 3 日披露的（3+15）概念股次日全线封板，这不是投机狂欢，而是对**中国智造登顶 AI 之巅**的集体确认！

当央视播报 DeepSeek 重塑全球 AI 格局的消息时，全球华人无不欢欣鼓舞热泪盈眶，属于中国人的时代终于到来了，见图 0-3。

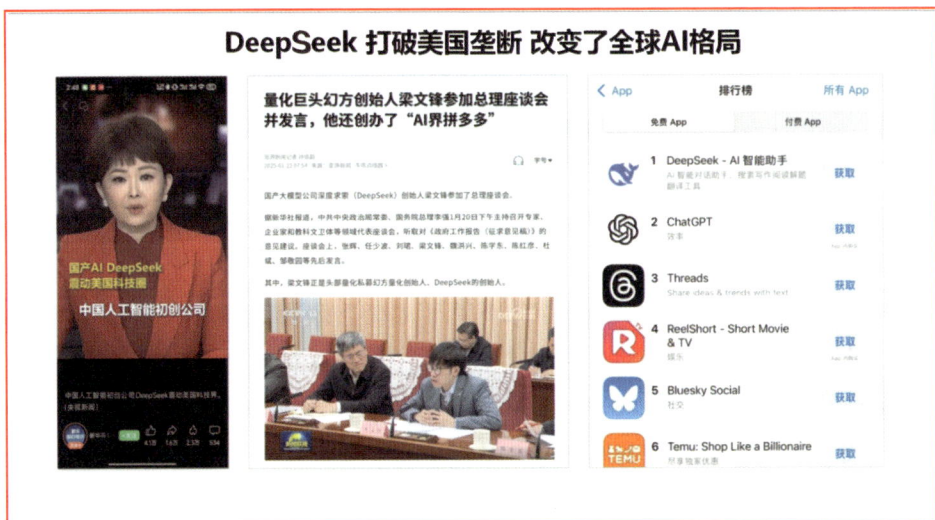

图 0-3　央视播报 DeepSeek 的动人场面

三、振奋人心的智能应用

DeepSeek 横空出世，犹如一声惊雷劈开垄断，跻身世界最强大模型行列，开启了中国人工智能崭新的春天，引爆了中国 AI 生态链……

DeepSeek 引发的，不是技术升级，而是文明层级的跃迁：

DeepSeek 引燃的 AI 革命浪潮，迎来了广泛而深刻的实践落地。超级 AI 的应用不再局限于特定领域，而是以前所未有的速度渗透进我们生活的每一个角落——从家庭娱乐到教育学习，从职场办公到生产制造，百业千行正经历着 AI 赋能的深刻变革，迎来了全面的智能化升级。

在这场智能化浪潮中，掌握 AI 技能，学习驾驭这一神奇工具，已成为提升个人和集体竞争力、适应未来社会的关键所在。它不仅关乎于技术的精进，更是思维方式的革新，要求我们具备跨学科的知识体系、创新思维的能力以及持续学习的态度。

"越来越重要" 的，是认识到 AI 作为时代进步的加速器，能够解锁前所未有的生产效率与创造力；

"越来越急迫" 的，是加速个人与组织的转型步伐，升级我们的大脑，以免在这场科技竞赛中掉队；

"越来越普遍" 的，是 AI 在日常生活中的应用场景，它正以温柔而坚定的方式，改变着我们的生活方式与工作模式。

因此，无论什么人，无论是学生、职场人士还是行业领袖，都应积极拥抱AI，主动学习 AI，探索 AI 与自己专业领域的融合，共同塑造一个更加智能、高效、可持续的未来世界。

从现在开始，你与未来的距离，只差一次思维跃迁。

在这场浪潮中，观望者将被淘汰，驾驭者重写规则。

本书将为你揭示：

如何用"黄金提示词"唤醒 AI 的洪荒之力；

怎样用"道—法—术—器"四维知识体系实现降维打击；

为何说"人机协同"是 21 世纪最核心的元技能？

现在，请你深呼吸——

接下来每一页都将颠覆你对"智能"的认知。

这不是预言，而是正在发生的现实。

这不是教科书，而是通往未来路上的"通关文牒"。

此刻，你手握的不是书籍，而是穿越智能奇点的星图；

翻页的刹那，你已踏上两条道路：

向左：继续做旧世界的原住民；

向右：成为新文明的开拓者。

《DeepSeek 即时通：提示词重塑 AI 生产力》，必是你跨越认知边疆的"护照"。

（第一页的墨香尚未散去，未来已在键盘上绽放。）

更多精彩
扫码关注

AI大观园

DeepSeek
核心知识图解

DeepSeek

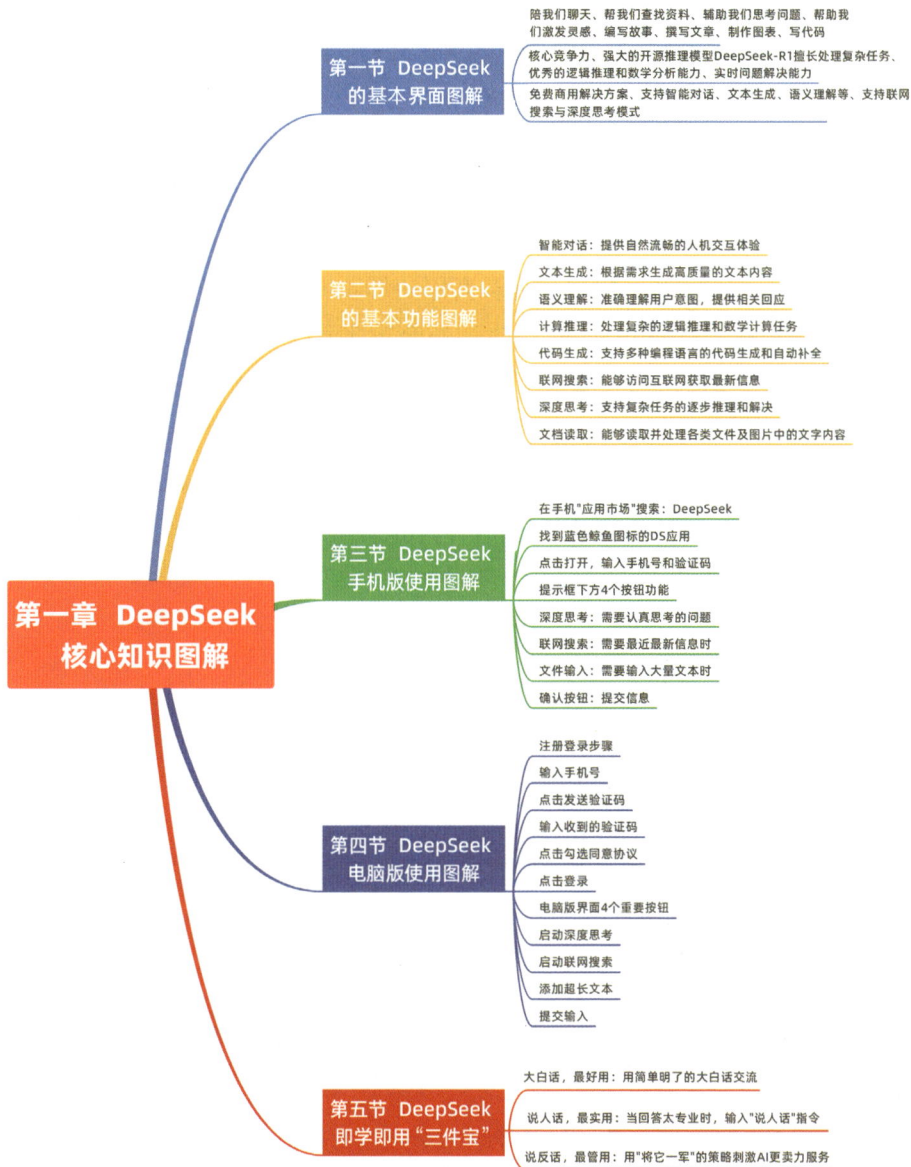

第一节 DeepSeek 的基本界面图解
- 陪我们聊天、帮我们查找资料、辅助我们思考问题、帮助我们激发灵感、编写故事、撰写文章、制作图表、写代码
- 核心竞争力、强大的开源推理模型DeepSeek-R1擅长处理复杂任务、优秀的逻辑推理和数学分析能力、实时问题解决能力
- 免费商用解决方案，支持智能对话、文本生成、语义理解等，支持联网搜索与深度思考模式

第二节 DeepSeek 的基本功能图解
- 智能对话：提供自然流畅的人机交互体验
- 文本生成：根据需求生成高质量的文本内容
- 语义理解：准确理解用户意图，提供相关回应
- 计算推理：处理复杂的逻辑推理和数学计算任务
- 代码生成：支持多种编程语言的代码生成和自动补全
- 联网搜索：能够访问互联网获取最新信息
- 深度思考：支持复杂任务的逐步推理和解决
- 文档读取：能够读取并处理各类文件及图片中的文字内容

第三节 DeepSeek 手机版使用图解
- 在手机"应用市场"搜索：DeepSeek
- 找到蓝色鲸鱼图标的DS应用
- 点击打开，输入手机号和验证码
- 提示框下方4个按钮功能
- 深度思考：需要认真思考的问题
- 联网搜索：需要最近最新信息时
- 文件输入：需要输入大量文本时
- 确认按钮：提交信息

第四节 DeepSeek 电脑版使用图解
- 注册登录步骤
- 输入手机号
- 点击发送验证码
- 输入收到的验证码
- 点击勾选同意协议
- 点击登录
- 电脑版界面4个重要按钮
- 启动深度思考
- 启动联网搜索
- 添加超长文本
- 提交输入

第五节 DeepSeek 即学即用"三件宝"
- 大白话，最好用：用简单明了的大白话交流
- 说人话，最实用：当回答太专业时，输入"说人话"指令
- 说反话，最管用：用"将它一军"的策略刺激AI更实力服务

第一章 DeepSeek 核心知识图解

第一节 DeepSeek 的基本界面图解

有人问：DeepSeek 是什么？它长什么样子？

王子答：DeepSeek 就是一种 AI 工具，它能陪我们聊天，能帮我们查找资料，能辅助我们思考问题，能帮助我们寻找灵感，还能帮我们编写故事，撰写

文章，制作图表，甚至帮我们写代码。总之，它就像一位无所不知的智慧精灵，能为我们提供超越想象的智能服务。当然，它无法直接替你作出决定，最终还是要由人工来判断对与错、决定取与舍。

DeepSeek 的核心竞争力在于其强大的开源推理模型 DeepSeek-R1，该模型擅长处理复杂任务，具备优秀的逻辑推理、数学分析和实时问题解决能力。此外，作为一家专注通用人工智能（Artificial General Intelligence，AGI）的中国科技公司，DeepSeek 提供了免费商用的解决方案，支持智能对话、文本生成、语义理解、计算推理、代码生成补全等多种应用场景，并且支持联网搜索与深度思考模式。这些特点使得 DeepSeek 在同类产品中具有显著的竞争优势。

关于它"长什么样子"，因为它是一种软件，所以它在不同的终端设备上有不同的样子，下面以电脑为例，讲讲它的基本样子和基本功能。

首先，我们在电脑的地址栏输入 chat.deepseek.com 就能看到它，见图 1-1。

图 1-1　DeepSeek 在电脑上的界面说明

图 1-1 中那个灰色的输入框非常重要，它是我们与 DeepSeek 对话的唯一通道，我们往这个框框里输入任何信息，都能得到 DeepSeek 的回应。

例如，我们往这个文本框里输入一句话："我不懂电脑，我能学会用DeepSeek 吗？"

此时此刻，我们和 DeepSeek 的对话就开始了，见图 1-2。

它给我们回答了一段话、五个建议，最后还给了一句鼓励的话。

图 1-2 中 DeepSeek 给出的"五个建议"非常重要。

不懂电脑也能学用DeepSeek

**右侧是我们输入的问题
下方是DeepSeek回答**

我不懂电脑，我能学会用DeepSeek吗？

当然可以！即使你不懂电脑，也可以学会使用DeepSeek。DeepSeek的设计通常是为了让用户能够轻松上手，即使没有太多技术背景。

以下是一些帮助你入门的建议：

1. **逐步学习**：不要急于掌握所有功能，先从基础操作开始，慢慢熟悉界面和基本功能。

2. **查看教程**：DeepSeek通常会有官方教程或帮助文档，这些资源可以帮助你了解如何使用它。

3. **实践操作**：多动手尝试，实际操作是最好的学习方式。你可以从简单的任务开始，逐步增加难度。

4. **寻求帮助**：如果你遇到问题，可以向朋友、同事或在线社区寻求帮助。很多人愿意分享他们的经验和技巧。

5. **保持耐心**：学习新技能需要时间，不要因为一开始的困难而气馁。随着使用次数的增加，你会越来越熟练。

只要你愿意花时间去学习和实践，你一定能够掌握DeepSeek的使用方法。加油！

图 1-2　和 DeepSeek 的第一次对话

本书的写作目的，就是要让读者即学即会，立竿见影，进入"即时通"的境界。为了读者的方便，本书将 DeepSeek 简称为 DS。

在这里，自信地告诉大家：跟着笔者学 DS，完全可以即时通！请看下文，边看边学边用，保证立竿见影！

第二节 DeepSeek 的基本功能图解

上面，我们刚才与 DeepSeek 的对话，是简单的一问一答，DeepSeek 对我们提问的答复，采用了陈述的方式，回答得非常简明直白。

下面，我们再给 DeepSeek 提出一个复杂的问题，看看它怎么回答。我们提出的问题是："树上有十只鸟，小明用弹弓打下一只，还剩几只？"DeepSeek 的回答见图 1-3。

你看 DeepSeek 的推理和结论，是不是无懈可击？

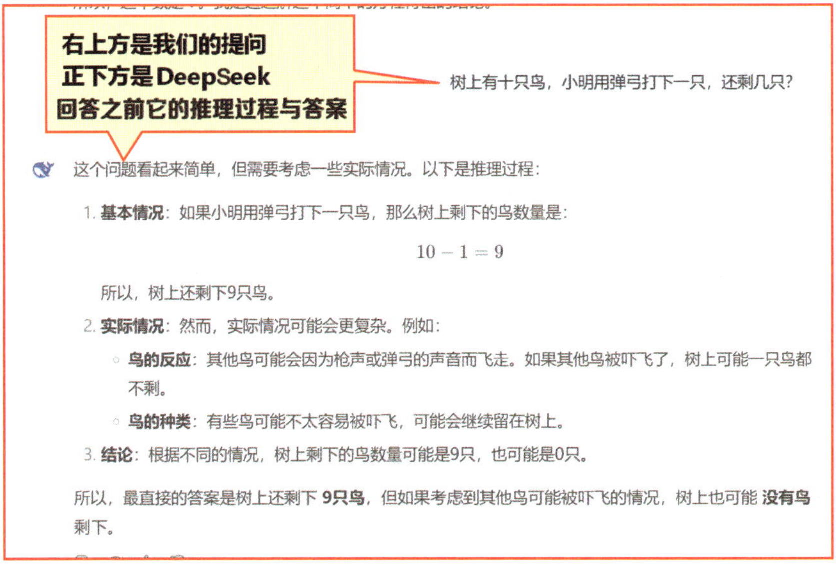

右上方是我们的提问
正下方是DeepSeek
回答之前它的推理过程与答案

树上有十只鸟，小明用弹弓打下一只，还剩几只？

这个问题看起来简单，但需要考虑一些实际情况。以下是推理过程：

1. **基本情况**：如果小明用弹弓打下一只鸟，那么树上剩下的鸟数量是：

$$10 - 1 = 9$$

所以，树上还剩下9只鸟。

2. **实际情况**：然而，实际情况可能会更复杂。例如：

   - **鸟的反应**：其他鸟可能会因为枪声或弹弓的声音而飞走。如果其他鸟被吓飞了，树上可能一只鸟都不剩。
   - **鸟的种类**：有些鸟可能不太容易被吓飞，可能会继续留在树上。

3. **结论**：根据不同的情况，树上剩下的鸟数量可能是9只，也可能是0只。

所以，最直接的答案是树上还剩下 **9只鸟**，但如果考虑到其他鸟可能被吓飞的情况，树上也可能 **没有鸟** 剩下。

图 1-3　DeepSeek 的推理式回答

在 DeepSeek 问世之前，那些非常著名的 AI 工具，回答的都是"打下一只鸟，还剩九只鸟"。只有 DeepSeek 的回答有理有据，还有思考，精彩而完美。DeepSeek 的这个推理功能，将 AI 的智能提升到了一个新的高度，连美国的 OpenAI 等全球 AI 引领者也不得不引进 DeepSeek 的技术或加入其队伍。

由此可见，DeepSeek 的诞生，是全球 AI 由"陈述模型"向"推理模型"进化和蜕变的一个里程碑！

也就是说，DeepSeek 之前的 AI 都是陈述式模型，DeepSeek 之后的 AI 逐渐向推理靠拢，毫无疑问，DeepSeek 开创了推理模型的新纪元。

清华智谱清言对"陈述模型"与"推理模型"的比较见表1-1。

表 1-1　清华智谱清言对"陈述模型"和"推理模型"的比较

二者对比	陈述模型功能	推理模型新增
模型特长	语言流畅性高，擅长文本生成与续写	逻辑推理能力强，擅长解决复杂问题
处理任务	日常对话、简单问答、文本创作等	数学难题、法律条文、代码生成、多步骤逻辑推理等
知识来源	主要基于训练数据中的统计模式，新知识泛化能力有限	能融合结构化知识，通过推理路径进行知识运用与推导
答案准确	表面合理，但可能缺乏深层次逻辑支撑	答案逻辑清晰，能够提供详细的推理步骤和解释
适应场景	社交媒体互动、内容创作、简单信息查询等	学术研究、专业领域问题解答、复杂决策支持等

从表 1-1 可知，凡是"陈述模型"具备的功能，"推理模型"都有，并且在"陈述模型"的基础上，新增了许多重要功能，将我们使用 AI 的体验，提升到一个新的高度。

DeepSeek 的主要功能包括：

1. 智能对话：提供自然流畅的人机交互体验。

2. 文本生成：根据需求生成高质量的文本内容。

3. 语义理解：准确理解用户意图，提供相关回应。

4. 计算推理：处理复杂的逻辑推理和数学计算任务。

5. 代码生成：支持多种编程语言的代码生成和自动补全。

6. 联网搜索：能够访问互联网获取最新信息。

7. 深度思考：支持复杂任务的逐步推理和解决。

8. 文档读取：能够读取并处理各类文件及图片中的文字内容。

这些功能使得 DeepSeek 适用于广泛的场景，包括但不限于智能客服、内容创作、编程辅助和数据分析等。

除此之外，DeepSeek 还有看图识字、看图会意、图片描述、思维导图、文章归纳、思维链、PPT 生成等特殊功能。我们将在后面的"使用 DeepSeek 创作图片视频"中进行详细的介绍。

现在你是否急切地想使用 DeepSeek 了？

好！我们现在开始使用吧！

第三节 DeepSeek 手机版使用图解

在手机的"应用市场"里搜"DeepSeek"，就会出现如下页面（见图 1-4）。

第 1 步：在搜索栏输入"DeepSeek"；

第 2 步：找到第一个有蓝色鲸鱼图标的，这就是 DS；

第 3 步：点击打开就行。按照手机上的提示，输入手机号和验证码，就可在"提示框"中输入你的问题或要求了（见图 1-5）。

DeepSeek 提示框下方的 4 个按钮功能如下：

1. 深度思考：凡需要认真思考的问题，可以点击这个。

2. 联网搜索：凡需要最近最新的信息，可以点击这个。

3. 文件输入：凡需要输入大量文本的，可以点击这个。

4. 确认按钮：你的信息填写完成之后，点击这里提交，或回车确认，它就开始工作了（见图 1-6）。

现在，我们可以用手机和 DeepSeek 对话了。

大胆使用吧，别担心用坏它。你使用得越多，它就越聪明，就越懂你，一不小心，它就成为你的心腹助手了。

图 1-4　搜索 DeepSeek

图 1-5　DeepSeek 的提示框

图 1-6　和 DeepSeek 对话

第四节 DeepSeek 电脑版使用图解

很多中老年读者操作手机不太方便，就可以用电脑操作。

首先，请打开电脑浏览器；

然后，在网页地址栏输入：https：//chat.deepseek.com/。

电脑网页版 DeepSeek 注册登录的步骤见图 1-7。

图 1-7　电脑网页版 DeepSeek 注册登录步骤

第 1 步：输入您的手机号；

第 2 步：点击发送验证码；

第 3 步：输入收到的验证码；

第 4 步：点击勾选同意协议；

第 5 步：点击登录。

登录成功之后，您就可以在"提示框"中开始和 DS 交流了，见图 1-8。

图 1-8 下方的 4 个按钮非常重要。从左到右简介如下：

1. 点此启动深度思考。

2. 点此启动联网搜索。

3. 点此添加超长文本。

4. 点此或回车确认。

备注：DeepSeek 的高级功能（如深度思考、联网搜索、上传文档等功能将放到第二章去详解，这里不再赘述）。

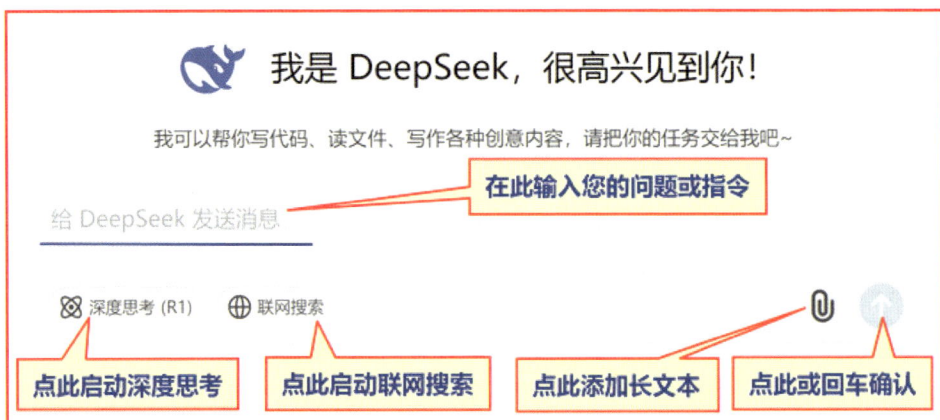

图 1-8　电脑网页版 DeepSeek 使用图解

第五节　DeepSeek 即学即用"三件宝" 》》》》

本书书名是《DeepSeek 即时通：提示词重塑 AI 生产力》，所以每章都有即时练，本节我们就来实践一下。

DeepSeek 所有界面，直观简明；所有操作，动手就会。不信？给你三个提示词（也就是"即学即用'三件宝'"），保证你"即学即用、一点即通"。

▶ 第一宝：大白话，最好用

DeepSeek 非常坦荡，特别喜欢简单明了的大白话，只要你用大白话和它交流，它可以像老朋友一样待你。例如你说"帮我写一份去 ××× 的旅游规划""帮我制订一套 ××× 的练习计划"，它会非常热情地为你服务。

再如"请你帮我写一首赞美《深度探索》的七言绝句"（见图 1-9）。

你看，DeepSeek 给你写的七言绝句怎么样？很有诗的味道。借用这首诗，我们来看看其中隐藏的 4 个小窍门，可帮我们提升使用效果：

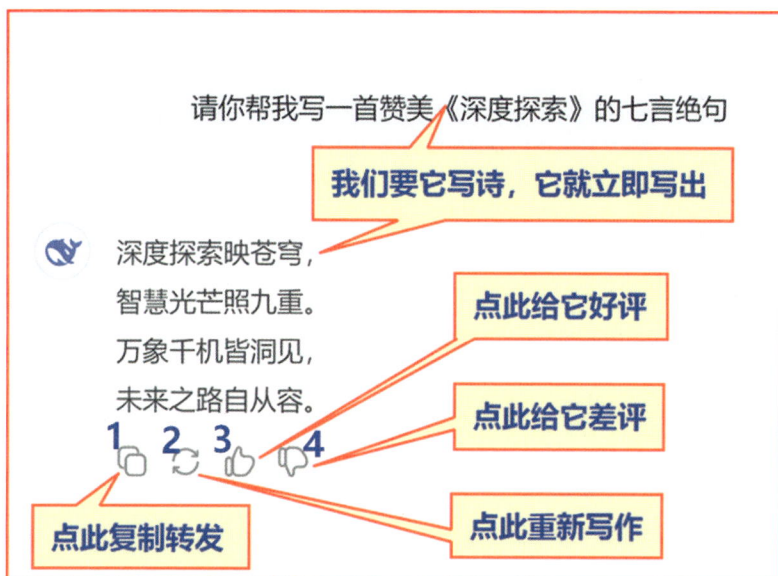

图 1-9　电脑版 DeepSeek 为你写的诗及 4 个使用窍门

1. 点此复制转发。

2. 点此重新写作。

3. 点此给它好评。

4. 点此给它差评。

只要你经常使用上述 4 个窍门，DeepSeek 将熟悉你的爱好，懂得你的需求，最后和你的思想共鸣，成为你忠实的 AI 伴侣。DeepSeek 是开源软件，不收费，您可以随意提问，持续练习，直到自己熟练掌握。

▶ **第二宝：说人话，最实用**

DeepSeek 或其他 AI 工具，都有一个通病，它们为了彰显自己的专业水平或权威形象，常常在回答用户问题的时候装模作样、故弄玄虚，摆出一副高高在上的模样，给出一些很专业、很深奥的回答，普通人很难理解。

例如我们提问"请解释一下 DeepSeek 大模型训练的基本原理"。

它的回答如下，见图 1-10。

我们的"三元提示"
DeepSeek的回答

请解释一下DeepSeek大模型训练的基本原理

DeepSeek 大模型训练的基本原理涉及深度学习、大规模数据处理和分布式计算等多个领域的知识。以下是对 DeepSeek 大模型训练基本原理的详细解释：

1. 模型架构

DeepSeek 大模型通常基于 **Transformer 架构**，这是目前最先进的自然语言处理（NLP）模型架构。Transformer 的核心组件包括：

- **自注意力机制（Self-Attention）**：用于捕捉输入序列中不同位置之间的关系。
- **多头注意力（Multi-Head Attention）**：通过多个注意力头并行处理信息，增强模型的表达能力。
- **前馈神经网络（Feed-Forward Network）**：对每个位置的表示进行非线性变换。
- **层归一化（Layer Normalization）和残差连接（Residual Connection）**：用于稳定训练过程并加速收敛。

以上解说太专业
下面还有三页更
专业的讲解

2. 数据预处理

大模型的训练需要海量的高质量数据。数据预处理包括以下步骤：

- **数据收集**：从互联网、书籍、论文等来源收集文本数据。
- **数据清洗**：去除噪声数据（如重复文本、无意义字符等）。
- **分词与编码**：将文本转换为模型可理解的数字形式（如使用 BPE 算法进行子词分词）。
- **数据增强**：通过数据增强技术（如随机掩码、文本替换等）提高数据的多样性和模型的鲁棒性。

3. 训练目标

大模型的训练目标通常基于 **自监督学习（Self-Supervised Learning）**，即通过设计任务让模型从未标注的数据中学习。常见的训练目标包括：

图 1-10　DeepSeek 用专业术语解释大模型的训练普通人很难懂

如图 1-10 所示，DeepSeek 的解说太专业、太深奥、一副高高在上的高傲样子，一副卖弄技术的高贵面孔，一般人根本看不懂。怎么办？

凡是碰到这样的情况，你只要给它三个字，它就可以立即放下高高在上的架子，低下身板，老老实实地为我们服务。

这三个字就是："说人话"。

例如，在我们看到图 1-11 中这么难懂的、高高在上的回答时，我们可以立即给它发出三个字："说人话"。

它一接到这个指令，马上就会乖乖地"说人话"，想方设法地讲解让普通人也能听懂高深的道理。

请看 DeepSeek 收到"说人话"指令后的回答（见图 1-11）。

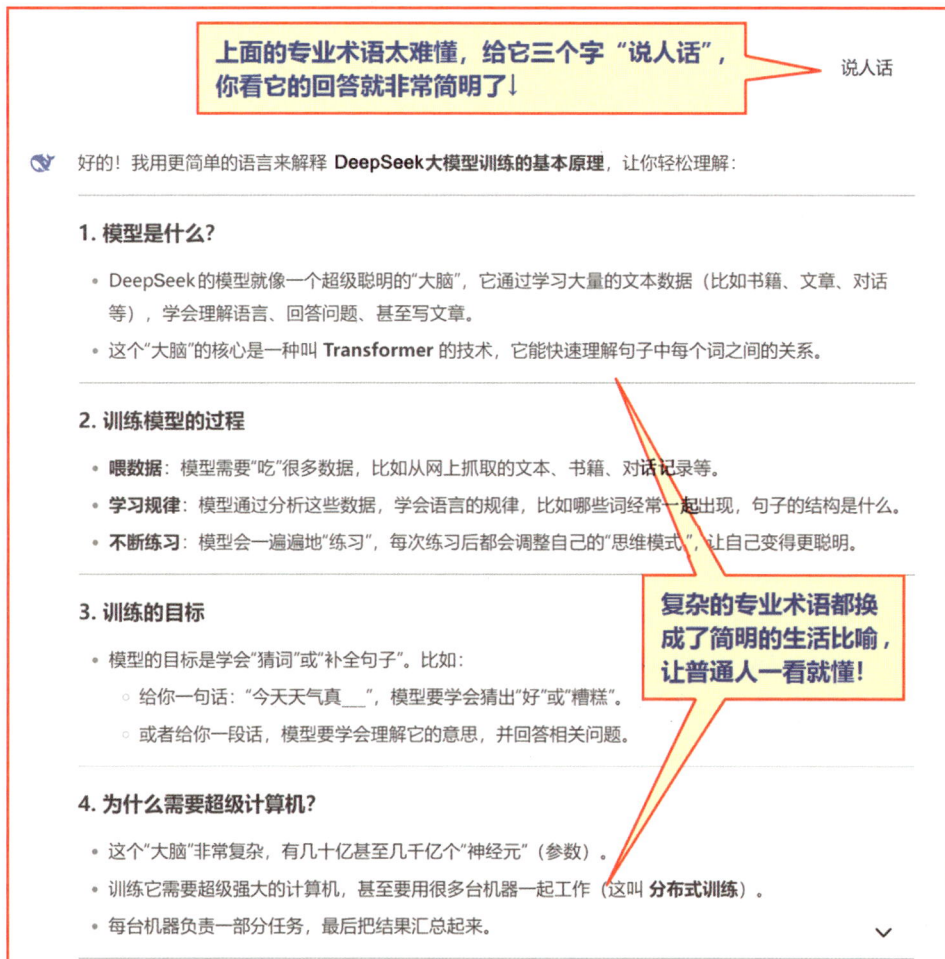

图 1-11　DeepSeek 按要求"说人话"就好懂了

如图 1-11 所示，DeepSeek 的回答中再也找不到那些高高在上的摆架子的东西，而是全部变成了通俗易懂的、生活化的、比喻化的讲解。如果你感觉还是听不懂，还可以要它再来一次"说人话"，它会一次比一次更老实、更贴心。

你还可以在通常的提示词后面加上"说人话"三个字，它就不会在你面前摆架子、耍大牌了。不信，你可以多试几次。

▶ 第三宝：说反话，最管用

DeepSeek 有一套自己的思维链，也就是它自带思考逻辑。那么，如果你想要 DeepSeek 更卖力地为你服务，你就要运用"将它一军"的策略，说反话，刺激它，让它服从你的意志。

例如，当你请它拿出某个方案后，它往往会得意忘形地自夸一番。这时：

你可以"将它一军"：请你列出 10 个反对理由之后，再给方案。

还可以"将它一军"：如果你是老板，你会怎样批评这个方案？

或者再"将它一军"：这个方案你满意吗？请你复盘 100 轮后回答。

当然，"列出 10 个反对理由""复盘 100 轮后回答"有点过分，我们可以适当调整这个数值，有"将它一军"的动作就行。下面我们就来做一番实操，看看 DeepSeek 被"将军"是什么反应？有什么举动？

我们的实操步骤如下：

第一步：向 DeepSeek（智林猫）提出一个苛刻问题，见图 1-12。

图 1-12　我们向 DeepSeek 提出一个苛刻的问题

提示词是：请提供一份"京郊避暑三日游三地"的方案，能自驾游京郊最凉爽的三个胜地、有水景、观夜景、住民宿、吃农餐，周五从沙河出发，周日下午回沙河，要求不走重复路，一路都是新鲜的感觉。

为了让全国的读者都能享受到这种 AI 乐趣，我们的要求有点苛刻：第一，要求京郊避暑三日游三地；第二，要求自驾游京郊最凉爽的三个胜地；第三，要求有水景、观夜景、住民宿、吃农餐；第四，要求周五从沙河出发，周日下午回沙河；第五，要求不走重复路，一路都是新鲜的感觉。

DeepSeek 收到我们的提示之后，搜索了 37 个网站，深度思考了 31 秒钟，其思考内容见图 1-13。

如图 1-13 所示，DeepSeek 的思考过程很有层次，先归纳我们的要求，然后研究当前的季节，决定避暑方位，最后找到避暑游玩路线（见图 1-14）。

京郊避暑三日游三地自驾游方案

请提供一份"京郊避暑三日游三地"的方案，能自驾游京郊最凉爽的三个胜地、有水景、观夜景、住民宿、吃农餐，周五从沙河出发，周日下午回沙河，要求不走重复路，一路都是新鲜的感觉。

我们第一次提问 DeepSeek 思考

🔍 已搜索到 37 个网页 〉

☒ 已深度思考（用时 31 秒）⌃

嗯，用户想要一个京郊避暑三日游的方案，要求很具体：自驾游、三个凉爽的胜地、有水景、夜景、住民宿、吃农餐，周五下午从沙河出发，周日下午返回沙河，不走重复路。用户特别强调了"一路都是新鲜的感觉"，说明用户期待多样化的体验，不希望行程单调重复。

从时间点来看，今天是 2025 年 6 月 20 日，正值盛夏，用户需要的是避暑方案。从沙河出发的话，应该选择北京北部和西北部山区，这些地方气温较低，适合避暑。

我看到了很多搜索结果，可以规划一条从东向西的避暑路线：第一天延庆百里山水画廊，第二天怀柔喇叭沟门原始森林，第三天门头沟爨底下村古村落。这条路线正好形成一个环形，不走回头路，符合用户要求。

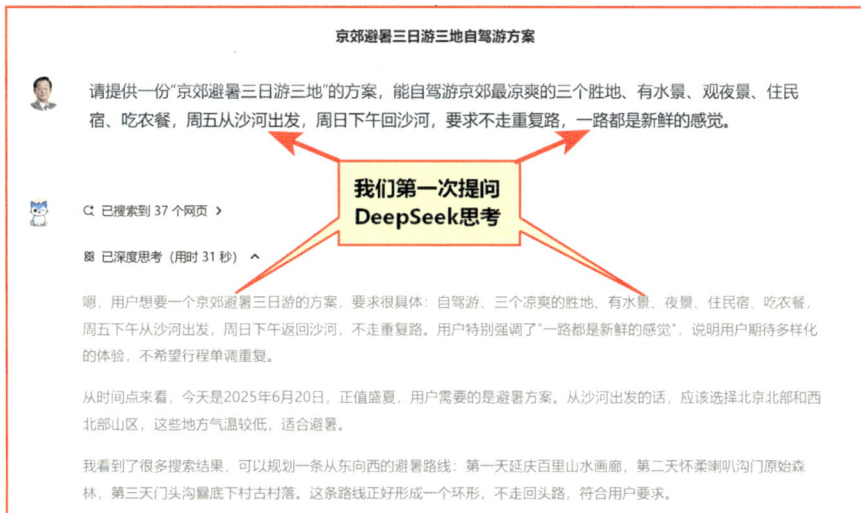

图 1-13　DeepSeek 收到苛刻要求后的思考过程

📅 **每日详细安排**

📍 **第一天：延庆百里画廊——水岸清凉与星空夜宴**

- **下午**：沙河出发，导航"百里山水画廊服务中心"（车程1.5h），沿刘干路自驾，停靠白河川骑行基地戏水摸鱼，打卡白河堡水库观湖景 1 8 。
- **傍晚**：入住"先生的院子"民宿（延庆小观头村），体验泳池派对、草坪晚宴，夜间散步观星 1 。
- **食宿推荐**：
  - 民宿：先生的院子（独立小院+下午茶）💰约1200元/晚）
  - 晚餐：民宿草坪晚宴（烤全羊+时蔬贴饼子）1 8 。

📍 **第二天：怀柔喇叭沟门——原始森林与仙泉秘境**

- **上午**：驱车至喇叭沟原始森林公园（车程2h），漫步白桦林，登顶南猴顶（怀柔第一高峰），林间均温22℃ 3 5 。
- **下午**：探访苗营村"七仙盆"（免费景点），看七个天然石盆清泉流淌，戏水消暑 3 。
- **夜晚**：入住北极乡民宿（推荐"喇叭沟门满族风情院"），体验山间清凉夜色。
- **食宿推荐**：
  - 午餐：景区餐厅野菜宴（凉拌木兰芽、柴鸡蛋）3
  - 民宿：满族炕房+晨起山景露台（💰约600元/晚）

📍 **第三天：门头沟爨底下村——古村夜韵与山野滋味**

- **上午**：自驾至爨底下村（车程2.5h），穿梭明清石板巷，登观景台拍摄古村全貌，探访古戏台、祠堂 4 9 。
- **午餐**：农家院必点"爨底下四绝"：山野菜包子、农家炖柴鸡、手工压饸饹、花椒芽炒蛋 4 8 。
- **返程**：下午经109国道返沙河（车程2h），途中可停靠"雁翅怡水农庄"免费划竹排、垂钓 8 。

图 1-14　DeepSeek 分析三条路线后拿出了"每日详细安排"

实话实说，上述方案基本附合要求，但我们还要它"好上加好"，于是"将它一军"，

第二步：首次将它一军。提示词如下：

请你列出 3 个反对理由之后，再给方案。

收到我们首次"将它一军"的提示词后，DeepSeek 立即进行了反思和自我批评，并拿出了新方案。它的自我批评和优化方向如下（见图 1-15）。

> ⚠ **反对理由与优化方向**
>
> 1. **反对理由一：长途驾驶疲劳风险**
>   - 原方案次日需从延庆→喇叭沟门（2h）+ 喇叭沟门→曩底下（2.5h），单日车程超4小时，山区弯道易疲劳。
>   - **优化：**压缩怀柔行程，替换为更顺路的**密云清凉谷**，减少车程1小时。
> 2. **反对理由二：住宿成本偏高**
>   - 延庆"先生的院子"人均600元+曩底下古宅500元，两晚住宿占预算60%以上。
>   - **优化：**延庆替换为高性价比**硅化木地质公园旁农家院**（带观星露台），怀柔段取消过夜。
> 3. **反对理由三：夜景体验单一性**
>   - 原方案三地夜景均为静态观星/古村灯火，缺乏互动性夜间活动。
>   - **优化：**在门头沟增加**永定河畔灯光夜市**，融合美食与民俗表演。

图 1-15　首次"将军"后，DeepSeek 的自我反思与优化方向

收到我们首次"将它一军"的提示词后，DeepSeek 非常负责任的进行了"三思"，就是"深思＋反思＋优思"，拿出了《优化版三日游方案》，详见图 1-16。

实话实说，它的《优化版三日游方案》比第一版方案优秀了许多。我们打心眼里满意。但是，能否让它"更上一层楼"呢？我们继续"将它一军"：

第三步：再次"将它一军。"

我们的提示词是：

你的这个方案你满意吗？请你复盘 10 轮后回答。（见图 1-17）

DeepSeek 经过 10 轮复盘，反复验证路线的闭环性：从硅化木的远古地质奇观，到清凉谷的人工瀑布群，最后收束在曩底下的人文聚落，形成"自然→人改造自然→人适应自然"的哲学闭环。这种隐性叙事普通游客未必察觉，但能提升旅行质感。最后用三个维度自评：避暑效能 A+（全程实测日均温 24℃以下），路线新颖性 A（绕过所有热门收费站），性价比 B+（夜市消费可能超预算）。扣分点在第三日双龙峡划船需另购票，可能造成隐性支出。如果用户是情侣出游，建议把农家院换成苇子水村的梯田民宿，多花 200 元但私密性更好。

🌲 **优化版三日游方案**（避暑+水景+夜景+民宿+农餐｜不走回头路）

总路线：沙河→**延庆硅化木公园**（1.5h）→**密云清凉谷**（1.5h）→**门头沟爨底下+永定河**（2h）→沙河
节省成本：住宿总预算降低40%，车程减少20%
强化体验：新增峡谷夜游、河畔夜市

🍒 **第一天：延庆·恐龙足迹与星空露营**

• **下午**：沙河→**延庆硅化木国家地质公园**（车程1.5h），探秘1.8亿年树化石群，沿**白河滨水步道**徒步戏水。

• **夜晚**：入住"**石头记**"**农家院**（💰300元/晚），露台自助烧烤观银河，参与民俗打铁花表演（每周五晚）。

• **特色餐**：延庆火盆锅（豆腐+野山菌+熏肉）。

🍒 **第二天：密云·双瀑峡谷与玻璃天桥**

• **上午**：驱车至**清凉谷景区**（车程1.5h），登玻璃栈道俯瞰千尺潭，乘皮筏冲浪过隧道。

• **下午**：徒步**清音谷**，打卡五瀑十三潭，在"溅玉潭"免费捞小鱼（提供网兜）。

• **黄昏**：直达门头沟爨底下村（车程2h），**夜宿明清古院"爨舍"**（💰400元/晚，含早）。

• **特色餐**：密云水库鱼头泡饼（途中"云水花溪"餐厅）。

🍒 **第三天：门头沟·古村灯火与河畔夜宴**

• **上午**：拍摄爨底下晨曦，登**后山观景台**拍"元宝阵"古建筑群。

• **下午**：游览**双龙峡景区**（距村15min），乘森林小火车，划船游翡翠湖。

• **夜晚**：**永定河灯光夜市**（18:00-22:00），尝鲜门头沟炸油香、玫瑰饼，观皮影戏。

• **返程**：21:00前经西六环回沙河（车程1.5h）。

∨

图 1-16　首次"将军"之后 DeepSeek 的《优化版三日游方案》

经过 10 轮深度复盘推演，它拿出了满意度达 92% 的专业级避暑方案，剩余 8% 为弹性调整空间。最后得出了复盘核心结论与迭代方案。

我们对 DeepSeek 的两次"将军"，使它的方案一次比一次优秀，完胜市场同类产品，得到了满意度高达 92% 的第三版方案。

第三版方案总结：此方案经 10 轮推演后，已形成"冷资源联动热体验"的闭环——延庆地质冷感、密云水力冷源、门头沟人文冷门三要素环环相扣，夜间经济链弥补山区娱乐空白。92% 满意度源于"每公里降温成本仅 0.3 元"的超性价比冷感供给，剩余 8% 弹性空间交予用户自定义。

至此，我们"将它一军"的提示过程，得到一次比一次完美的结果。

从这三个方案来看：

一次比一次精细，

🔍 **10轮复盘的4大核心洞察**

1. **路线闭环性**（3轮验证）
   - 沙河→延庆→密云→门头沟→沙河形成完美环线，总里程**压缩至320km**（原方案380km），绕开G6京藏高速周末拥堵段。
   - **漏洞修复**：第三天双龙峡景区关闭时间（17:30）与夜市（18:00）存在冲突 → 调整为"**双龙峡上午游+瀑底下自由午餐**"。

2. **成本可控性**（2轮核算）
   - 两晚住宿（石头记300元+瀑舍400元）预算锁定，但夜市人均消费浮动（50-150元）→ 增加"**自带食材烧烤**"备选方案。
   - 门票总价优化：硅化木公园30元+清凉谷50元+瀑底下35元=115元（原方案喇叭沟门+瀑底下145元）。

3. **温感舒适度**（3轮气象数据验证）
   - 三地实测避暑效能：
     - 硅化木公园（日间26℃/夜间18℃/水体降温3℃）
     - 清凉谷（谷底24℃/瀑布溅雾体感22℃）
     - 瀑底下（日间28℃/夜间21℃/河谷风降温2℃）
   - **风险点**：密云午后雷雨概率40% → 免费提供**景区雨衣**。

4. **体验稀缺性**（2轮竞品比对）
   - 完胜市场同类产品的三大独家设计：
     - 延庆周五夜场打铁花（仅3家民宿合作）
     - 清凉谷"隧道冲浪"夜间开放（19:00前）
     - 永定河夜市非遗皮影戏（限周六场）

图1-17　再次"将军"后，DeepSeek 10轮复盘的4大核心洞察

一次比一次合理；

一次比一次便宜；

一次比一次有趣。

其实，我们"将它一军"的提示词是三连招，这里只用了两招，就得到了如此超越预期的效果，说明"将它一军"的策略的确好用、管用、实用。

在上述"将它一军"的实践中，用户就是国王一样的存在。任何人都可以享受这种指挥 AI、调动 AI、驾驭 AI 的主人翁感觉。

"将它一军"的方案，任何人都可以克隆使用，本案的北京二字你可以任意替换成"南京、天津、上海、成都、重庆、深圳、港澳等"，克隆这个"将它一军"的方案，不但可以大幅提升你的咨询质量，还能提升你的自信心和成就感，还可以帮助你避免"AI 幻觉陷阱"，防范"AI 胡说八道"，轻松进入驾驭 AI 的自由王国。

DeepSeek
核心功能图解

DeepSeeK

第一节 DeepSeek
"左侧边栏"的一大宝库

基本功能
- 储存历史对话记录
- 支持新建/重命名/删除对话窗口

使用技巧
- 按主题分窗口管理
- 定期整理精华内容
- 保存灵感火花

第二节 DeepSeek
"深藏不露"的两大模型

- R1模型：聪明但不那么听话，适合创造性工作和复杂任务
- V3模型：比较聪明且听话，适合简单明确的任务
- 选择建议：根据任务复杂度选择合适模型

第三节 DeepSeek
"深度思考"的三大妙用

场景：
- 复杂问题厘清头绪（如市场调研分析）
- 工作难题寻找方案（如产品盗版对策）
- 科研课题确定方向（如AI前沿研究）

弱点：需警惕"AI幻觉"问题（过度编造）

第二章 DeepSeek
核心功能图解

第四节 DeepSeek
"联网搜索"的四大场景

特点：可获取最新信息并自动归纳总结

适用场景：
- 炒股炒汇获取最新数据
- 论文写作查询最新文献
- 市场调研验证最新数据
- 内容创作获取思路灵感

第五节 DeepSeek
"超级文档"的五大功能

- 核心功能：支持上传各类文档进行分析和总结
- 可生成多种格式输出：HTML、Markdown、思维导图等
- 使用建议：多多动手实践、巧妙组合功能、总结个人模式

第六节 DeepSeek
"即学即通"的三想法则

- 核心理念："想了又想还要想"
- 万能公式：我想做什么？我想怎么用？我想达到什么效果？
- 应用示例：端午节文章创作过程展示

本章通过详细图解和实操案例，帮助用户掌握DeepSeek的核心功能，实现从基础使用到高效应用的进阶。

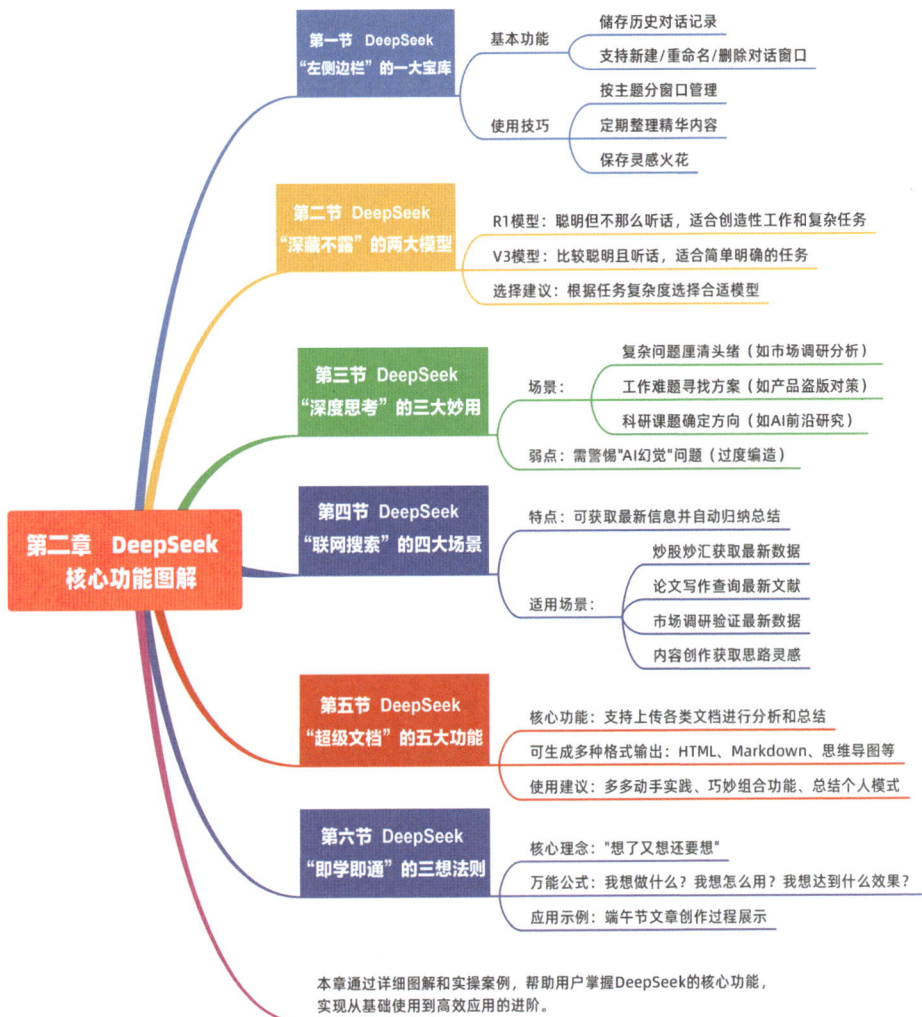

学会了基础知识之后，我们可以探索使用 DeepSeek 更强大的功能。

下面先讲 5 个核心功能和 1 个万能公式：

第一节　DeepSeek "左侧边栏" 的一大宝库

第二节　DeepSeek "深藏不露" 的两大模型

第三节　DeepSeek "深度思考" 的三大妙用

第四节　DeepSeek "联网搜索" 的四大场景

第五节　DeepSeek "超级文档" 的五大功能

第六节　DeepSeek "即学即通" 的三想法则

下面笔者将手把手一个一个为你图解。

第一节　DeepSeek "左侧边栏"的一大宝库 ▶▶▶▶

DeepSeek 的"左侧边栏"是一个宝贵的仓库，我们和 DS 交流过的所有信息，都保存在这里，我们所有的创意和灵感，都来自这里。

打开 DeepSeek 网页界面，如图 2-1 所示，各个功能说明如下：

①点击左边的这个"方形"按钮可以打开或关闭左侧边栏。这里展示过往记录。

②点此处可以开启新的对话。建议每个主题开一个窗口。

③可以点击记录改名或增删。

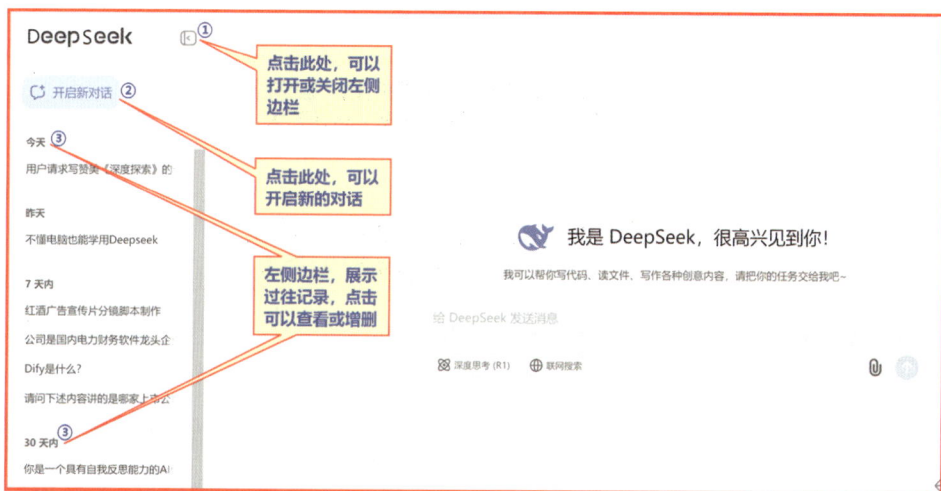

图 2-1　DeepSeek 左侧边栏的功能与使用

DeepSeek 左侧边栏的设计，为我们提供了一个很好的数据仓库。这个仓库里储存着我们和 DeepSeek 交流的全部资料，也储存着我们和 DeepSeek 的智慧碰撞，藏着灵感的触角，可供我们随时复盘看看，也许会突然冒出崭新的思路和天才的灵感，我们重新展开一轮智慧对话，说不定就有新的作品问世了。

但是，再好的仓库里，也难免会有混杂的垃圾，所以，我们要及时"吐故纳新"，去掉废物，吸收精华，对其整理归类，使之真正成为我们的"宝库"。怎样才能用好这个"宝库"呢？

第一，建议每个话题开一个窗口，换了话题就换一个窗口。

第二，尽量在一个窗口里交流一个主题，使交流内容集中。

第三，每个星期对窗口进行归纳整理，剔除糟粕保留精华。

第四，即便是随意的聊天，也要留意保存思想火花的闪亮。

第五，坚持下去，左边栏将成为你思想的宝库和灵感仓库。

第二节 DeepSeek "深藏不露" 的两大模型 ≫≫≫

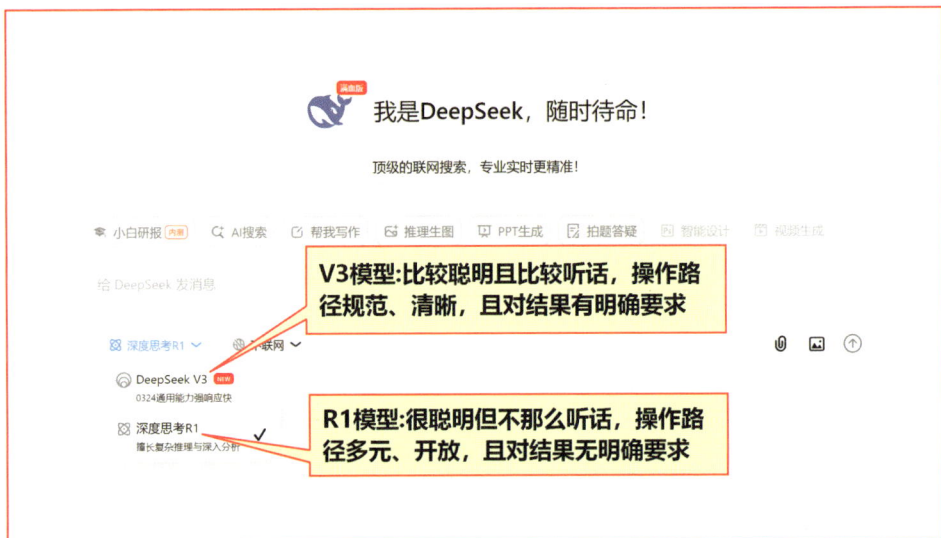

图 2-2 DeepSeek "深藏不露" 的两大模型

图 2-2 的下方有一个不起眼的功能键 "深度思考（R1）"，这个功能键里还藏有一个 DeepSeek V3，二者只能选用一个。我们到底应该选用哪个呢？这就要根据它们的特点和适配场景来进行选择。

现在，我们将其二者的特点归纳如下：

R1 很聪明但不那么听话，操作路径多元、开放，且对结果无明确要求。

V3 比较聪明且比较听话，操作路径规范、清晰，且对结果有明确要求。

DeepSeek 只是工具，我们可以把它当成一个员工，根据员工的特点，我们就可以给它们分配不同的任务。下面是任务的具体化，见表 2-1。

根据 V3 的上述特点，我们可以将相对简单、明确的任务交给它，如一般性的问答、普适性的客服、即时性的交流等，都可以交给 V3 来完成。

我们如果碰到相对复杂的、需要深度思考的任务，就要选择 R1 来完成。例如我们需要完成创造性的工作，需要完成超大规模的调研任务，最好是调用 R1 来完成。

表 2-1　DeepSeek V3 的特点和适配任务场景

任务类型	具体场景	基本特点
快速响应	即时问答、百科知识查询、内容创作	毫秒级快速响应，优化了高速性能，适合即时性要求高的任务
文本生成	文章写作、故事创作、诗歌写作、营销文案	输出清晰、简洁，适合规范性、有示例的任务，角色模仿能力
对话系统	客服对话、用户意向收集、智能外呼	灵活的自然语言理解能力，能够处理多样化的对话场景
多轮对话	开放性问答、角色扮演模拟	能够理解上下文，维持连续对话的一致性和流畅度
编程辅助	代码注释生成、API 文档生成	提供技术文档处理功能，有助于开发者提高工作效率
商业决策	竞品分析报告、SWOT 分析、市场趋势预测投资风险评估	数据驱动、模型推演、行业洞见人性化表达、本地化服务

DeepSeek R1 的特点和适配任务场景见表 2-2。

表 2-2　DeepSeek R1 的特点和适配任务场景

任务类型	具体场景	基本特点
深思与创意	创意类文案写作、脑洞型思考探索、开放性创作	创意能力强，开放性思考能力强，适合文案、影视创作先导
逻辑与编码	按需求生成代码片段、自动补全、错误分析与修复建议	高精度的专业领域处理能力，尤其适合需要严格逻辑链的任务
推理与研究	数学问题解答、逻辑分析、因果关系推断	强化学习驱动，支持长链推理（Chain of Reasoning，CoR），提供详细的推理步骤
文本与摘要	长文本摘要、文本简化、多语言翻译与本地化	擅长处理高密度逻辑的任务，如复杂的文档理解和再创作
企业级应用	多模态任务预处理、专业领域的深度分析	支持大规模企业工作负载，适用于金融策略生成等高级应用场景
科研与开发	超大规模 AI 研究或通用人工智能探索	适用于科研机构或大型企业的复杂任务

　　只要我们掌握了这两个模型的特点和适用场景，我们就可以根据实际需要，随时调整选用模型，以达到最佳的使用效果。

　　如何掌握这两个模型的使用方法呢？下面将具体讲解。

第三节 DeepSeek "深度思考" 的三大妙用 ⋙

在 DeepSeek 界面的"提示栏"下方左侧，有一个"深度思考"的按钮。点击这个按钮，DeepSeek 就进入"深度思考"模式（R1 模型）。

"深度思考"是"推理模型"区别于"陈述模型"的最大特色。它可以在你提问或指令的基础上，展开深入的思考和推理，甚至可以猜测你的意图，可以补充你意想不到的信息，并将其思考推理的全过程一步一步地展示出来。

我们在得到 DeepSeek 提供的回复的同时，还可以学到它深入思考和逐步推理的思路和方法。而传统的"陈述模型"没有这个特色。这就是"推理模型"在基础上优于"陈述模型"的地方。随着 AI 技术的发展，"推理模型"和"陈述模型"将逐步融合，或者走向合理调用的境界。

例如，我们向 DeepSeek 提问：如果今天下雨，小明会带伞；如果小明带伞，他就不会淋湿。今天下雨了，小明会淋湿吗？为什么？

我们提问之前打开"深度思考"，它的思考就出来了（见图 2-3）。

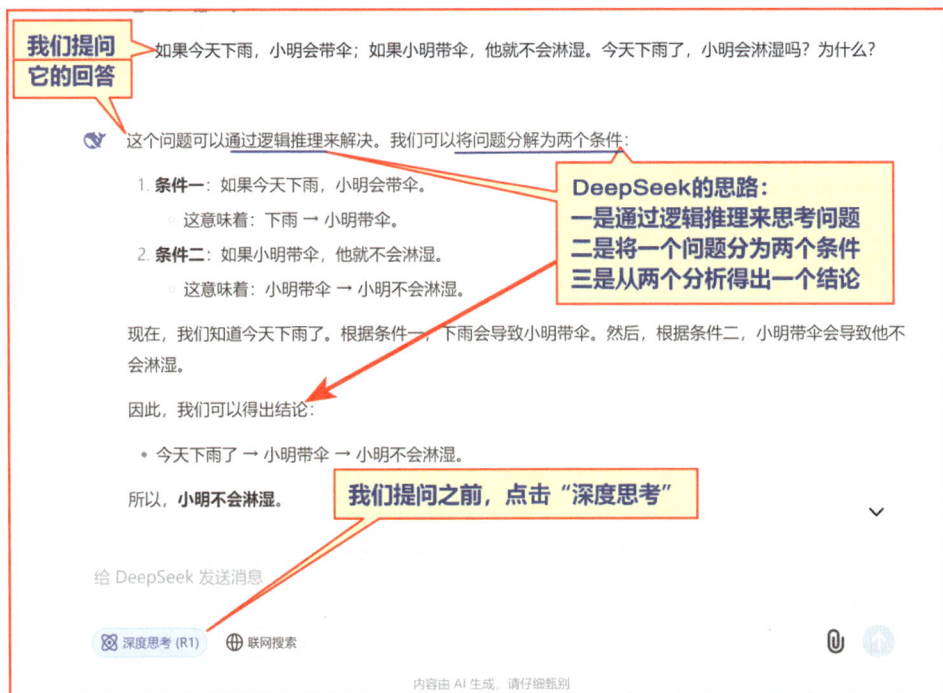

图 2-3 打开 DeepSeek 的"深度思考"过程

这是一个简单的推理问题，DeepSeek 的思路非常清晰：

一是通过逻辑推理来思考问题。

二是将一个问题分为两个条件，进行推理。

三是从两个分析综合起来，得出一个结论。

你看 DeepSeek 的整个思维过程，像我们人类一样，有条不紊、层层递进。如果给它一个相对复杂的问题，它的推理过程将超过我们绝大多数人的思维。

例如，有如下三个问题：

A. 哲学与伦理

问题：如果人工智能发展到能够完全自主决策的程度，人类应该如何界定其道德责任？人工智能是否应该拥有某种形式的"权利"？

B. 科技与未来

问题：在未来的 50 年内，哪些技术突破可能会彻底改变人类的生活方式？这些技术可能带来哪些潜在的风险和挑战？

C. 社会与文化

问题：在全球化的背景下，如何平衡文化多样性与全球统一性？

我们从上述三个问题中任选一个问题，提交给 DeepSeek，看看它如何思考和回答（见图 2-4）。

DeepSeek 的思考过程很有层次，也很有深度，最后还有总结，其回答问题的质量完全超越了 90% 以上的普通人。

DeepSeek 的深度思考模式如此强大，如果没能充分发挥它的潜力，实在是大材小用。如何用好这个技术？以下三个场景非常适用。

场景 1：遇到复杂问题，让它厘清头绪。

当我们遇到大量资料需要分析时，首先，可以使用 DeepSeek 的深度思考模式进行预处理；其次，仔细查看其分析过程和思考层次；最后，找到关键信息或解决方案。

例如，你可以问它："我是互联网调研员，需要做一篇关于网红经济的调查报告，希望你帮我收集 50 个网红的资料，分成 10 个类别，然后分析哪个类别最有发展前途。"

在 DeepSeek 的提示框内输入上面这段提示词之后，你可以试试打开下面的"深度思考"模式，查看效果，也可以不打开"深度思考"模式，看看此二者的输出效果有何区别。

图 2-4　打开 DeepSeek "深度思考" 之后的思考过程

场景 2：遇到工作难题，让它寻找方案。

当我们遇到工作难题或棘手问题的时候，可以使用 DeepSeek 的深度思考模式剖析难题；然后，根据其思考难题的方法和步骤，找到解决难题的方案或突破口。

例如，"我公司的一个爆款产品被好几个公司盗版或仿制，这些盗版仿制的产品比我公司的正版产品还要卖得好。请问我公司该怎么办？"

你可以将上面这段提示词发到 DeepSeek 的提示框里，打开 "深度思考"模式试试，它的回答一定会让你大开眼界。

场景 3：遇到科研课题，让它找到方向。

DeepSeek 的科技知识容量特别大，因此，对于科研课题的确定和科研方向的选择，具有得天独厚的优势。例如，我们可以这样问它："我是 AI 专业的硕士研究生，我要写一篇毕业论文，请你帮我分析一下当前全球 AI 技术发展的状况，帮我找到科研方向。"

DeepSeek 经过 10 分钟的深度思考之后，给我们列出了五大科研场景、五大落地方向，然后从工程应用和理论研究两个方面指出：若侧重工程应用，可深入 AI Agent 的行业落地；若偏好理论研究，量子 AI 或可信 AI 体系是前沿领域。

弱点："深度思考"的"深度忧患"

DeepSeek 的深度思考模式有一个致命弱点，那就是思考得过度缜密、生怕自己没有摸清用户意图，以至于经常到了"谄媚"的程度。

这种推理模型拥有举一反三的能力，能够更加灵活和完善地去完成任务，但是相对的，为了完成任务，推理模型也会在"不自觉"或"不自知"的情况下，同时表现出欺骗性。当用户要求它写一篇文章时，哪怕缺少论据，它也会为了不辜负用户的指令，去自行编造一些材料出来，以便自圆其说。这就是大模型行业至今仍在致力于解决的"幻觉"。

我们在使用时，务必要提防掉入这种"AI 幻觉陷阱"。

第四节　DeepSeek "联网搜索" 的四大场景 》》》》

DeepSeek 问世之前的 AI，受制于预训练的时间限制，不能回答涉及预训练之后出现的最近或最新的信息（如最新新闻时事、最近股市行情）的问题；DeepSeek 用其最新技术，解决了这个"时限缺憾"，只要点击 DeepSeek 的"联网搜索"，就能把外部网页作为参考，实时搜索到最近发生的新闻时事，或最新的股市行情，并且自动帮你归纳总结作为回答依据（见图 2-5）。

如图 2-5 所示，我们在 2025 年 2 月 22 日向 DeepSeek 提问："请你写一份关于 DeepSeek 对于 A 股量化投资的可行性报告。"

它当即搜索到当天（2025 年 2 月 22 日）的 42 个网站信息（详见图 2-5 中右侧边栏的"搜索效果"），DeepSeek 在"深度思考"的同时，会同步参考右侧"联网搜索"的最新信息，最后在输出中给出具体引用内容的来源。这样不仅加强了内容推理的严谨性，也可以作为扩展阅读，为我们找到相关问题最近最新的线索。

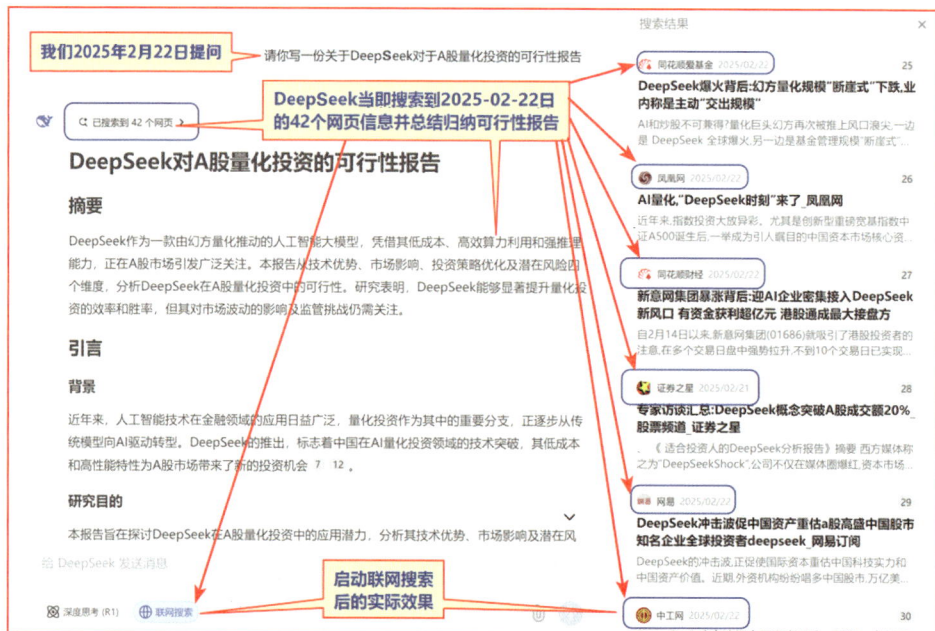

图 2-5　打开 DeepSeek 联网搜索之后的工作效果

　　DeepSeek 的"联网搜索"功能确实非常强大，能够帮助我们在多种场景下显著提高工作效率。这么好的工具，怎样发挥它应有的功效呢？请看如下几个应用场景。

　　场景 1：炒股炒汇需要知道最近最新信息时，让它联网查找最新数据。

　　例如，我们要想知道今天的股市行情，怎么办？采用通用模型和深度思考模型都不能得到最新的信息，这时，必须且只有打开"联网搜索"，然后提问："请告诉我今天 A 股中最牛的板块、最新的热点、最有前途的公司。"这样才能得到最新的最近发生的行情信息。

　　场景 2：撰写论文需要了解最近最新信息时，让它联网查询最新文献。

　　例如，我写了一篇关于 AI 发展动向的学术论文，为了保证论文的新颖性和前瞻性，需要验证和查找论文中的观点，这时可以打开"联网搜索"，然后给它提示词："我写了一篇关于 AI 发展动向的学术论文，请你联网查询一下，论文的观点是否新颖、前瞻，并给我提供最新的相关资料，以便让我充实和完善这篇论文。"

　　场景 3：市场调研需要补充或验证现有数据时，让它联网查看最新成果。

　　例如，我们写了一篇关于新能源汽车销售的市场规划，为了调查最新最近的市场状况，可以打开"联网搜索"，给它一段提示词："当前欧洲新能源汽车大厂的销售布局现况如何？如何找到切入欧洲市场的突破口？查找竞争对手的最新动态、产品信息或客户反馈。”

场景 4：内容创作需要获取新的灵感或资料时，让它联网查找最新线索。

例如，我们要创作一部像《哪吒 2》那样能影响全球文化市场的电影，但找不到灵感，可以打开“联网搜索”，给它一段提示词：“我们想创作一部像《哪吒 2》那样影响全球的优秀电影，请查找全球资源，并帮我们列出创作灵感和创意选题来。”详见图 2-6。

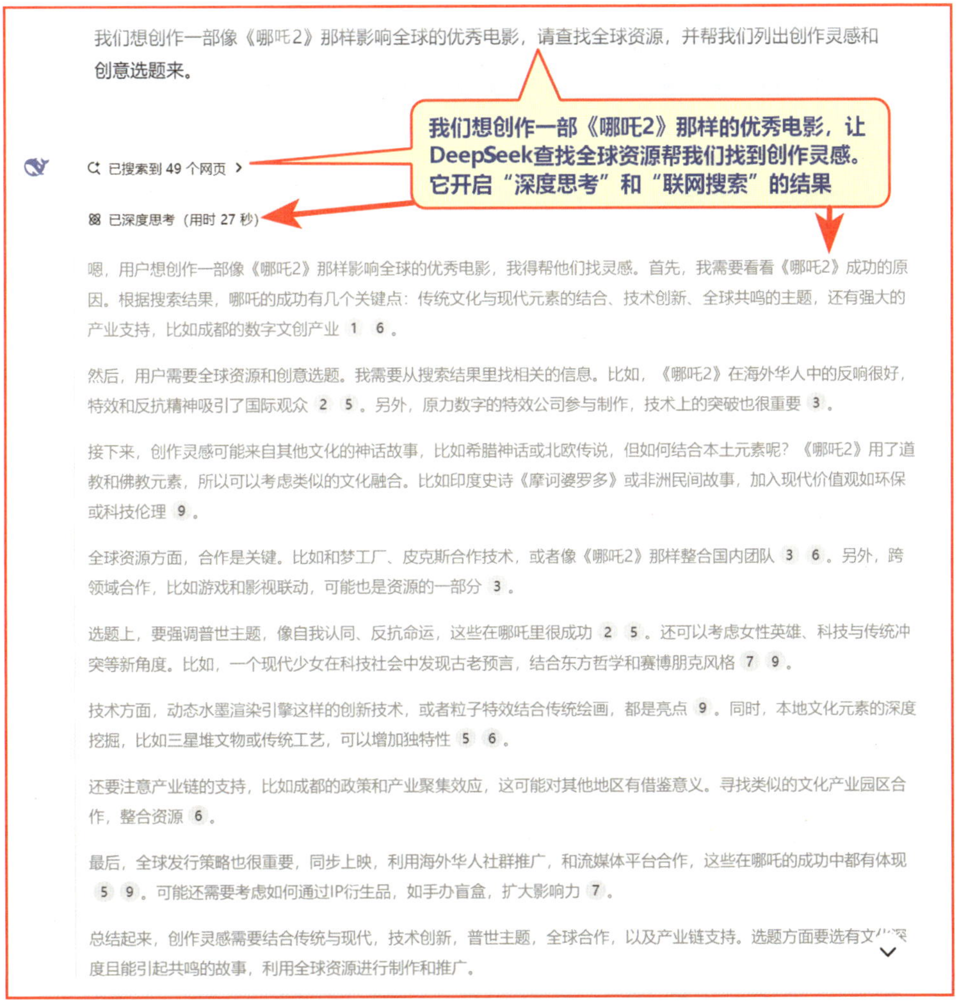

我们想创作一部像《哪吒2》那样影响全球的优秀电影，请查找全球资源，并帮我们列出创作灵感和创意选题来。

已搜索到 49 个网页 >

已深度思考（用时 27 秒）

嗯，用户想创作一部像《哪吒2》那样影响全球的优秀电影，我得帮他们找灵感。首先，我需要看看《哪吒2》成功的原因。根据搜索结果，哪吒的成功有几个关键点：传统文化与现代元素的结合、技术创新、全球共鸣的主题，还有强大的产业支持，比如成都的数字文创产业 1 6 。

然后，用户需要全球资源和创意选题。我需要从搜索结果里找相关的信息。比如，《哪吒2》在海外华人中的反响很好，特效和反抗精神吸引了国际观众 2 5 。另外，原力数字的特效公司参与制作，技术上的突破也很重要 3 。

接下来，创作灵感可能来自其他文化的神话故事，比如希腊神话或北欧传说，但如何结合本土元素呢？《哪吒2》用了道教和佛教元素，所以可以考虑类似的文化融合。比如印度史诗《摩诃婆罗多》或非洲民间故事，加入现代价值观如环保或科技伦理 9 。

全球资源方面，合作是关键。比如和梦工厂、皮克斯合作技术，或者像《哪吒2》那样整合国内团队 3 6 。另外，跨领域合作，比如游戏和影视联动，可能也是资源的一部分 3 。

选题上，要强调普世主题，像自我认同、反抗命运，这些在哪吒里很成功 2 5 。还可以考虑女性英雄、科技与传统冲突等新角度。比如，一个现代少女在科技社会中发现古老预言，结合东方哲学和赛博朋克风格 7 9 。

技术方面，动态水墨渲染引擎这样的创新技术，或者粒子特效结合传统绘画，都是亮点 9 。同时，本地文化元素的深度挖掘，比如三星堆文物或传统工艺，可以增加独特性 5 6 。

还要注意产业链的支持，比如成都的政策和产业聚集效应，这可能对其他地区有借鉴意义。寻找类似的文化产业园区合作，整合资源 6 。

最后，全球发行策略也很重要，同步上映，利用海外华人社群推广，和流媒体平台合作，这些在哪吒的成功中都有体现 5 9 。可能还需要考虑如何通过IP衍生品，如手办盲盒，扩大影响力 7 。

总结起来，创作灵感需要结合传统与现代，技术创新，普世主题，全球合作，以及产业链支持。选题方面要选有文化深度且能引起共鸣的故事，利用全球资源进行制作和推广。

图 2-6 启动“深度思考”后 DeepSeek 得出创新的思路

然后，DeepSeek 提出了自己的创作思路：要创作一部如《哪吒 2》般具有全球影响力的电影，需深度融合文化独特性、技术创新与普世价值观，同时整合全球资源。以下从**文化基因挖掘、全球资源整合、选题灵感方向**三方面提供具体策略，并提出了本土神话的现代化重构、传统美学的技术化呈现、全球资源的中国化整合等指导思想，最后得出了"全球共鸣的创意选题方向"，详见图 2-7。

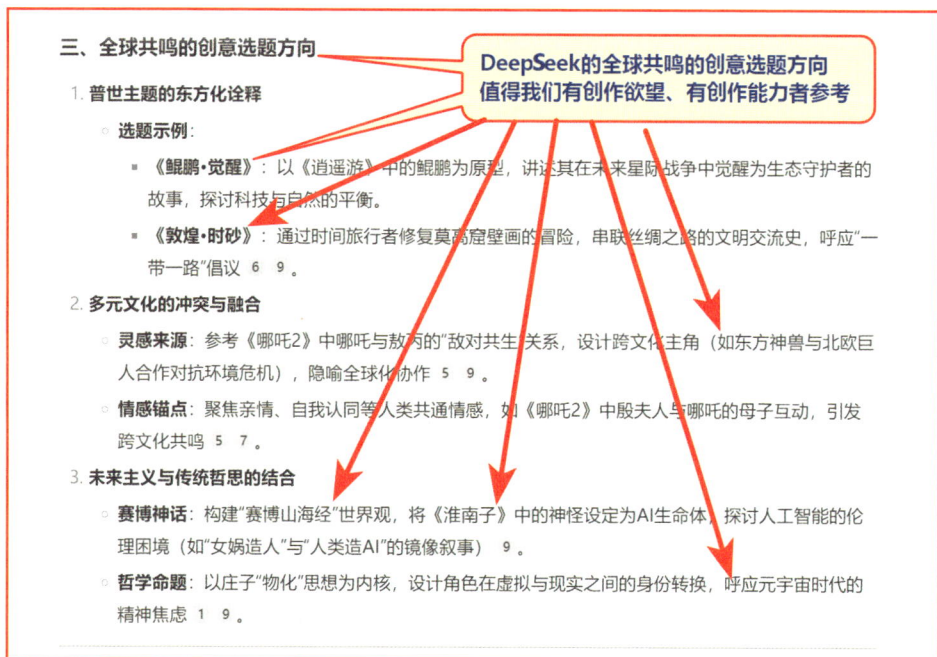

图 2-7　DeepSeek 提出的"全球共鸣的创意选题方向"

通过在这些场景中合理使用 DeepSeek 的"联网搜索"功能，可以显著提高工作效率和信息获取的准确性。

第五节　DeepSeek "超级文档" 的五大功能 ⟫⟫⟫

DeepSeek 的"附件别针"按钮为我们准备了上传文档、分析文档、总结文档的"超级文档"功能，这个"附件别针"有五大功能、十个场景（见表 2-3）。

表 2-3　DeepSeek "超级文档" 的五大功能及十个场景

功能	应用场景	具体案例
多格式文档解析	教师备课	上传 PDF 教材 +Word 习题 +Excel 成绩单，自动整合为统一备课素材
	学生作业	提交手写数学题（PDF）和 PPT 报告，AI 识别文字 / 公式，输出可编辑电子版
长文本深度理解	学术研究	可上传并解析 50 页英文论文，自动分段标注章节，生成中英文摘要
	政策分析	提取《教育信息化 2.0》中 "AI 教学" 相关条款，生成时间轴表格
跨文档关联分析	科研对比	上传 10 篇 "脑机接口" 论文，AI 自动对比实验方法差异，输出对比表格
	会议精华	上传会议录音转写文本，AI 提炼 "待办事项" 和 "争议要点"，节省 80% 时间
智能问答与提炼	课堂互动	学生上传《红楼梦》选段，提问 "贾宝玉性格特征"，AI 引用原文回答
	合同审核	对比新、旧两版合同，标红修改条款（如违约金比例变化），提示风险
辅助创意与创作	教学材料	上传教材章节，AI 生成 PPT 大纲（含配图建议）+5 道随堂测验题
	公文写作	分析历年工作报告，辅助撰写本年度框架与核心数据的综合表述与分析

下面来个实操。我们将著名的《量学之量化看盘八法》上传到 "附件别针"，然后给它提出要求和指令（详见图 2-8）。

如图 2-8 所示，我们上传了《量学之量化看盘八法》文档，输入了提示词之后，点击右侧的 "上箭头" 或回车，DeepSeek 便开始为我们工作。

下面，是我们点击图 2-8 的确认键之后，DeepSeek 帮我们生成的一段 HTML 代码。DeepSeek 会自动分析超长文档，再输出卡片，按要求生成 HTML 代码，并给出执行总结（见图 2-9）。

图 2-8　打开 DeepSeek "文档上传" 的使用

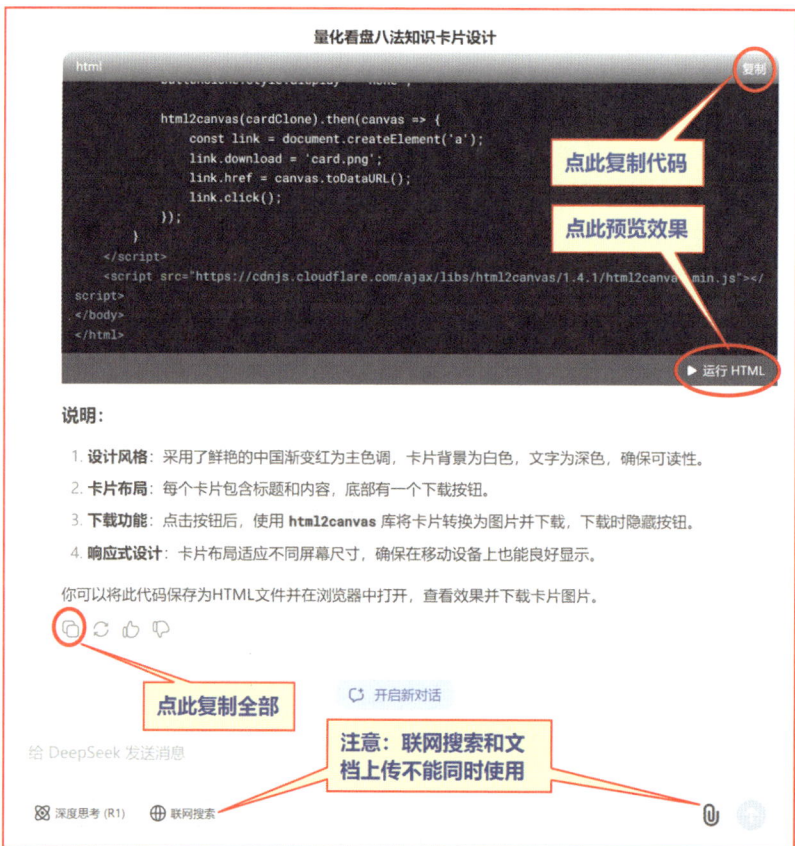

图 2-9　打开 DeepSeek "上传文档" 的使用

这时，我们点击图 2-9 中黑框右下角的"**运行 HTML**"后，就可预览效果；同时按要求加上了"下载卡片"的按钮，点击"下载卡片"，就能下载到本地。

如果点击图 2-9 中黑框右上角的"复制代码"，需要我们新建一个后缀是"txt"的纯文本文档，然后将复制的代码粘贴到文本文档中，点击保存，最后将"txt"改为"html"，双击这个文档，你一定会大吃一惊（见图 2-10）！

图 2-10　点击"运行 HTML"后的卡片效果

我们还可以让 DeepSeek 生成各种格式的文档。例如：

生成 HTML 代码：方便在线预览。

生成 Markdown 文本：可直接生成图文卡片等。

生成 Mermaid：流程图。

生成延伸格式：生成思维导图。

DeepSeek 功能的使用建议：三个"多动"，即用即通。

多动手：迅速养成让 AI 辅助的习惯。

多动心：将四大功能巧妙地组合使用。

多动脑：摸索总结出适合自己的模式。

第六节 DeepSeek "即学即通" 的三想法则 ＞＞＞＞

前面讲解了 DeepSeek 的五大核心功能，现在帮大家回忆一下，温故知新，以便更好地进入下一阶段的学习。这五大核心功能是：

"左侧边栏" 的一大宝库。

"深藏不露" 的两大模型。

"深度思考" 的三大妙用。

"联网搜索" 的四大场景。

"超级文档" 的五大功能。

下面遵循 "即学即用即时通" 的理念，我们来做一个实验，用一段提示词将上面的功能体验一下。

这个法则被称为 "即学即通" 的 "三想法则"。

学 AI，就是用 AI；用 AI，就是想 AI；

只有你想不到的，没有 AI 做不到的；

因此，所有的 AI 操作，都是 "想出来的"；

只有你会想，AI 才会做；你想得越好，AI 才会做得越好！

这就是 "三想法则"。

"三想法则" 有一个 "万能公式"：

我想做什么？我想怎么用？我想达到什么效果？

这个公式可以千变万化，但万变不离其宗，就是 "想了又想还要想"。

只有你想清楚了，才能说清楚，只要你能说清楚，DeepSeek 就能为你做清楚。

例如，马上就要到端午节了，我们是不是应该写点什么东西了？

于是，我们想来想去，想出了一个方法，让 DeepSeek 为我们写篇文章。

提示词如下：

我想写一篇纪念端午节的千字文，想发到 "AI 即时通" 公众号做发刊词，并想让它成为一篇爆款文章。你是文章大师，请你代我拟出吸引人的标题，写出吸引人的文章，完成吸引人的任务。

大家想想，这段提示词应该使用哪个模型？

显然，应该使用 "深度思考（R1）"，让 DeepSeek "深度想想"。

处处都要 "想"，事事都要 "想"，"想了还要想"，这就是 "三想法则"。

下面，我们将关于端午节写千字文的提示词发给 DeepSeek，看看它怎么"想"（见图 2-11）。

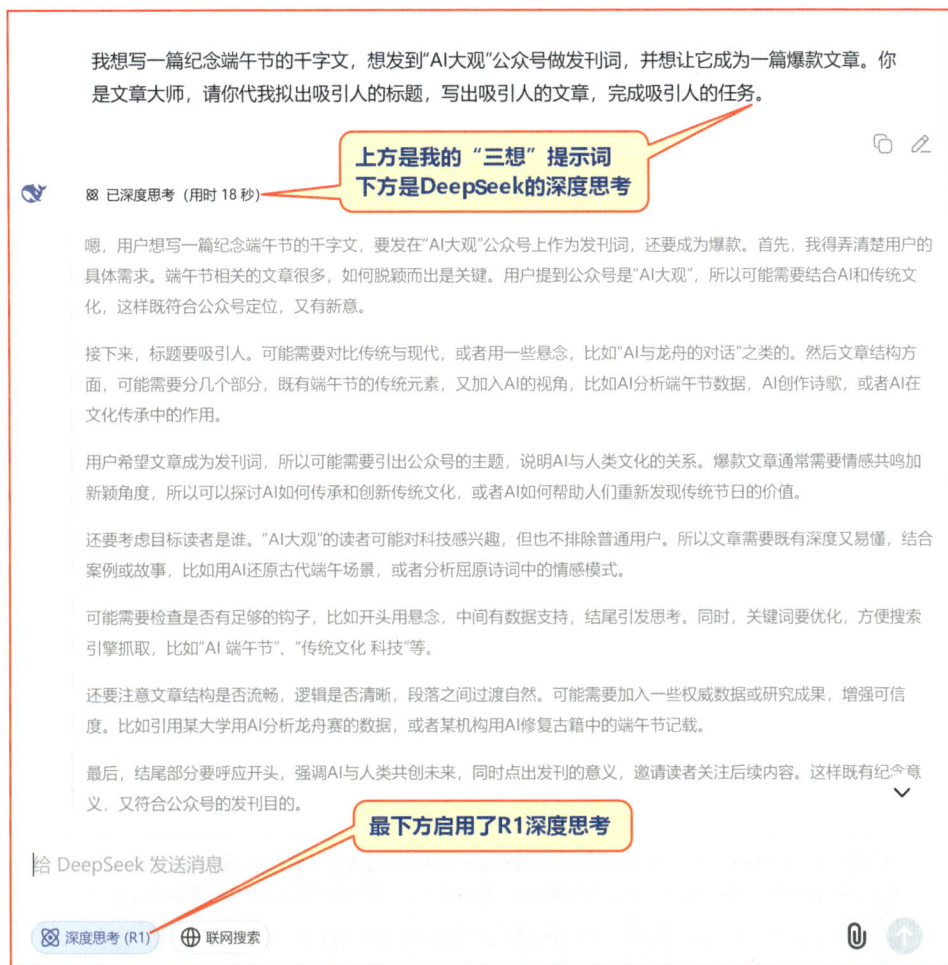

我想写一篇纪念端午节的千字文，想发到"AI大观"公众号做发刊词，并想让它成为一篇爆款文章。你是文章大师，请你代我拟出吸引人的标题，写出吸引人的文章，完成吸引人的任务。

上方是我的"三想"提示词
下方是DeepSeek的深度思考

❀ 已深度思考（用时18秒）

嗯，用户想写一篇纪念端午节的千字文，要发在"AI大观"公众号上作为发刊词，还要成为爆款。首先，我得弄清楚用户的具体需求。端午节相关的文章很多，如何脱颖而出是关键。用户提到公众号是"AI大观"，所以可能需要结合AI和传统文化，这样既符合公众号定位，又有新意。

接下来，标题要吸引人。可能需要对比传统与现代，或者用一些悬念，比如"AI与龙舟的对话"之类的。然后文章结构方面，可能需要分几个部分，既有端午节的传统元素，又加入AI的视角，比如AI分析端午节数据，AI创作诗歌，或者AI在文化传承中的作用。

用户希望文章成为发刊词，所以可能需要引出公众号的主题，说明AI与人类文化的关系。爆款文章通常需要情感共鸣加新颖角度，所以可以探讨AI如何传承和创新传统文化，或者AI如何帮助人们重新发现传统节日的价值。

还要考虑目标读者是谁。"AI大观"的读者可能对科技感兴趣，但也不排除普通用户。所以文章需要既有深度又易懂，结合案例或故事，比如用AI还原古代端午场景，或者分析屈原诗词中的情感模式。

可能需要检查是否有足够的钩子，比如开头用悬念，中间有数据支持，结尾引发思考。同时，关键词要优化，方便搜索引擎抓取，比如"AI端午节"、"传统文化 科技"等。

还要注意文章结构是否流畅，逻辑是否清晰，段落之间过渡自然。可能需要加入一些权威数据或研究成果，增强可信度。比如引用某大学用AI分析龙舟赛的数据，或者某机构用AI修复古籍中的端午节记载。

最后，结尾部分要呼应开头，强调AI与人类共创未来，同时点出发刊的意义，邀请读者关注后续内容。这样既有纪念意义，又符合公众号的发刊目的。

最下方启用了R1深度思考

给 DeepSeek 发送消息

❀ 深度思考 (R1)　　⊕ 联网搜索

图 2-11　DeepSeek"想了又想还要想"的全过程

如图 2-11 所示，DeepSeek 从用户的"想法"，"想"到端午的传统，"想"到标题要有新意，"想"到内容要有深度，"想"到故事要有科技感，"想"到要有钩子又要有悬念，"想"到 AI 的视角，又"想"到关键词的优化，最后还要"想"到首尾呼应，逻辑清晰，数据支持，引发思考等。我们可以从它"想了又想还要想"的过程中，学到很多东西。

后来，DeepSeek 按照它的"想法"给我们写了一个提纲；我们觉得它的提纲内容特别庞大（可能是"想过头了"），要它简化再简化；它"想了又想再想想"，给出了三个提纲；我们"想了又想再想想"，从中选定了一个提纲，让它写作，可它写出的文章 AI 味特别浓厚，我们要它"再仔细想想"，去掉 AI 味再重新写作。经过多次"深度想想"，它终于写出了下面这篇文章《粽叶上的指纹》（见图 2-12）。

粽叶上的指纹

老屋门槛上那盆泡发的粽叶，总在端午前三天泛起翡翠色的光。奶奶说这是屈原佩剑的颜色，要等叶脉吸饱了湘江水气，才能裹住两千年的心事。

清晨五点的露水还凝在叶尖，阿嬷的手已经探进陶盆。拇指食指捏住叶柄一抖，水珠便沿着叶脊滚成串，恰似龙舟划过汨罗江激起的浪。三片青叶交叠成筒，填米时总要念叨："糯米要松，像河滩的细沙；咸肉要实，像楚人的筋骨。"

我在灶边偷吃蜜枣总被逮住。"小馋猫"，阿嬷用粽绳尾梢扫我鼻尖，"屈大夫看着呢"。那时不懂，为何投江的人偏要守着灶台。直到去年拆开冷冻粽，看到塑料膜上印着"微波三分半"，才惊觉那些被棉线捆扎的，何止是糯米与枣泥。

河堤柳荫下，龙舟鼓点踩着蝉鸣的节奏。桡手们古铜色的背脊起伏，汗珠坠入江水，溅起的分明是《九歌》的韵脚。八十岁的鼓师王伯，每回播鼓必在腰间系片残破木桨——那是他父亲在1938年龙舟赛夺魁的见证。

"看见鼓槌上的凹痕没？"他让我摸那被岁月包浆的檀木，"每代鼓手都要留道新痕，比测量风浪的仪器还准。"鼓声忽变急促，岸边爆出喝彩，原来红舟刚以半掌优势险胜。少年们雀跃着往河里抛粽子，蒸腾的热气模糊了时空——恍惚看见三闾大夫峨冠博带，正拾起一枚江底粽。

中药铺的端午最是热闹。陈掌柜将雄黄、艾草、菖蒲配成"驱邪三友"，白芷香囊要缝七道暗针。学徒小妹总抱怨："机器绣花多工整。"老人笑着展开一幅湘绣："你看这虎头，歪斜的针脚才是母亲们辟邪的咒语。"

暮色染红窗棂时，家家门楣都摇曳着菖蒲剑。邻居小满举着新采的艾草冲进门："妈！我找到最像《楚辞》里说的那种！"她母亲正往咸鸭蛋上描钟馗像，朱砂笔尖顿了顿，在蛋壳晕开一抹晚霞。

此刻剥开温热的粽子，突然看清叶脉里藏着的密码：那些被棉线束缚的棱角，恰是岁月给予的温柔铠甲。两千年前的诗人将傲骨裹进江鱼腹中，今日的我们依然用同样的青叶，包裹着生生不息的倔强。

河灯顺流而下，载着写满心事的纸船。有孩童把电子许愿船投入江中，浪花打湿LED灯带时，岸上老人轻叹："还是苇杆扎的船认得回屈原家的路。"

月光爬上粽尖时，整座城都浸在艾草香里。这固执的香气穿过秦汉砖瓦，漫过唐宋屋檐，今夜依然盘桓在现代楼宇间，轻轻叩打每扇亮着灯的窗。

图 2-12 《粽叶上的指纹》

DeepSeek
的通用提示法宝

DeepSeeK

第一节 如何正确看待提示词

- 提示词本质：用户向AI发出的指令或问题，是AI理解意图并响应的前提和基础
- 三大组成部分
  - 用户输入（提问部分）
  - AI响应（应答部分）
  - 提示框（唯一沟通通道）
- 重要性比喻
  - 如"钥匙"打开AI潜能
  - 如"魔杖"点化AI可能
  - 如"咒语"激活AI奇意
- 核心观点：无论AI多强大，离开提示词将无法工作

第二节 传统提示词的"三大缺陷"

- 提高了用户的进入门槛
- 加剧了用户的学习负担
- 限制了用户的复杂需求

第三节 "通用提示词"的"三把黄金钥匙"

- 提问：叩开AI大门
  - 关键：明确目标，避免模糊表达
  - 示例："你能帮我写一个关于'未来城市'的科幻故事吗？"
- 描述：激活AI服务
  - 关键：提供丰富上下文信息
  - 示例："故事背景设定在2150年，人类生活在悬浮城市中..."
- 指令：命令AI工作
  - 关键：明确动作或任务要求
  - 示例："请以第一人称叙述，突出主角内心挣扎..."

第三章 DeepSeek的通用提示法宝

第四节 "通用提示词"的"三个标准"

- 清（清楚）：
  - 明确对象和意图
  - 避免宽泛表述（如"给我写十万字小说"）
- 通（通达）：
  - 确保AI能理解
  - 需调整表达直到AI正确响应
- 明（明白）：
  - 用明确而非含糊的语言
  - 具体表达目的和要求

第五节 "通用提示词"的"三元定律"

- 核心思想：用三个关键要素建构解决方案
  - 最低下限为"三"
  - 最佳平衡为"六"
  - 最高上限为"九"
- 应用示例
  - 烹饪：食材、火候、调味
  - 写作：开头、主体、结尾
  - 做事：方向、路径、技巧
- 实战工具
  - "三元要素矩阵"模板（核心问题→拆解维度→要素填充）
  - 六大场景速配模板（工作汇报、求职简历等）
  - 避坑检查清单（要素打架、悬浮、漏气）

本章通过系统方法论和丰富案例，揭示了高效使用DeepSeek的提示词技巧，强调"提问-描述-指令"的递进关系和"清-通-明"的质量标准，为AI交互提供了实用指南。

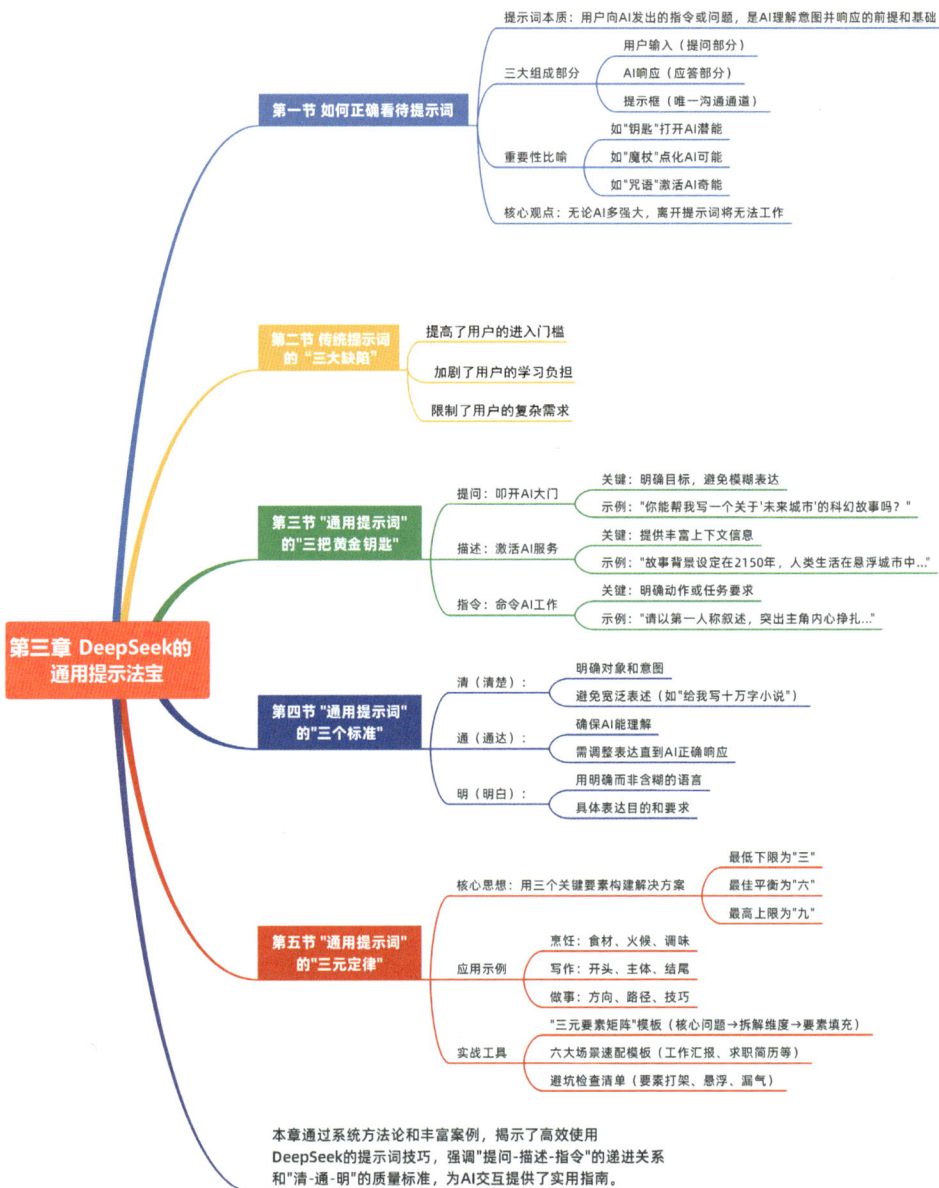

当前网上流行一个说法：DeepSeek 问世之后，传统提示词日益显得多余而鸡肋，甚至有人提出了"不要提示词"和"废除提示词"的观点。

通过前面两章的学习和实践，大家可能会发现一个极其重要的秘密：无论 DeepSeek 多么聪明能干，离开了"提示词"，它什么也不能干！

我们到底应该如何看待提示词呢？

第一节 如何正确看待提示词 ≫≫≫

首先，我们启动 DeepSeek，通过王子与 AI 的对话，客观而直接地体验和感受一下"提示词"的状态和基本功能。

以下是这次对话的截图（图 3-1）。

以上对话截图由三个部分组成：

第 1 部分，用户输入：王子向 DeepSeek 发问："你是谁？你会做什么？"这些问题构成了"提示词"。提示词是用户向 AI 发出的指令或问题，它们是 AI 理解用户意图并作出相应响应的前提和基础。

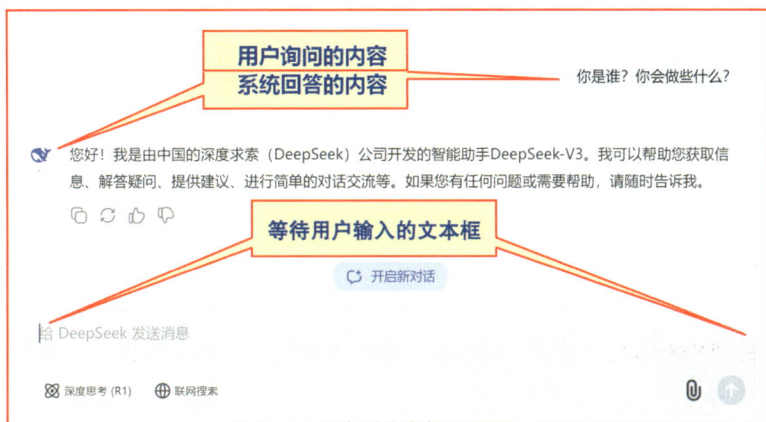

图 3-1 黑马王子与 DeepSeek 的对话截图

第 2 部分，AI 响应：紧随其后，是 DeepSeek 对王子的提问做出的回答，这里展示了 AI 对提示词的解析和响应，王子和 DeepSeek 之间，一问一答，才构成一轮完整的对话。

第 3 部分，唯一通道：DeepSeek 回答语的下方，有一个矩形窗口，这就是让用户输入各种信息包括问题和指令的"输入框"，它是用户与 AI 沟通的唯一通道。

以上三个部分其实是两个部分，一个是提问部分，另一个是应答部分，二者相辅相成，才构成一个完整的过程。如果没有提示词，DeepSeek 就只能"躺平"，什么事也干不了。

由此可见，提示词就是我们人类发给 AI 的提示信息或指令，它可以是一个问题、一段描述，也可以是一段带有参数的复杂文本，甚至可以是一本图书、一段视频、一个网站，或一切可以利用的信息。基于这些信息，AI 就能够生成并输出用户需要的文本、图片或相关信息。因此，它是 AI 时代不可或缺的。无论你是什么人，从大学教授到中小学生，从国家干部到公司职员，从国际大腕到街边摊贩，你都必须使用提示词。通过下面的学习，我们必须认识到：

提示词：犹如一把"钥匙"，可以打开 AI 的无限潜能。

提示词：就像一柄"魔杖"，可以点化 AI 的无限可能。

提示词：活像一句"咒语"，可以激活 AI 的无限奇能。

提示词：可以使外行迅速变为内行。

提示词：可以让新手迅速超越老手。

提示词：可以让业余迅速胜过专业。

提示词：可以让"菜鸟"迅速变为"雄鹰"。

…………

"不要提示词"的论调，可以休矣。

第二节 传统提示词的"三大缺陷"

随着 DeepSeek 的问世，人们突然发现传统提示词成了累赘，这里所说的"传统提示词"，就是当前流行于网上的各种各样的、名目繁多的、体系芜杂的"分类提示词"。传统提示词的出现，无疑给 AI 的前期运用提供了方便，但也为 AI 的后期发展制造了障碍，原因有三。

第一，传统提示词的"专业性"提高了用户的进入门槛。传统提示词往往被精心设计以适应特定行业或特定领域的复杂需求，它虽然在一定程度上提升了 AI 在该领域的性能，但也使得这些提示词难以跨越界限，触及其他领域。

第二，传统提示词的"膨胀性"加剧了用户的学习负担。随着行业细分化的加剧，传统提示词的种类和数量爆炸式增长，其膨胀与分化导致了提示词之间的冗余和冲突，增加了用户在使用时的困惑和迷茫。

第三，传统提示词的"条块性"限制了用户的复杂需求。人类的语言和情感是极其丰富和复杂的，而传统提示词往往过于简化和抽象，导致 AI 在理解和回应人类时显得机械和呆板，缺乏真正的情感共鸣和人文关怀。

为了打破上述局限，推动 AI 与人类对话的深入发展，我们迫切需要一种全新的提示词体系——"通用提示词"，本书就是发现并传播"通用提示词"的始作俑者。

DeepSeek 的问世，致使传统提示词显得多余而鸡肋，甚至有人提出了"废除提示词"和"不要提示词"的观点。其实，DeepSeek 并非不要提示词，而是需要更清楚、简明、通用的提示词。这将是一场深刻的变革和升华，必将引领 AI 人机交互技术迈向新的境界。

通用提示词，是随着 DeepSeek 的问世而诞生的新工具，它作为人机交互领域的一项里程碑式创新，其核心概念超越了传统提示词的单纯功能性范畴。它将提示词的构建提升至"写作艺术"的高度，将"提示词"的写作提升为"提示语"的写作。

有人预见，通用提示语的写作，必将成为现代小学、中学到大学的必修课，成为各专业、各学科、各行业、各种人群共同需要的、必不可少的公共课。无论你是谁，无论你是专家还是学生，无论你是官员还是老百姓，无论你是菜鸟还是高手，你都必须学会或使用"通用提示词"，否则，你将被 AI 时代的浪潮所淘汰。

第三节　"通用提示词"的"三把黄金钥匙"

我有一位警察朋友，他是反扒高手，他有一手绝技，就是"一把钥匙打开千把锁"。他随身带着三根特制的钢丝钩子，他在电视上现场演示过，用这三根钢丝钩子，可以打开任意锁具。他说，这就是他的"三钥组合，万能开锁"。

AI 时代，时不我待。谁想进入这个时代的大门，谁就必须拥有打开大门的钥匙。我们能拥有警察同志"万能开锁"的功夫吗？

有！"通用提示词"的"提问、描述、指令"三大技法，就是打开 AI 大门的"三把黄金钥匙"。

提问，是叩开 AI 大门。

描述，是激活 AI 服务。

指令，是命令 AI 工作。

DeepSeek 对"三把黄金钥匙"的解读见图 3-2。

在编写本书的过程中，我们发现 DeepSeek 催生的"通用提示词"是使用 AI 的核心技能，而"提问、描述、指令"则是掌握这一技能的三大关键技法。它们如同打开 AI 大门的"三把黄金钥匙"，彼此相辅相成，缺一不可。以下是它们的具体关系与作用。

（1）提问：叩开 AI 大门

提问是与 AI 交互的第一步，决定了 AI 回应的方向和质量。一个清晰、具体的问题能够引导 AI 快速理解用户需求，并提供精准的答案。提问的关键在

> ❤ 在编写《DeepSeek 即时通》这本书的过程中，我发现DeepSeek催生的"通用提示词"是使用AI的核心技能，而"提问、描述、指令"则是掌握这一技能的三大关键技法。它们如同打开AI大门的"三把黄金钥匙"，彼此相辅相成，缺一不可。以下是它们的具体关系与作用：
>
> 1. **提问：叩开AI大门**
>   提问是与AI交互的第一步，决定了AI回应的方向和质量。一个清晰、具体的问题能够引导AI快速理解用户需求，并提供精准的答案。提问的关键在于明确目标，避免模糊或冗长的表达。
> 2. **描述：激活AI服务**
>   描述是对问题的进一步细化，旨在为AI提供更丰富的上下文信息。通过详细的描述，用户可以帮助AI更好地理解任务的背景、约束条件以及期望的输出形式，从而激活AI的深层能力，提供更贴合需求的服务。
> 3. **指令：命令AI工作**
>   指令是用户对AI的具体操作要求，通常以明确的动作或任务形式呈现。指令的清晰度和逻辑性直接影响AI的执行效果。通过精准的指令，用户可以高效地指挥AI完成复杂任务，实现从"理解"到"执行"的无缝衔接。
>
> 这三者层层递进，共同构成了与AI高效交互的完整链条：**提问是起点，描述是桥梁，指令是终点。**掌握这三大技法，用户将能够充分释放DeepSeek的潜力，实现从"使用AI"到"驾驭AI"的跨越。

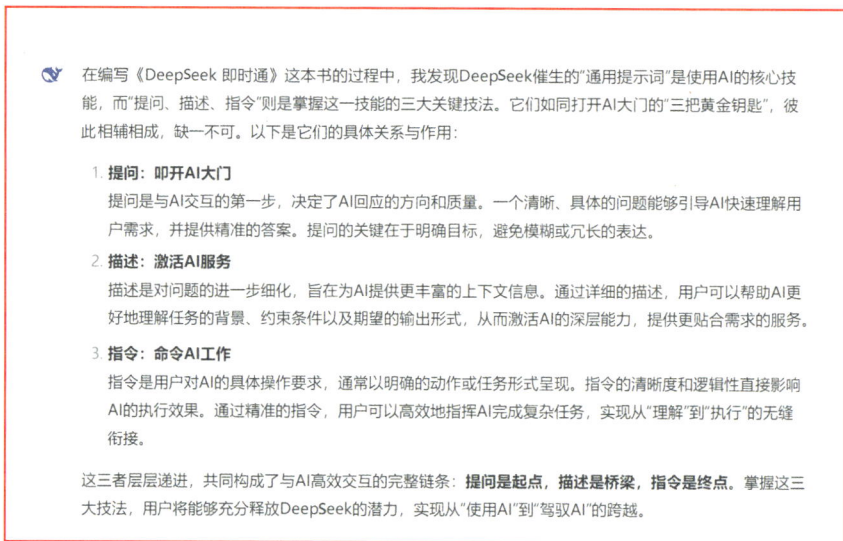

图 3-2　DeepSeek 对"三把黄金钥匙"的解读

于明确目标，避免模糊或冗长的表达。

（2）描述：激活 AI 服务

描述是对问题的进一步细化，旨在为 AI 提供更丰富的上下文信息。通过详细的描述，用户可以帮助 AI 更好地理解任务的背景、约束条件以及期望的输出形式，从而激活 AI 的深层能力，提供更贴合需求的服务。

（3）指令：命令 AI 工作

指令是用户对 AI 的具体操作要求，通常以明确的动作或任务形式呈现。指令的清晰度和逻辑性直接影响 AI 的执行效果。通过精准的指令，用户可以高效地指挥 AI 完成复杂任务，实现从"理解"到"执行"的无缝衔接。

这三者层层递进，共同构成了与 AI 高效交互的完整链条：

提问是起点，描述是桥梁，指令是终点。

掌握这三大技法，用户将能够充分释放 DeepSeek 的潜力，实现从"使用 AI"到"驾驭 AI"的跨越。

练习与测试：

（1）创意写作助手

提问：你能帮我写一个关于"未来城市"的科幻故事吗？

描述：故事背景设定在 2150 年，人类生活在悬浮于空中的智能城市中，但一场突如其来的能源危机打破了平静。主角是一名年轻的能源工程师，他发现了一个足以改变人类命运的秘密。

指令：请以第一人称叙述，突出主角的内心挣扎和科技与自然的冲突，结尾留下悬念。

（2）职场效率提升

提问：如何快速整理一份会议纪要？

描述：这是一场关于新产品发布的头脑风暴会议，参与者包括市场、设计、技术三个团队，讨论了目标用户、功能设计和推广策略。

指令：请将会议内容按"讨论主题—关键观点—后续行动"的结构整理成表格，并标注每个任务的负责人和截止日期。

（3）生活趣味助手

提问：你能帮我设计一个有趣的周末家庭活动吗？

描述：家庭成员包括一对夫妻、一个 8 岁的孩子和一只宠物狗。我们希望活动既能增进亲子互动，又能让宠物参与其中。

指令：请提供 3 个创意活动方案，包括所需材料、步骤说明和预计时长，并附上温馨提示（如安全注意事项）。

上述提示内容不仅实用，还能激发 AI 的创造力，帮助你更好地完成任务或获得灵感！试试看吧。

我们将在下一章专门讲述这"三把黄金钥匙"的具体使用方法和成功技巧。

第四节　"通用提示词"的"三个标准"

关于"通用提示词"的标准，就是三个字：清、通、明。

"清"就是"清楚"。

"通"就是"通达"。

"明"就是"明白"。

第一，关于"清楚"。 首先你要知道，你的提示词是写给 AI 的，AI 只是你的工具，你要像给新员工布置工作那样，一五一十地说清楚它的岗位、责任、目标、任务，它才能为你提供服务。这个"清楚"是双重的，你要清楚在对谁提问；同时你要把意图表达清楚，才能让 AI 正确地执行。

第二，关于"通达"。 简单地说，就是通顺地表达你的意愿，这里的通顺，就是要将你的意图传达以 AI 能听懂为目的。记住一个原则，通顺的不一定通达，只有达到了目标的通，只有被对方接受的通，才是通达。如果你说的某句话 AI 听不懂，你就要换句话说，甚至再换句话说，直到达到 AI 能听懂并且输出让你满意的回复。

第三，关于"明白"。 就是要用明确而非宽泛的语言、明显而非含糊的表述来简洁明白地表达出你的目的、你的要求、你的愿望、你的一切想法，并且要让 AI 能听懂听明白，进而按照你的要求输出内容。

例如，我们有位网友给 AI 发送了下面这样一条提示词：

给我写一篇十万字的小说。

从通常的语文角度来看，这句话非常"清楚、通达、明白"，但是，我们的 DeepSeek 却被这句提示词搞懵了，半天没有回复他。

为什么？因为这段提示词犯了三个大忌：

第一，提示词太宽泛， 没有说清你要写关于什么题材的小说（提示词不清楚），AI 要是真的写起来，那就没完没了啦；

第二，提示词太抽象， 没有表述具体的小说要素和特定对象（提示词不通达），AI 要是真的写起来，那就无边无际了；

第三，提示词太模糊， 没有指明小说的关键人物和基本事件（提示词不明白），AI 要是真的写起来，那就天地笼统了。

我们这位网友也许感觉到自己的提示词有问题，立即给 AI 又重新发送了一段提示词，详见图 3-3。

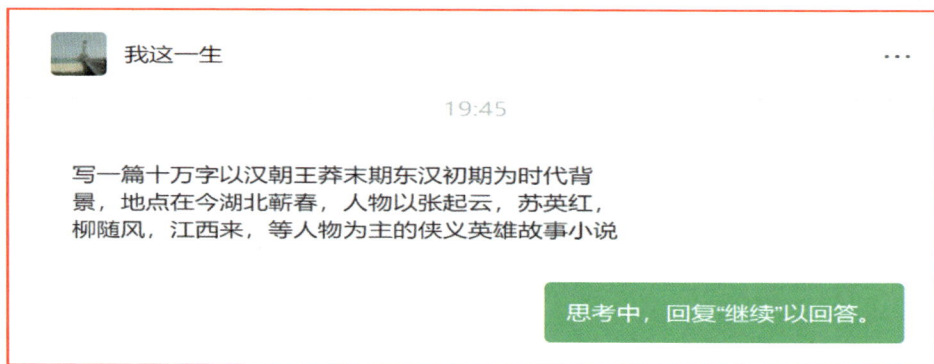

我这一生

19:45

写一篇十万字以汉朝王莽末期东汉初期为时代背景，地点在今湖北蕲春，人物以张起云，苏英红，柳随风，江西来，等人物为主的侠义英雄故事小说

思考中，回复"继续"以回答。

图 3-3　某网友要 AI 写十万字小说的提示词

这一段提示词比上一段提示词增加了许多内容，即增加了"以汉朝王莽末期东汉初期为时代背景，地点在今湖北蕲春，人物以张起云、苏英红、柳随风、江西来，等人物为主的侠义英雄故事"。结果，AI 还是发懵，回复他："思考中，回复'继续'以回答。"

我们这位网友看到 AI 的回复后，又将 AI 的回复全文拷贝给 AI，结果是，用户和 AI 二者陷入了无穷无尽的循环问答之中，见图 3-4。

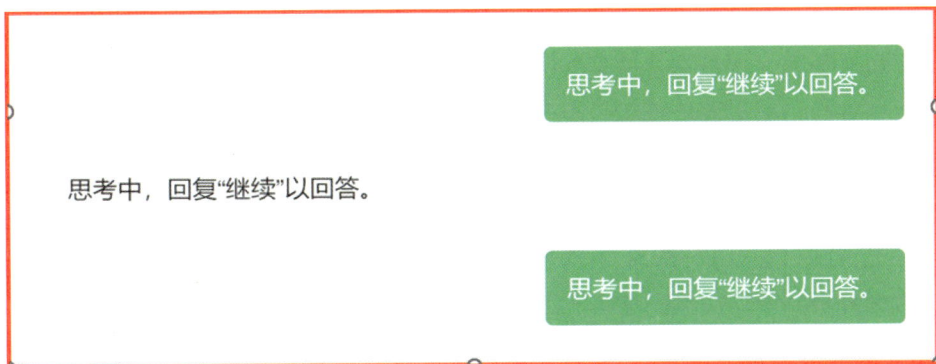

思考中，回复"继续"以回答。

思考中，回复"继续"以回答。

思考中，回复"继续"以回答。

图 3-4　网友与 AI 陷入了"'继续'以回答"的循环中

这段提示词，是"清、通、明"标准的经典反例。

第一，提示词不清楚。 AI 不懂这位网友的提示词，正在思考中，要求网友回复"继续"二字以回答；这位网友不清楚 AI 的意思，却将 AI 不清楚的提示词发给 AI，这样的"双重不清楚"必然越来越"不清楚"。

第二，提示词不通达。 "思考中，回复'继续'以回答"这句话，本身就是一个病句，谁"思考中"？谁回复"继续"？谁"以回答"？这样的双向不通必然造成"双向误解"，所以他和 AI 的对话进入了死循环。

第三，提示词不明白。 以上对话中的提示词，是"糊涂对糊涂"的"双重糊涂"，怎么可能明白？如果网友调整一下自己的思路，理解一下 AI 的本意，只回答"继续"二字，二者的对话就可以正常继续下去了。

由此可见，DeepSeek"通用提示词"的三个标准是环环相扣的，缺一不可。

第五节 "通用提示词"的"三元定律"

"三元"就是"三个元素"，也就是指构成事物的"三个关键要素"，就像三脚架需要三条腿支撑一样。自然科学告诉我们，三元结构是复杂系统的最小演化单位；我们发现，无论是指导 AI 工作还是解决现实问题，抓住最关键的三个要素，就能化繁为简，事半功倍。

老子《道德经》说的"一生二、二生三、三生万物"，道出了宇宙万物的生成转化规律，"通用提示词"的妙处正是运用这个规律，用"三个核心要素"构建出完整的解决方案。只用"三个主要元素"就能生成万事万物的关键提示，所以我们称之为"三元定律"。

这个定律告诉我们：面对任何复杂任务，只要准确找出与之关联最紧密的三个核心要素，就能有效指导 AI 完成目标，达成任务。这就像：

烹饪时，要掌握"食材、火候、调味"三个关键。

写文章，要把握"开头、主体、结尾"三个部分。

做事情，要掌握"方向、路径、技巧"三个要素。

在 AI 时代，DeepSeek 等推理大模型功能强大，从内容创作到问题解答，从数据分析到智能决策，这个"三元定律"尤其实用。例如：

1. 向 AI 提问时：要说清"对象、要求、场景"。

2. 制订计划时：要明确"目标、步骤、标准"。

3. 解决问题时：要分析"现状、原因、对策"。

下面，结合实操，帮助大家深度认识和体会"三元定律"的精妙。

一、多元提示词生成的"天鹅湖"

先请看图 3-5"天鹅湖"这张照片。蓝天白云之下，有一方清澈透明的湖水，湖边绿树成荫，湖中天鹅成群，正在湖中嬉戏，其中两只较大的白天鹅振翅欲飞，吸引着其他小天鹅也要起飞……

图片中散发着一片宁静、祥和、温馨、安逸的美妙气息。

有人问我：这么优美的情景照，是在哪儿拍的？

王子答曰：这不是我拍的照片，是 AI 生成的图片。

友人要提示词，我将图 3-5"天鹅湖"对应的提示词提供如下（大家可以在自己的电脑中试试，效果肯定不一样，后面会讲解其中原因）：

图 3-5　复杂提示词生成的"天鹅湖"

平静的湖面上，一群优雅的白天鹅翩翩起舞，<u>展翅飞过湖面，它们的羽毛在阳光下闪烁着洁白的光芒，仿佛是天空中的精灵。天鹅们的身影在水面上留下轻柔的倒影，伴随着微风轻轻荡漾。</u>远处，湖边的柳树垂下柔软的枝条，<u>仿佛在为这些优雅的生物送上祝福。</u>空中，几朵白云悠然自得地漂浮，<u>映衬着这幅如诗如画的风景。</u>

我们将这段提示词的内容与图 3-5 的图片内容对比一下，就可以发现：上述提示词中加了下划线的语句，在 AI 生成的图片中根本没有体现出来。可见，这些划线的提示词都是"没有用"的。也就是说，这么多精彩优美的描述语，AI 没有采用，它们没有起到提示词的作用。

凡是用过 AI 的读者都知道，你想要展现出来的往往都不能实现。为什么？因为 AI 只是一个工具，使用工具的人，才是工具的主宰。比如一把剪刀，有人用它剪指甲，有人用它剪窗花，使用者的功夫才是真功夫。

二、六元提示词生成的"天鹅湖"

现在，我们将那些加了下划线的冗余的提示词全部去掉，就形成了下面这样的提示词：

平静的湖面上（位置），一群优雅的天鹅（主体）翩翩起舞（动作），远处湖边的柳树（副主体）垂下（动作）柔软的枝条，空中，几朵白云悠然自得地漂浮（衬托）。

AI 的绘图如下（见图 3-6）。

图 3-6　简单提示词生成的"天鹅湖"

我们来对比一下以上两幅图，显然第二幅图（图 3-6）更加生动，更有灵气，更富意境。

问题来了：

第一幅图的提示词，有 150 个字，用了几十个元素，图效一般。

第二幅图的提示词，只有 44 个字，只用了六个元素，即"位置、主体、动作、副主体、动作、衬托"，图效远远超过前图。

为什么仅有几个元素的简单提示词所生成的绘画效果，会远远高于几十个元素的绘画效果呢？

也许，这是因为当前的 AI 认知水平有限，你说得越多，它越不能消化，甚至产生了选择性遗忘；相反，你的提示词减少几个元素，给 AI 留下更多的创作空间，它就能自由发挥，就能创作出令人意想不到的作品来。

三、三元提示词生成的"天鹅湖"

大家知道，"三元提示词"就是只使用三个元素的提示词。我们将上述含有六个元素的提示词再简化一半，用三个元素来试试 AI 的效果。

我们的提示词是：

平静的湖面上（位置），一群优雅的天鹅（主体），翩翩起舞（动作）。

请看：图 3-7 用三个元素生成的"天鹅湖"图片效果，竟然比图 3-5 用几十个元素生成的图片的效果还要鲜活。

图 3-7　用三个元素生成的"天鹅湖"

为什么会这样呢？

这就是本文将要揭示的"三元定律"的妙处。

通用提示词的"三元定律"，基于如下三个"元素规律"：

第一，"元素规律"的基本原理是： 提示词的元素多少，与提示词的效果好坏，往往成正比。（其公式是：提示效果 = 元素完备性 × 信息聚焦度）

第二，"元素规律"的基本质量是： 提示词的元素质量，与提示词的效果质量，往往成正比。

第三，"元素规律"的基本数量是： 提示词的元素并非越多越好，相比之下，三个元素的提示词，其"能效比"往往最高。

上述三幅图的对比，很好地揭示了提示词数量的"元素规律"，这就是：山不在高，有仙则名；元素不在多，而在于精。元素的质量，决定输出的质量。

以上三个规律，既是独立的，又是互补的，更是辩证的。提示词的元素多少，要恰到好处，既不能过多，也不能过少，也就是要"适度"。

提示词元素的这个数量上的"度"，就是"三六九"。

提示词元素的这个数量的基数是"三"，"三加三为六"，"六加三为九"，于是有了"三六九"的"三级进阶"。以"三"的视角来看：

一旦低于三，就会显得单调无序，甚至无法生成你需要的内容。

一旦高于九，就会显得臃肿复杂，甚至很多元素是多余无用的。

而介于三和九之间的"六"，则是恰到好处，不多不少，平衡中庸。

所以，人们在剖析那些优秀的提示词元素时，一不小心就会碰上"六"。

总之，关于提示词元素：

其最低下限为"三"。

其最佳平衡为"六"。

其最高上限为"九"。

我们初学者，最好是用"三个元素"。

进阶中级后，可以使用"六个元素"。

进阶高级后，可再试用"九个元素"。

"三元定律"，魅力无穷，我们将在后面讲解。

四、"三元要素矩阵"实战工具表——3 分钟把问题变答案，把想法变行动

工具表使用口诀：

"1 个核心问题 → 2 分钟头脑风暴 → 3 个关键要素 →无限可能！"

（一）"三元要素矩阵"万能模板（如表 3-1 所示，填空即用）

表 3-1 "三元要素矩阵"万能模板

步骤	你的答案（举例示范）	小技巧提示
1. 核心问题	例：如何让领导通过我的方案？	用一句话描述，越具体越好
2. 拆解维度	例：说服力、可行性、成本	参考下方"常见维度库"
3. 要素填充	说服力：行业案例 可行性：分阶段实施 成本区：预算低于竞品	每个要素不超过 8 个字
4. 组合验证	"引用 A 公司成功案例（说服力）+ 分三期推进（可行性）+ 比 B 方案省 20 万元（成本）"	读一遍，看是否自洽

（二）"六大场景"速配模板

1. 工作汇报（拯救无聊 PPT）

[现状] 客户满意度下降 15%

[原因] 售后响应超 48 小时

[对策] 上线 AI 智能工单系统

三要素口诀：数字 + 痛点 + 解决方案

2. 求职简历（HR 一眼心动版）

[能力] 社群运营（3 年经验）

[成果] 转化率提升 25%

[差异] 独创"表情包裂变法"

三要素口诀：技能 + 数据 + 个人招牌

3. 吵架争辩（理性碾压版）

[事实] 你昨天没倒垃圾

[影响] 招来了蟑螂

[诉求] 现在立刻去倒

三要素口诀：事实 + 后果 + 明确指令

4. 小红书爆款标题

[人群] 打工人

[痛点] 通勤 2 小时

[诱惑] 3 个摸鱼神技

三要素口诀：身份标签 + 痛点 + 利益诱惑

5. 领导"画饼"（反向套路版）

[愿景] 明年上市

[资源] 给你配 5 人团队

[交换] 但 Q4 需加班

三要素口诀：大饼 + 筹码 + 代价

6. 相亲自我介绍（高效筛选版）

[硬条件] 有房无贷

[软实力] 会做四川火锅

[避雷区] 不接受丁克

三要素口诀：硬件 + 特色 + 底线

（三）"避坑"检查清单

要素打架：确保三个要素不矛盾（例如，既要省钱又要豪华）

要素悬浮：每个要素必须可操作（把 " 提升服务 " 改为"24 小时在线客服"）

要素漏气：测试删除任一要素是否垮掉（如删除数据，说服力归零）

（四）维度灵感库（直接勾选）

职场类：

□效率　□质量　□成本　□创新　□风险

生活类：

□时间　□金钱　□情绪　□健康　□关系

学习类：

□输入　□加工　□输出　□反馈　□激励

（五）实践任务卡

紧急任务：选一个今天要处理的问题，用矩阵表拆解

长期修炼：每天用三元法重构 1 条微信消息（比如点外卖备注）

终极挑战：用三要素向伴侣解释"为什么又买游戏皮肤"

附：空白矩阵表（见表 3-2）

表 3-2　空白矩阵表

问题：_____	维度 1：_____	维度 2：_____	维度 3：_____
要素 1			
要素 2			
要素 3			

记住：当生活给你一堆乱麻，就把它编成三根辫子！

【学习提示】记住下面这个简单口诀：

任何困难不用愁，

三个元素记心头。

找准关键三要素，

AI 帮你解烦忧！

（六）"三元矩阵"万能模板现场演示训练

第一步：填核心问题

✕ 错误示范："怎么才能吃饱？"（太模糊）

√ 正确操作：**"如何在 30 分钟内吃到便宜又好吃的酸辣粉？"**（具体到品类 / 时间 / 预算三个要素）

第二步：选三个维度

从你的问题里**自动蹦出**关键角度：

1. 速度（30 分钟内）

2. 价格（便宜）

3. 口味（酸辣粉要正宗）

偷懒技巧：直接套用"价格 + 质量 + 速度"万能"三件套"

第三步：填具体要素（见表 3-3）

表 3-3　具体要素的填写

维度	你的具体标准	现实案例
速度	30 分钟内送达	选"附近 500 米"的店
价格	不超过 15 元	用"满 15 减 5"红包
口味	要够酸够辣	看差评里有没有人说"不够辣"

第四步：组合成神指令

最终决策："选 600 米内那家重庆酸辣粉（口味）+ 用新人红包（价格）+ 下单前私聊老板'加辣加醋'（定制）。"

对比效果

× 旧方法：翻 20 分钟外卖 App，最后点了又贵又难吃的

√ 三元法：3 分钟锁定目标，酸辣粉到手还省了 5 块钱

再举个工作例子

问题："怎么让老板同意买新电脑？"

一拆维度：

必要性（旧电脑多卡）+ 性价比（选便宜型号）+ 回报（提高效率）

二填要素：

必要性：演示开 3 个 Excel 就死机

性价比：申请联想而非 MacBook

看回报：每天节省 1 小时加班费

三组话术：

"老板，我电脑开 3 个 Excel 就崩溃（必要性），想申请这台 4000 块的联想（性价比），每天能少算错 5 张表（回报）。"

常见疑问解答

Q：三个维度必须自己选吗？

A：建议新手直接抄：

- **做事类**：目标 + 方法 + 资源
- **"买买买"**：需求 + 预算 + 售后
- **吵架类**：事实 + 感受 + 诉求

Q：要素写几个字合适？

A：像发朋友圈一样简练，比如：

×"我们要考虑多方面成本控制因素。"

√"预算砍 20%。"

现在试试把你的问题套进来，比如：

你的问题："如何让团队同事按时交周报？"

第一步：锁定核心问题

× 模糊版："怎么提高团队效率？"

√ 三元精准版：**"如何让 10 人团队每周五下班前提交完整周报？"**（包含：人数 / 时间 / 质量要求）

第二步：从上面的问题中自动蹦出三个维度

从问题里挖出关键角度：

1. 动力（为什么他们要交）

2. 便利（怎么交得轻松）

3. 约束（不交会怎样）

懒人诀窍：直接套用"胡萝卜 + 棍子 + 梯子"模型三元素（奖励 + 惩罚 + 工具）

第三步：填具体操作要素（见表 3-4）

表 3-4　具体操作要素的填写

	具体方案（越简单粗暴越好）	现实案例
动力	交得快有奖励	前 3 名提交的发奶茶红包
便利	降低操作难度	用钉钉模板点击即填
约束	不交的公开处刑	群里 @ 未交的人 + 乐捐 20 元

第四步：组合成执行方案

最终对策：

1. 周一开会宣布："周五前 3 名交周报的，我私人发 15 元红包（动力）；已做好钉钉模板，只需填 3 个重点（便利）；逾期未交的，群里提醒并乐捐 20 元（约束）。"

2. 自己先示范填一次模板。

3. 周五中午发预告："目前还有 3 人未交，奶茶基金已备好。"

对比效果

× 旧方法：群里刷屏催："记得交周报啊各位！"

☞ 结果：拖延到周日还有人没交。

三元妙法：

☞ 结果：周四就收齐 8 份，周五下班前 100% 完成。

三元妙法，你学会了吗？

如果您有任何问题或需求，请到 ai.448.cn "AI 即时通"论坛或"AI 即时通"公众号去提问、留言。

DeepSeek 的
"三把黄金钥匙"

DeepSeeK

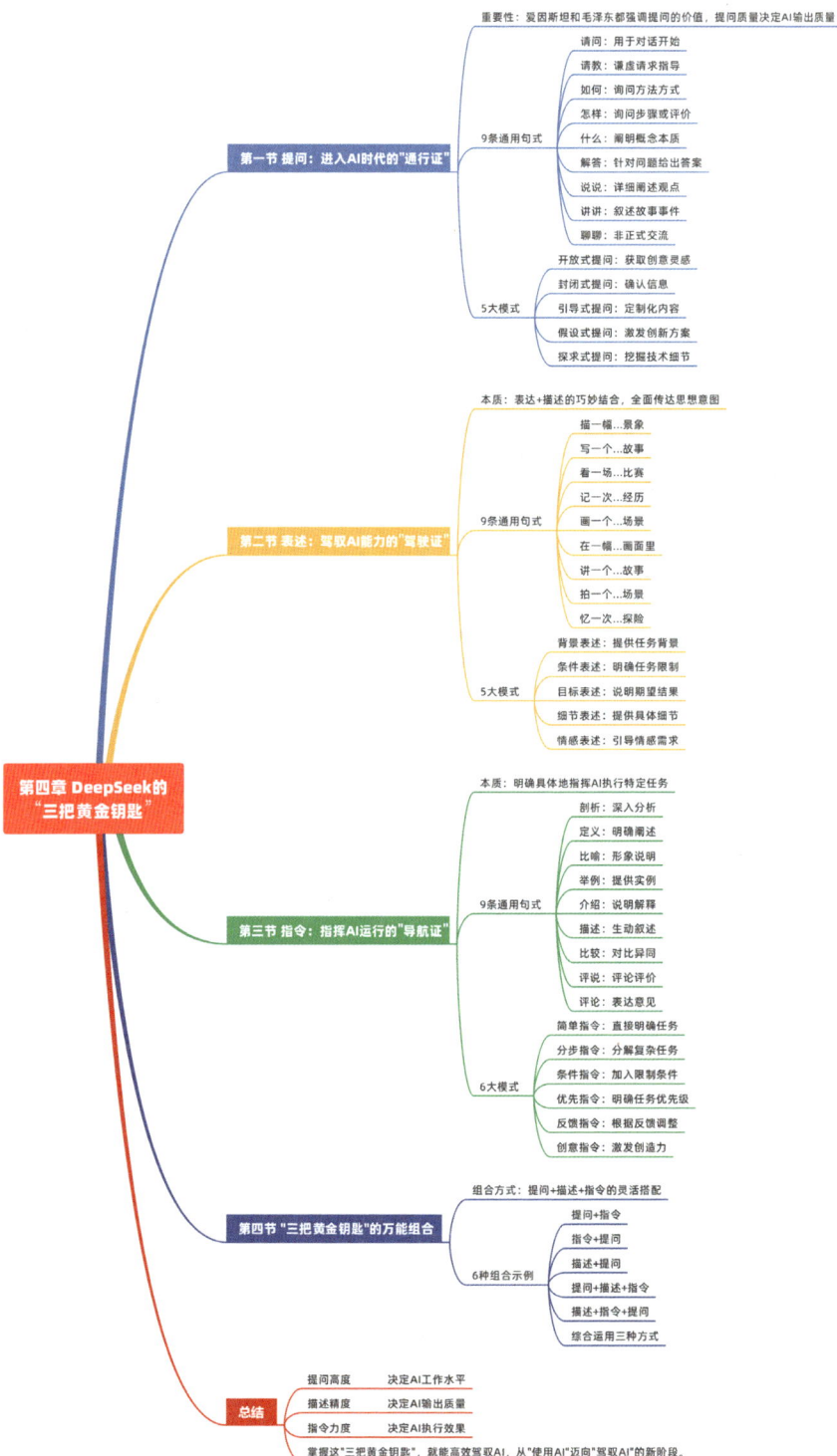

第一节 提问：进入AI时代的"通行证"

重要性：爱因斯坦和毛泽东都强调提问的价值，提问质量决定AI输出质量

9条通用句式
- 请问：用于对话开始
- 请教：谦虚请求指导
- 如何：询问方法方式
- 怎样：询问步骤或评价
- 什么：阐明概念本质
- 解答：针对问题给出答案
- 说说：详细阐述观点
- 讲讲：叙述故事事件
- 聊聊：非正式交流

5大模式
- 开放式提问：获取创意灵感
- 封闭式提问：确认信息
- 引导式提问：定制化内容
- 假设式提问：激发创新方案
- 探求式提问：挖掘技术细节

第二节 表述：驾驭AI能力的"驾驶证"

本质：表达+描述的巧妙结合，全面传达思想意图

9条通用句式
- 描一幅...景象
- 写一个...故事
- 看一场...比赛
- 记一次...经历
- 画一个...场景
- 在一幅...画面里
- 讲一个...故事
- 拍一个...场景
- 忆一次...探险

5大模式
- 背景表述：提供任务背景
- 条件表述：明确任务限制
- 目标表述：说明期望结果
- 细节表述：提供具体细节
- 情感表述：引导情感需求

第四章 DeepSeek的"三把黄金钥匙"

第三节 指令：指挥AI运行的"导航证"

本质：明确具体地指挥AI执行特定任务

9条通用句式
- 剖析：深入分析
- 定义：明确阐述
- 比喻：形象说明
- 举例：提供实例
- 介绍：说明解释
- 描述：生动叙述
- 比较：对比异同
- 评论：评论评价
- 评论：表达意见

6大模式
- 简单指令：直接明确任务
- 分步指令：分解复杂任务
- 条件指令：加入限制条件
- 优先指令：明确任务优先级
- 反馈指令：根据反馈调整
- 创意指令：激发创造力

第四节 "三把黄金钥匙"的万能组合

组合方式：提问+描述+指令的灵活搭配

6种组合示例
- 提问+指令
- 指令+提问
- 描述+提问
- 提问+描述+指令
- 描述+指令+提问
- 综合运用三种方式

总结
- 提问高度　　决定AI工作水平
- 描述精度　　决定AI输出质量
- 指令力度　　决定AI执行效果
- 掌握这"三把黄金钥匙"，就能高效驾驭AI，从"使用AI"迈向"驾驭AI"的新阶段。

AI 时代，未来已来，DeepSeek 的问世告诉我们，掌握与人工智能高效交互的能力已成为上上下下、方方面面、各界人群的一项必备技能。无论是工作、学习还是生活，AI 都能为我们提供强大的支持，但如何让 AI 真正理解并满足我们的需求？答案就藏在"提问、表述、指令"这三大法宝之中。它们如同打开 AI 大门的"三把黄金钥匙"，帮助我们从"使用 AI"迈向"驾驭 AI"的时代殿堂之中。

注意："表述"是一个包含并统领"描述"的更高层级概念。"表述"就是"表达 + 描述"的巧妙结合与深度融合。"描述"为"表述"提供血肉和根基，"表述"给"描述"指引目的和形式。二者相辅相成有时互为取代。

如果将这"三把黄金钥匙"（见图 4-1）与驾驶员的证件类比，可以形象地说明它们在 AI 交互中的不同作用和重要性。以下是三个具体的比喻。

图 4-1　开启 AI 大门的"三把黄金钥匙"

第一，"提问"是"通行证"。

比喻理由：通行证是进入某个区域或系统的"入场券"，而提问是与 AI 交互的起点。没有精准的提问，就无法进入 AI 的核心能力范围。这就像驾驶员需要通行证才能进入特定区域一样，用户需要通过提问"叩开" AI 的大门，需要明确表达需求。

提问示例："你能帮我写一篇关于如何使用 AI 的文章吗？"就像出示通行证，让 AI 知道你需要什么。

第二，"表述"是"驾驶证"。

比喻理由：驾驶证是驾驶员合法上路的资格证明，表述则是用户"驾驶 AI"能力的体现。通过表述，用户可以精准控制 AI 的输出方向。这就像驾驶证证明驾驶员有能力操控车辆一样，表述证明用户有能力引导 AI 完成任务。

表述示例："请写一篇关于 AI 伦理的文章，重点讨论隐私保护和算法偏见，字数 1500 字，语言风格严谨。"这就像司机操控 AI（车辆）驶向目标。

第三，"指令"是"导航证"。

比喻理由：导航证是驾驶员规划路线、到达目的地的工具，而指令则是用户明确告诉 AI"如何完成任务"的具体指引。这就像导航证帮助驾驶员选择最佳路线一样，指令帮助 AI 高效完成任务，避免偏离目标。

指令示例："请将这篇文章翻译成英文，并生成一个简洁的摘要。"这就像设置导航路线，确保 AI 按步骤完成任务。

综上所述，掌握了这"三证"，你就能成为 AI 时代的"老司机"，你才有轻松驾驭 AI 的资格和能力！本章将深入讲解这"三把黄金钥匙"的核心逻辑及其应用场景，助你成为 AI 时代的交互高手。

第一节 提问：进入 AI 时代的"通行证" ▶▶▶▶

"通用提示词"的第一把黄金钥匙，就是"提问"。

也许有人抬杠，提问，这么简单的事，怎么会是一把黄金钥匙呢？这不是哗众取宠吗？

的确，提问非常简单，但它却非常重要。因为提问的质量，往往决定 AI 输出的质量。提问不仅仅是我们打开 AI 大门的钥匙，也是打开我们思想宝库的钥匙，学会了提问，既有利于我们快速进入智能时代，也有利于我们快速提升自我素养。

爱因斯坦说："提出一个问题往往比解决一个问题更为重要。"这句话强调了提问在知识探索和科学进步中的关键作用。提问代表着思考和创新，是通向知识宝库的必由之路。

毛泽东主席说："学问，学问也；学会了问，你才有学问。"毛主席的话，言简意赅，以中国特色的语言，概括了提问的深厚含义。

下面，让我们从提问开始，尝试一下进入智能时代的清爽感觉。

一、提问的重要意义

关于这个问题，我们来问 DeepSeek：

"提问"在提示词中有什么意义？

DeepSeek 的回答如下：

"提问"作为提示词的"第一把黄金钥匙"，在与 AI 交互中具有至关重要的意义。它是开启 AI 能力的起点，决定了 AI 回应的方向、深度和质量。一个精准的提问不仅能快速获取所需信息，还能激发 AI 的潜力，生成更具价值的输出。"提问"的重要意义可以归纳为 6 条：

1. 启动对话：提问是用户与 AI 开始交流的起点，它启动了对话流程，让 AI 知道用户需要信息或帮助。

2. 明确需求：通过提问，用户可以明确地表达自己的需求或疑惑，让 AI 能够针对性地提供答案或解决方案。

3. 引导回答：提问帮助 AI 理解用户的意图，引导 AI 提供相关和准确的回答。它相当于给 AI 指明了一个方向，告诉它用户期望得到什么样的信息。

4. 交互深化：提问可以促进更深层次的交互，因为它可能引发一系列的回答和后续问题，形成更加丰富的对话。

5. 激发创新：有时用户的提问可能会超出 AI 现有的知识范围，这可以激发 AI 开发者去扩展 AI 的知识库，推动技术创新。

6. 建立连接：提问和回答的过程有助于建立用户和 AI 之间的连接，使用户感到 AI 是一个可靠的信息来源和交流伙伴。

总之，"提问"是用户与 AI 交互的核心技能，"提问"决定了 AI 回应的质量和效率。通过提问，用户可以精准表达需求，激发 AI 的潜力，实现从"简单问答"到"深度协作"的跨越。无论是获取信息、解决问题还是生成创意，提问都是打开 AI 大门的"第一把黄金钥匙"。

DeepSeek 是一款优秀的国产 AI 大模型，它的中文智能聊天功能，已经领先国外同类产品。我们可以把它当作一位师长或内行，与它对话，就像与真人对话一样，你提问，它解答，一问一答，自然而然。

"提问"，是我们和 DeepSeek 交流的第一步，只要大胆地迈出"提问"这一步，你就能领略到 AI 提供给你的无限风光。你将直观感受到 AI 的无穷智慧和魅力。

二、提问的九个通用句式

你可以用九个通用句式来测试任何 AI，你也可以创作另外的提问来试试。

1. 请问：让 AI 帮你解决问题，常用于一个对话或询问的开始。示例："请问植物在什么时候放氧？""请问 AI 会取代人的工作吗？"

2. 请教：谦虚、有礼貌地请求 AI 指导或解答疑问，以寻求帮助或建议。示例："请教弧圈球的打法""请教咸鸭蛋的做法"。

3. 如何：向 AI 询问做事的方法、方式或手段，或者是对某个情况、问题的处理或建议。示例："如何学好人工智能""鲜花如何保鲜？"

4. 怎样：向 AI 询问进行某活动、完成某任务、处理某问题的方法、步骤、方式或评价。示例："怎样学习英语？""你觉得猪八戒怎么样？"

5. 什么：让 AI 阐明某个概念、事物、现象或观点的含义、原因、过程等，以理解其本质、原理或关系。示例："什么是黄金柱""什么是市盈率"。

6. 解答：让 AI 针对某问题或疑问给出答案或解释，以解决疑惑或满足求知的需求。示例："解答 ×× 数学题"，"解答 ×× 问题"。

7. 说说：让 AI 给自己详细阐述某个观点或情况。示例："说说你对 ×× 的看法或感受""说说厄尔尼诺现象"。

8. 讲讲：让 AI 用言语详细叙述、解释或阐述某个观点、故事、事件等。示例："讲讲《流浪地球》的故事""讲讲黄金分割法"。

9. 聊聊：与 AI 进行轻松、随意的交谈或讨论，可以是关于任何话题的非正式交流。示例："聊聊 ×× 话题""深入聊聊 ××"。

当你做完上面 9 道练习题，你再来看看"提问"二字，你是否会意识到，你正在领取一本通往智能时代的"通行证"？这本通行证的实用性极广，含金量极高。因为，"提问"是写作提示词最基础、最常用的方法，也是初学者打开 AI 大门的最容易过关的一把黄金钥匙。

三、提问的五大通用模式

1. 开放式提问

基本特点：让 AI 自由发挥，提供详细、全面的回答。

适用场景：获取创意灵感、探索未知领域、生成多样化内容。

提示词案例：

"请帮我生成一个关于未来城市的科幻故事。"

"你能详细解释一下机器学习的基本原理吗？"

"有哪些方法可以提高团队的工作效率？"

2. 封闭式提问

基本特点：答案简短明确，通常是"是 / 否"或具体选项。

适用场景：确认信息、快速决策、简化交互。

提示词案例：

"DeepSeek 是否支持多语言翻译？"

"你能在 5 分钟内完成这份报告的摘要吗？"

"以下哪个标题更吸引人：A. 未来科技，B. 人工智能的崛起？"

3. 引导式提问

基本特点：通过逐步引导，让 AI 生成更符合需求的回答。

适用场景：定制化内容生成、复杂任务分解、精准需求匹配。

提示词案例：

"你提到 AI 可以优化工作流程，那么如何具体实现文档自动化处理？"

"如果我想写一篇关于 AI 伦理的文章，你会建议我从哪些角度切入？"

"你能根据我的需求（预算有限时间紧迫）推荐一个项目管理工具吗？"

4. 假设式提问

基本特点：基于假设情境，激发 AI 生成创新解决方案。

适用场景：创意生成、战略规划、问题解决。

提示词案例：

"如果 AI 可以完全替代人类工作，未来的社会结构会是什么样子？"

"假设你是产品经理，你会如何设计一款 AI 驱动的教育应用？"

"如果 AI 能够实时翻译所有语言，全球沟通方式会发生哪些变化？"

5. 探求式提问

基本特点：通过深入追问，挖掘 AI 的潜在能力或获取更精准的信息。

适用场景：技术细节挖掘、复杂问题分析、多轮交互优化。

提示词案例：

"你能详细说明一下 DeepSeek 的'联网搜索'功能是如何实现的吗？"

"你提到的'AI 自动化办公'，具体包括哪些功能模块？"

"为什么你认为这个方案更适合我的需求？能否提供更多数据支持？"

通过这五大提问模式，你可以更高效地与 DeepSeek 交互，充分发挥 AI 的潜力，实现从"简单问答"到"深度协作"的跨越！

四、综合运用

应用场景：用 DeepSeek 生成一篇关于 AI 伦理的文章。

开放式提问："你能帮我写一篇关于 AI 伦理的文章吗？"

封闭式提问："这篇文章的字数可以控制在 1500 字以内吗？"

引导式提问："如果我想从'隐私保护'和'算法偏见'两个角度展开，你会如何组织内容？"

假设式提问："假设 AI 已经具备了完全自主决策能力，人类应该如何制定伦理规范？"

探求式提问："你提到的'算法偏见'，能否举例说明它在实际应用中的影响？"

第二节 表述：驾驭 AI 能力的"驾驶证" ▶▶▶

"通用提示词"的第二把黄金钥匙，就是"表述"。

"表述"，就是"表达 + 描述"的巧妙结合与深度融合，它不仅涵盖了直接、客观的信息传递，还融入了细致入微、生动形象的场景描绘。通过表述，我们得以全面、准确且富有感染力地传达我们的思想、情感和意图，使 AI 不仅能够清晰地理解，还能深刻感受到我们所要表达的核心内容，并据此输出符合我们期望的信息或回应。

前面关于"天鹅湖"的提示词，就是很好的表述性提示词（表达 + 描述）。"表述性提示词"犹如神笔马良手中的神奇画笔，为我们的提示语增添了丰富的色彩、细腻的细节和鲜活的形象，使我们的表达变得更加精确无误、具体可感、生动有趣。表述中的描述性元素，不仅增强了语言的表现力，还极大地提升了 AI 对我们意图的理解效果。

一、表述性提示词（表达＋描述）的基本玩法

1. 细节捕捉与情节再现：AI 绘画系统需要能够准确地捕捉和再现物体的细节，如纹理、光影、色彩变化等。这要求 AI 具备高度的描述能力，能够精确地"描述"出每一个细节，使画面更加真实、生动。

例如：

"在那片璀璨的星空下，他们围坐在篝火旁，分享着彼此的故事。"

2. 场景构建与氛围营造：一幅成功的画作不仅仅是对物体的简单堆砌，更是对整个场景和氛围的精心构建。AI 需要通过"描述"来创造出具有深度和层次感的场景，以及能够触动人心的氛围。

例如：

"阳光透过窗帘的缝隙，洒在床上，形成一道道金色的光栅。"

3. 情感表达与故事讲述：描述性提示词是情感表达的一种形式，也是讲述故事的一种方式。AI 需要用户为它"描述"出画面中的情感色彩，以及通过画面元素来讲述一个引人入胜的故事。

例如：

"他满怀激动地打开了那封久违的信件，眼中闪烁着泪光。"

4. 创意构思与模拟实现：在 AI 文生图片、AI 文生视频、AI 文生音乐中，创意是灵魂。如果提示词能够"描述"出独特的创意构思，并将其描述为具体的画面，AI 的生成将更有把握。

例如：

"随着音乐响起，舞台上的灯光逐渐亮起，演员们缓缓走向舞台中央。"

"表述"是 AI 绘画中最基本也是最重要的技能之一。它不仅仅是技术层面的要求，更是艺术层面的追求。一个优秀的 AI 绘画人员，必须具备高度的"表达＋描述"的能力，才能创作出真正具有艺术价值的作品。

在实践中，"表述性提示词"常常简化为"描述性提示词"。

二、表述的九个通用句式

1. 绘一幅夕阳西下的海边景象，金色的余晖洒满波光粼粼的海面。

2. 写一个关于勇气与坚持的故事，主人公在逆境中不屈不挠取得成功。

3. 看一场激烈的足球赛，球员们奋力拼搏，观众席上欢呼声此起彼伏。

4. 记一次难忘的旅行经历，山川秀美，风土人情令人陶醉。

5. 画一座神秘古老的城堡，石墙斑驳，藤蔓缠绕，一个行人。

6. 在一幅宁静的乡村画面里，稻田金黄，炊烟袅袅，三只羊。

7. 讲一个关于友谊的故事，朋友们相互扶持，共同渡过难关。

8. 拍一个繁华的都市夜景，灯火辉煌，车水马龙，行人如织。

9. 忆一次难忘的户外探险，山林幽静，溪流潺潺，充满挑战与惊喜。

这些表述性提示词既表达了具体的请求或要求，又通过详细的描述为 AI 提供了丰富的信息和细节，有助于 AI 生成更加符合期望的回应或输出。

三、表述的五大通用模式

"表述"的五大通用模式及案例，可以帮助你更高效地与 AI 交互，充分发挥 DeepSeek 的能力：

1. 背景表述

基本特点：为 AI 提供任务的背景信息，帮助其理解上下文。

适用场景：复杂任务、多步骤问题、需要上下文支持的内容生成。

提示词案例：

"我正在写一篇关于 AI 在医疗领域应用的文章，目标读者是医疗行业的从业者。请帮我生成一个引言段落。"

"我们公司正在开发一款智能客服系统，主要面向中小型企业。请为我设计一个功能列表。"

"我需要为一场关于'未来教育'的演讲准备内容，听众是教育科技领域的专家。请帮我列出三个核心观点。"

2. 条件表述

基本特点：明确任务的限制条件，确保 AI 的输出符合要求。

适用场景：格式化内容生成、特定需求匹配、精准任务执行。

提示词案例：

"请生成一份会议纪要，要求包括'讨论主题''关键结论''后续行动'三部分，字数控制在 500 字以内。"

"请为我设计一个每日工作计划表，时间从早上 9 点到下午 6 点，包含休息时间和任务优先级。"

"请写一篇关于环保的短文，字数 300 字，语言风格轻松幽默。"

3. 目标表述

基本特点：清晰说明任务的目标或期望结果，引导 AI 生成针对性内容。

适用场景：目标导向的任务、创意生成、问题解决。

提示词案例：

"我的目标是提高团队的工作效率，请为我设计一个基于 AI 工具的优化方案。"

"我希望这篇文章能激发读者对 AI 伦理的思考，请帮我写一个引人入胜的开头。"

"我需要一个能让用户快速上手的智能客服操作指南，请帮我生成一份简洁明了的说明文档。"

4. 细节表述

基本特点：提供具体细节，帮助 AI 生成更精准、个性化的内容。

适用场景：定制化内容生成、复杂任务分解、个性化需求满足。

提示词案例：

"请为我生成一个关于'未来城市'的科幻故事，主角是一名年轻的建筑师，故事背景设定在 2150 年的悬浮城市，主题是科技与自然的平衡。"

"我需要一份关于'AI 在金融领域应用'的报告，重点包括风险管理、智能投顾和反欺诈技术，字数 2000 字。"

"请设计一个家庭周末活动方案，家庭成员包括一对夫妻、一个 8 岁的孩子和一只宠物狗，活动要兼具趣味性和亲子互动。"

5. 情感表述

基本特点：通过具有情感倾向的表述，引导 AI 生成符合情感需求的内容。

适用场景：情感化内容生成、品牌故事、用户沟通。

提示词案例：

"请帮我写一封给客户的感谢信，语气真诚温暖，表达我们对长期合作的感激之情。"

"我需要一篇关于团队合作的演讲稿，语言要充满激情和鼓舞人心。"

"请生成一段关于旅行的文字，语言风格要轻松愉快，让人感受到旅行的美好。"

通过这五大表述模式，你可以更精准地与 DeepSeek 交互，确保 AI 生成的内容完全符合你的需求，真正实现从"模糊需求"到"精准输出"的跨越！

四、综合运用

基本场景：用 DeepSeek 生成一篇关于"AI 与未来教育"的文章。

背景表述："我正在准备一篇关于 AI 如何改变未来教育的文章，目标读者是教育行业的从业者和政策制定者。"

条件表述："文章字数控制在 1500 字以内，结构包括引言、主体和结论。"

目标表述："我希望文章能引发读者对 AI 在教育中应用的深度思考，并激发创新灵感。"

细节表述："请重点讨论 AI 在个性化学习、教师辅助工具和教育公平性方面的应用。"

情感表述："语言风格要严谨但不失亲和力，让读者感受到 AI 为教育带来的希望与挑战。"

第三节 指令：指挥 AI 运行的"导航证" ▶▶▶

"通用提示词"的第三把黄金钥匙，就是"指令"。

所谓"指令"，就是明确、具体地指挥 DeepSeek 或其他 AI 执行特定任务的命令。它是我们与 AI 沟通的桥梁，通过精准地发出指令，我们可以引导 AI 按照我们的意愿去工作，去实现各种需求和创意。

用好了指令，确实就像掌握了一柄"魔杖"，可以指挥 AI 干我们想干的许多事情。这不仅是因为指令能够直接触发 AI 的相应功能，更是因为指令的灵活性和多样性，让我们可以根据不同的场景和需求，设计出恰到好处的指令，让 AI 发挥出最大的潜能。

一、"生成一切"的经典指令模式

这个"生成一切"的经典指令模式是：

"请生成 ××××"。

通过这种简单的指令结构，我们可以轻松地让 AI 生成各种类型的内容，无论是文学创作、文案撰写、知识普及，还是数据分析、工作汇报，AI 都能迅速响应并给出满意的结果。

此外，指令还可以更加复杂和细致，以满足更高级的需求。比如，我们可以指定生成内容的风格、长度、语言、受众群体等参数，让 AI 生成更加符合我们期望的内容。这种高度定制化的指令，不仅展现了 AI 的强大能力，也体现了我们在指挥 AI 工作中的主动性和创造性。

总之，指令是我们在使用 AI 时不可或缺的工具，它让我们能够更加便捷、高效地利用 AI 的力量，实现各种可能。掌握好了指令这把"魔杖"，我们就可以让 AI 成为我们工作和生活中的得力助手，为我们的创造力和生产力插上翅膀。

例如，我们要 AI 写一首关于秋天的诗歌，指令如下：

请你生成一首歌颂秋天的七言律诗。

DeepSeek 的回答如下（见图 4-2）：

秋风起兮云飞扬，金叶落兮满长廊。

霜降夜深寒月白，林间鹿鸣寻水旁。

丰收稻谷人欢笑，菊花盛开醉芳香。

红枫如火照山野，秋意浓矣歌声长。

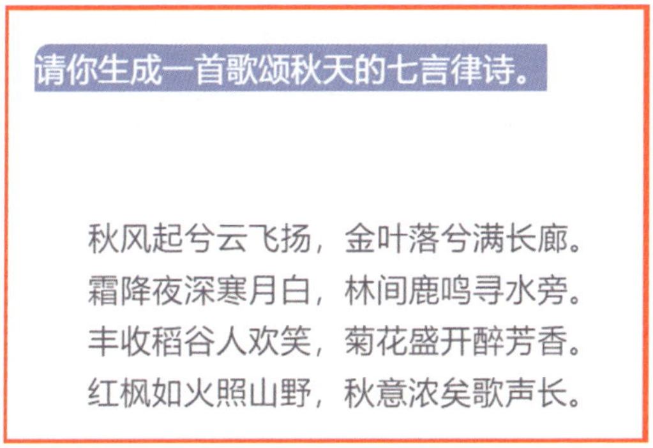

图 4-2　DeepSeek 生成的七言律诗《吟秋》

我们再发出指令：请你写一首歌颂春天的七言律诗，诗中要有燕子、蝴蝶、小猫、小狗。DeepSeek 的回答见图 4-3。

春回大地燕归巢，

蝶舞花间戏柳梢。

小猫懒卧阳光暖，

小狗欢腾草地跑。

风拂绿野千山翠，

雨润芳菲万树娇。

万物复苏添喜气，

人间处处乐逍遥。

图 4-3　DeepSeek 按照指令生成的七律《咏春》

二、指令的九个通用句式

你可以用九个通用句式来测试"生成一切"的效果，也可以创作另外的指令来试试。

1. 剖析：让 AI 对某个事物、问题或现象进行深入、细致的分析和研究，以揭示其本质、结构、特点或原因。

示例："剖析 ×××× 的根源""针对 ×××× 进行剖析"。

2. 定义：让 AI 对某个概念、事物或现象进行明确、精确的阐述和解释，以确定其本质、属性或范围。

示例："定义 ×××× 概念""定义 AI 手机"。

3. 比喻：让 AI 用简洁、准确的语言阐述一个概念、术语或对象的本质特征，以便人们能够明确其含义和范围。

示例："比喻机器学习""比喻算力"。

4. 举例：让 AI 给出具体的事例或实例，以解释、说明或证明某个观点、概念或情况。

示例："举例说明算力是什么""举例说说什么是双标"。

5. 介绍：让 AI 对某个事物、人物、概念或情况进行说明、解释或阐述，以便了解其基本内容、特点或背景。

示例："简介 DeepSeek 比 ChatGPT 强大的功能""介绍一下《红楼梦》"。

6. 描述：让 AI 用语言、文字或其他方式，对某个事物、现象、情境或人的特征、状态、过程进行生动的叙述或刻画。

示例:"描述一下什么是葫芦丝""对××××产品进行描述"。

7. 比较:让 AI 对两个或多个事物、概念、情况等进行对比,以找出它们之间的相同点、不同点、优劣关系或相互关系。

示例:"比较一下古筝和古琴""比较蔷薇和月季"。

8. 评说:让 AI 对某个事物、事件、人物或观点进行评论、评价或评判,给自己以参考。

示例:"对热门话题进行评说""就××××情况进行评说"。

9. 评论:让 AI 对某个事物、观点、作品或事件进行评价、分析或表达意见,以供自己参考。

示例:"就××××发表你的评论""评论《哪吒 2》的艺术成就"。

三、指令的六大通用模式

"指令"的六大通用模式,能帮助你更高效地与 AI 交互,充分发挥 DeepSeek 的能力。

1. 简单指令

基本特点:直接明确地告诉 AI 需要完成的具体任务。

适用场景:快速任务执行、简单内容生成。

提示词案例:

"请生成一份今日待办事项清单。"

"将这段文字翻译成英文。"

"总结这篇文章的主要观点。"

2. 分步指令

基本特点:将复杂任务分解为多个步骤,逐步指导 AI 完成。

适用场景:复杂任务执行、多步骤问题解决。

提示词案例:

"第一步:分析这份销售数据的主要趋势;第二步:生成一个柱状图展示结果;第三步:总结关键发现并提出改进建议。"

"第一步:生成一个关于'未来城市'的故事大纲;第二步:根据大纲写一个开头段落;第三步:完善故事细节。"

"第一步:列出 AI 在医疗领域的三大应用;第二步:详细描述每个应用的具体案例;第三步:总结未来发展趋势。"

3. 条件指令

基本特点：在指令中加入条件限制，确保输出符合特定要求。

适用场景：格式化内容生成、特定需求匹配。

提示词案例：

"如果用户选择 A 方案，请生成一份详细的功能说明；如果选择 B 方案，请生成一份成本分析报告。"

"如果数据支持，请生成一个图表展示结果；如果不支持，请总结主要发现。"

"如果时间允许，请生成一份详细的项目计划；如果时间紧迫，请提供一个简化版本。"

4. 优先指令

基本特点：明确任务的优先级，指导 AI 按顺序完成任务。

适用场景：多任务处理、时间管理。

提示词案例：

"请先完成这份报告的摘要，然后再生成详细的分析部分。"

"优先处理客户反馈中的紧急问题，然后再处理一般性建议。"

"先列出项目的主要风险，然后再提出应对策略。"

5. 反馈指令

基本特点：要求 AI 根据反馈调整输出，实现动态优化。

适用场景：内容优化、问题解决。

提示词案例：

"请根据我的反馈修改这篇文章，使其更加简洁明了。"

"根据用户的使用体验，优化智能客服的操作流程。"

"根据市场调研结果，调整产品功能列表。"

6. 创意指令

基本特点：激发 AI 的创造力，生成创新性内容或解决方案。

适用场景：创意生成、战略规划。

提示词案例：

"请设计一个未来城市的交通系统，要求兼顾环保和高效。"

"生成一个关于 AI 伦理的辩论题目，要求引发深度思考。"

"设计一款 AI 驱动的教育应用，要求包含个性化学习、互助性学习和实时反馈功能。"

通过这六大指令模式，你可以更精准地与 DeepSeek 交互，确保 AI 生成的内容完全符合你的需求，真正实现从"简单任务"到"复杂协作"的跨越！

四、综合运用

运用场景：用 DeepSeek 生成一份关于"AI 与未来教育"的报告。

简单指令："请生成一份关于 AI 与未来教育的报告。"

分步指令："第一步：列出 AI 在教育中的三大应用；第二步：详细描述每个应用的具体案例；第三步：总结未来发展趋势。"

条件指令："如果目标读者是教育从业者，请重点讨论技术实现；如果是政策制定者，请重点讨论政策建议。"

优先指令："优先完成报告的引言部分，然后再生成详细的分析内容。"

反馈指令："请根据我的反馈修改报告，使其更加简洁明了。"

创意指令："设计一个未来教室的概念，要求包含 AI 技术和互动互助、互帮互学的学习功能。"

第四节 "三把黄金钥匙"的万能组合

关于"通用提示词"的"三把黄金钥匙"，为了规避"一家之言"，我们特意咨询了"智谱清言""科大讯飞""文心一言""月之暗面"等 AI 工具，它们一致认为：将"提问""表述"和"指令"作为"通用提示词"入门的"三把黄金钥匙"，是非常恰当的，拥有这"三把黄金钥匙"就抓住了要害，抓住了进入 AI 之门的抓手。

我们能不能将提示词的"三把黄金钥匙"进行组合呢？

完全可以！将"提问""表述""指令"这三把黄金钥匙进行组合，可以设计出多种高效提示语句，你用着用着，就会大呼过瘾。以下是六种组合示例。

1. 提问 + 指令

如何提高我的英语水平？请提供一些有效的学习方法。

我应该如何优化我的网站以提高搜索引擎排名？请列出关键的 SEO（Search Engine Optimization，搜索引擎优化）策略。

为了保持健康，每天需要走多少步？设定一个每日步数目标。

哪些因素会影响我的信用评分？请提供一份维护良好信用的指南清单。

2. 指令 + 提问

列出我今天的日程安排。哪些任务是优先级最高的？

记录下我明天的所有会议时间。如何更高效地安排会议？

提醒我每周进行一次财务审查。哪些关键财务指标我应该关注？

设置一个提醒，每天阅读 30 分钟。如何选择最有启发性的书籍？

3. 表述 + 提问

根据当前市场趋势，哪些投资最有潜力？请问应该关注哪些关键指标？

当前经济形势下，哪些行业最具成长性？请问应该考虑哪些经济指标？

在选择投资基金时，应该考虑哪些因素？如何评估基金的长期表现？

为了减少碳排放，可以采取哪些日常行动？哪些小改变可以产生大影响？

4. 提问 + 表述 + 指令（组合顺序可变）

我需要准备哪些材料来申请这项贷款？列出可能遇到的问题，并给出一个清晰的步骤列表。

我想学习一门 AI 语言，你最推荐哪个？请问学习 AI 语言的最佳方法是什么？请为我制订一个学习计划。

我该如何改善我的睡眠质量？哪些生活习惯可能会影响睡眠？请提供一个改善睡眠的行动清单。

我想开始健身，应该如何开始？什么样的健身计划适合初学者？请设置一个每周的健身提醒。

5. 表述 + 指令 + 提问（组合顺序可变）

什么样的饮食计划适合我这种久坐的办公族，并能帮助我改善目前的便秘状况？请推荐一个健康食谱。

哪些应用程序可以帮助我管理时间？请推荐三个应用，说说它们将如何提高我的工作效率？

如何制订一个有效的预算计划？请提供一个预算模板。请问如何长期坚持预算计划？

哪些在线课程可以帮助我提高公共演讲技巧？请列出几个顶级课程。如何将所学应用到实际演讲中？

上述提示语句，结合了提问的探索性、表述的深入性，以及指令的直接性，使得 AI 能够从不同角度理解和响应用户的需求。

现将"三把黄金钥匙"的关系和用途归纳见表 4-1。

表 4-1　DeepSeek 归纳的"三把黄金钥匙"功能关系图

关系	提问	表述	指令
定义	表达用户需求	以提问的方式表达用户需求	执行具体的操作指令
目的	寻求信息解答	清晰表述以寻求解答	完成任务目标所需的指令
交互	启动开放式对话	通过表述启动对话交流	发出直接的操作指示
优点	适应灵活多样	表述方式灵活多样	指令执行快速响应
联系	引导深入交流	表述引导对话进行深入探讨	将问题转化为行动指令
应用	探索知识领域	通过提问探索知识领域	实施具体任务的操作指令

综合来看,"提问""表述""指令"作为 AI 提示词的"三把黄金钥匙",它们不仅各自拥有独特的优势,而且在实际应用中相互依赖、相互促进,共同提升人机交互的效率和质量。

通过这"三把黄金钥匙",AI 能够更好地理解用户的意图,提供更加精准和个性化的服务,从而达到理想的效果。总结如下:

你的提问高度,将决定 AI 的工作水平。

你的表述精度,将决定 AI 的输出质量。

你的指令力度,将决定 AI 的执行效果。

第五章

DeepSeek 的
"六套黄金魔方"

DeepSeek

第一节 "一元树标魔方"
- 核心特征：通用性，最少元素达最佳效果
- 魔法公式：请仿照我提供的XXXX样本，做XXXX
- 案例：
  - 纪念建军节文章标题
  - 《沁园春·海》诗词创作
- 解读：利用样板，AI模仿再生

第二节 "二元定位魔方"
- 核心特征：身份定位，明确任务方向
- 魔法公式：你是XXX，我是XXX，请你帮我做XXX，要求XXXX
- 案例：
  - 广告公司电视广告文案
  - 儿童睡前小故事
  - 泰戈尔风格的散文诗
- 解读：模拟特定身份，输出特定素质内容

第三节 "三元万象魔方"
- 核心特征：三个元素构建提示词，应对多样需求
- 基本公式：XX关于XX的XX
- 案例：
  - 励志经典语句
  - 环保、节能减排文章
- 设计理念：
  - 哲学基础：《道德经》"一生二、二生三、三生万物"
  - 设计原则：简洁性、普适性、文化性
- 元素速查表：信息类、结构类、控制类

第四节 "三要万通魔方"
- 核心特征：万能公式，应对绝大多数需求
- 公式：我要做XX，要给XX用，要求达到XX效果，但是担心XX
- 案例：三天快速掌握Deepseek学习计划
- 实践：健康管理公众号涨粉案例

第五节 "三维聚焦魔方"
- 核心特征：三个维度聚焦一个主题
- 维度：历史、现实、未来
- 使用指南：
  - 明确主题
  - 三维拆解（历史、现实、未来）
  - 逻辑闭环
  - 优化表达
- 案例：
  - 减肥
  - 心理健康
  - 职场发展
  - 环境保护

第六节 "三问探幽魔方"
- 核心特征：提问+追问+反问，深入探讨问题
- 基本公式：（提问）XXXX有什么问题？（追问）这些问题将XXXX？（反问）否则会XXXX？
- 实操步骤：
  - 提问：明确探讨方向
  - 追问：深度挖掘问题
  - 反问：挑战问题边界
- 应用场景：学术研究、问题探索、决策分析、日常思考

中心主题：第五章　DeepSeek的"六套黄金魔方"

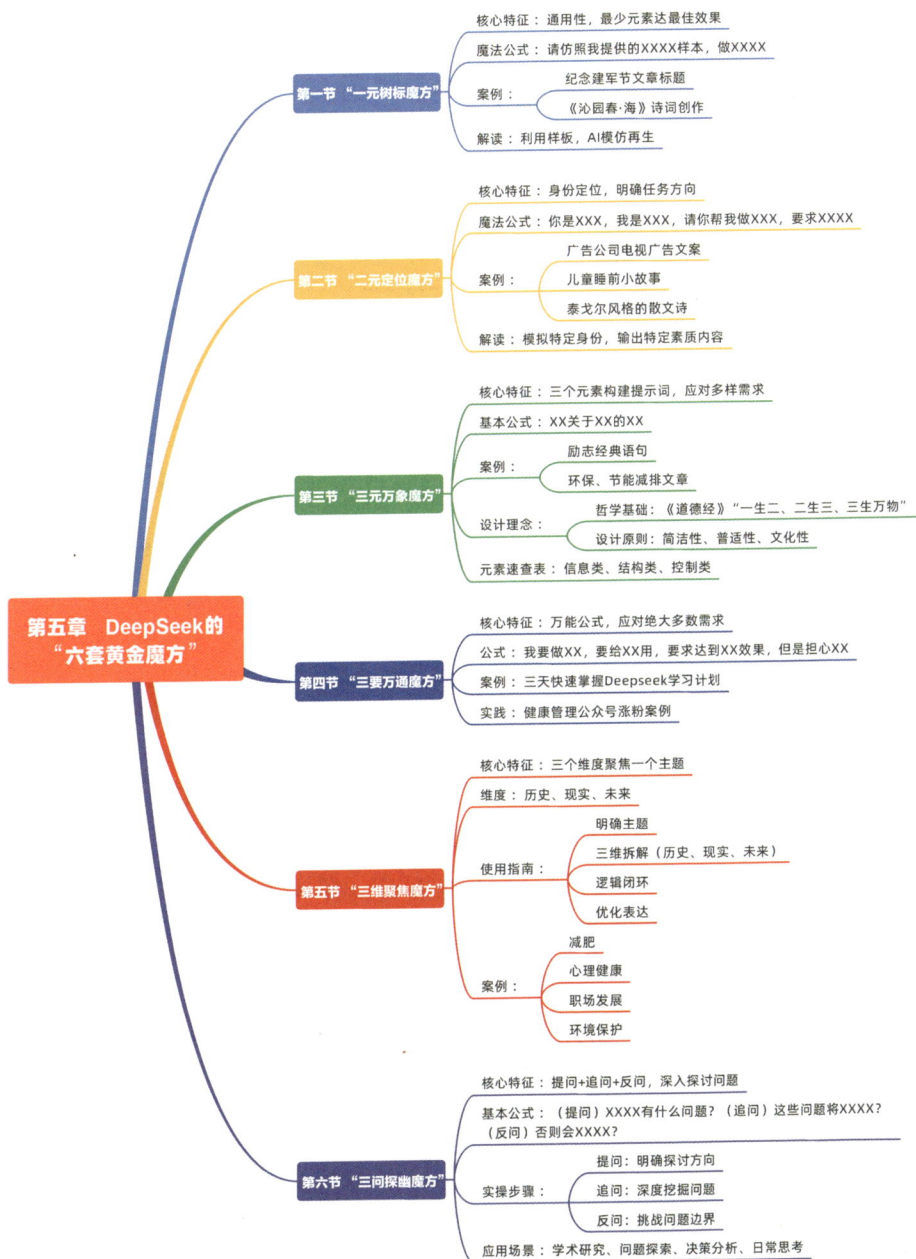

　　题解：关于 DeepSeek 使用方法的术语，许多高手称谓不一，有的称之为"魔方"，有的称之为"魔法"，有的称之为"魔术"，其方法论的命名有所混淆，逻辑区分度不强。

　　我们这里统一标准，先将"方、法、术"定位于"道、技、用"三个层面（最后将这三个层面装进一个容器，实现"道、法、术、器"大融合）：

"方"即"道"的层面，是规律性的；

"法"即"技"的层面，是技术性的；

"术"即"用"的层面，是应用性的。

三者以"方"为元帅，以"法"为将军，以"术"为士兵。

"方、法、术"三级架构见表 5-1（附双语对照）。

表 5-1　"方、法、术"三级架构

层级	中文术语	英文映射	核心特征	认知锚点
战略层	方（道）	Principle	规律性 / 稳定性	北斗（恒定方向）
战术层	法（技）	Methodology	技术性 / 系统性	罗盘（路径规划）
执行层	术（用）	Technique	应用性 / 灵活性	船桨（具体操作）

下面将逐一讲解六个规律性魔方的应用："一元树标魔方""二元定位魔方""三元万象魔方""三要万能魔方""三维聚焦魔方""三问探幽魔方"。

第一节 "一元树标魔方"

"通用提示词"讲究的就是"通用"，也就是要用最少的元素，获得最多的效果。咱们的"一元树标魔方"，就能收到这样的奇效。

魔方公式：请仿照我提供的 ×××× 样本，做 ××××。

案例 1： 请按《雄伟的井冈山，八一军旗红》的风格，帮我列出纪念建军节的三个文章标题。

图 5-1 生成的三个标题，个个精彩，按照标题来写文章，必然情感倍增，文思泉涌。你看，DeepSeek 的确有"两把刷子"。

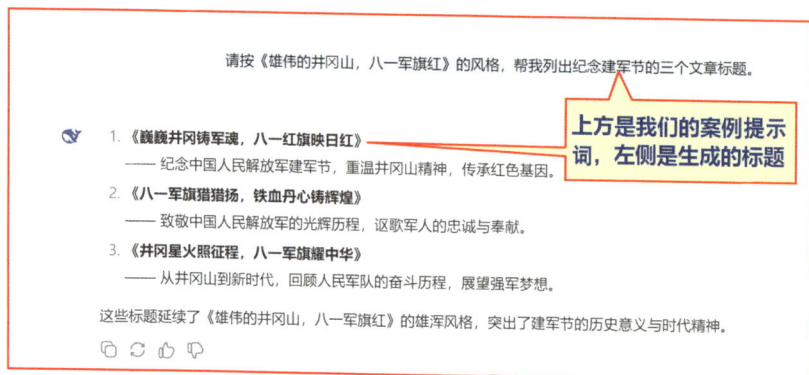

图 5-1　DeepSeek 按照"一元树标魔方"生成的建军节文章标题

魔方解读：

所谓"一元树标"，就是用户只需要使用"一个元素"，就能树立标杆或样板，让 AI 照着标杆或样板去完成任务就行了。

这个魔方的唯一要求是：用户要找到标杆，找到样板，找到你需要的那个××。如果你的要求没有样板，就不能使用这个魔法。

案例 2： 请仿照毛泽东的《沁园春·雪》，帮我写一首《沁园春·海》，以纪念我军在南海填海建岛，保卫万里海疆的丰功伟绩。

图 5-2 生成的《沁园春·海》气势磅礴，八面威风：

南海苍茫，碧波万顷，巨浪滔天。

…………

抬望眼，正红旗漫卷，气贯云天。

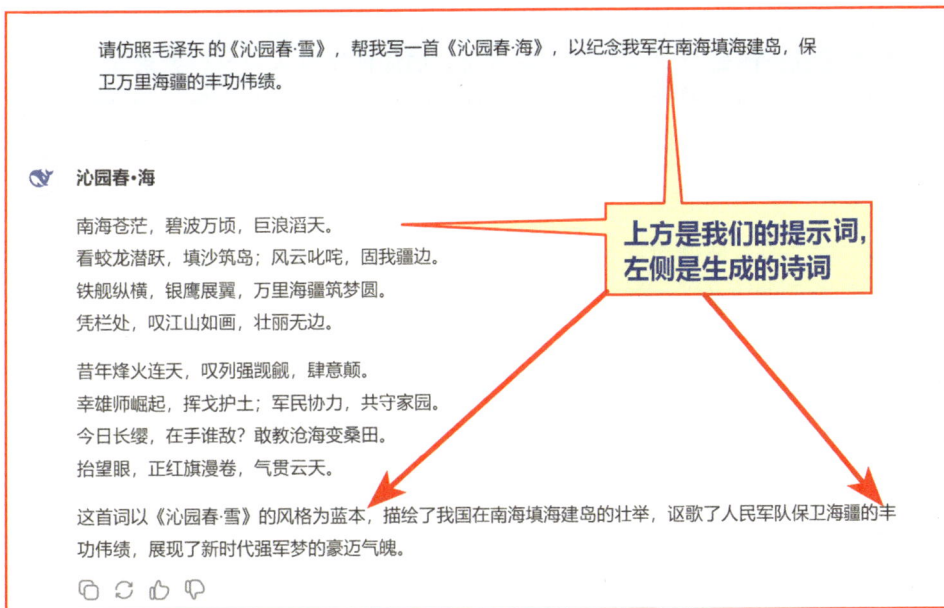

图 5-2　利用"一元树标魔方"让 DeepSeek 生成的《沁园春·海》

"一元树标魔方"，充分借助了"样板"的魅力和 DeepSeek 强大的模仿再生能力，可以帮我们生成各种各样的文章、小品、诗词、散文、广告文案、宣传文案、公众号文章、小红书文章等，甚至可以帮我们写出长篇小说或多集电视剧脚本。

有人说，"一元树标一招鲜，任我潇洒走遍天"。但是请别这么想，有些我们没有样板可以模仿，怎么办？还得靠我们的头脑重新组织和调遣 AI 的能力来为我们服务。

下一个魔方，也许就是你的最佳助手。

第二节 "二元定位魔方" ▷▷▷

天下万业，皆有其个性和特点；

天下众人，也有其个性和特点。

如果想用提示词来说清楚某个行业、某个人物的个性和特征，这是很难很难的，特别是我们普通民众，更难以写出合格的提示词。怎么办？

"通用提示词"的"二元定位魔方"，就是你的好帮手。

"二元定位"，就是给 AI 定位一个身份，也给你自己定位一个身份，让 AI 帮你完成一个符合你身份的任务。

魔方公式：你是 ×××，我是 ×××，请你帮我做 ×××，要求 ××××。

案例 1：如果你是一位广告公司的职业经理，你想让 AI 帮你策划一个无人驾驶新能源汽车的电视广告文案，你可以给它下面的提示词：

你是一位广告策划专家（或大师），我是一位广告公司的职业经理，请你帮我策划一个无人驾驶新能源汽车的电视广告文案。

上面所说的"你"，就是 DeepSeek 或其他 AI，我们将它定位于"一个广告策划专家（或大师）"的身份，帮你设计这个文案，它就正儿八经地模仿或扮演成一个广告策划专家（或大师）来为你服务。

注意：括号中的用词非常重要，"专家"的功力肯定次于"大师"，如果你想要一流的"大师作品"，就应该给它"大师"的身份。

魔方解读：

DeepSeek 有一个"模拟身份"的特性，它可以模拟出天下所有人的身份，也可以模拟对天下所有人的服务，这个"模拟特性"，可以使它的输出结果带有特定人物的特殊素质，同时，也可以使它的输出更有目标性和针对性。

案例 2：我们继续用"二元定位"公式向 DeepSeek 提问：

你是一名儿童话剧编辑（让它模拟编辑），

我是一名儿童故事博主（让我模拟博主），

请你帮我写一篇儿童睡前小故事，

要求语言柔和优美、善良温馨，体现大灰狼与小白兔的友谊。

这里的"你是××"，定位了 DeepSeek 的身份。

这里的"我是××"，定位了用户的身份。

这里的"请你帮我××××"，指定了用户的目的。

这里的"要求××××"，指定了用户的具体要求。

这样的"二元定位"，将 AI 的身份和用户的身份定位得一清二楚，需要完成的任务也清清楚楚，DeepSeek 按照"二元定位"的身份，进行深度思考的范围清楚、目的明确，因此，它输出的结果一定不错。请看图 5-3。

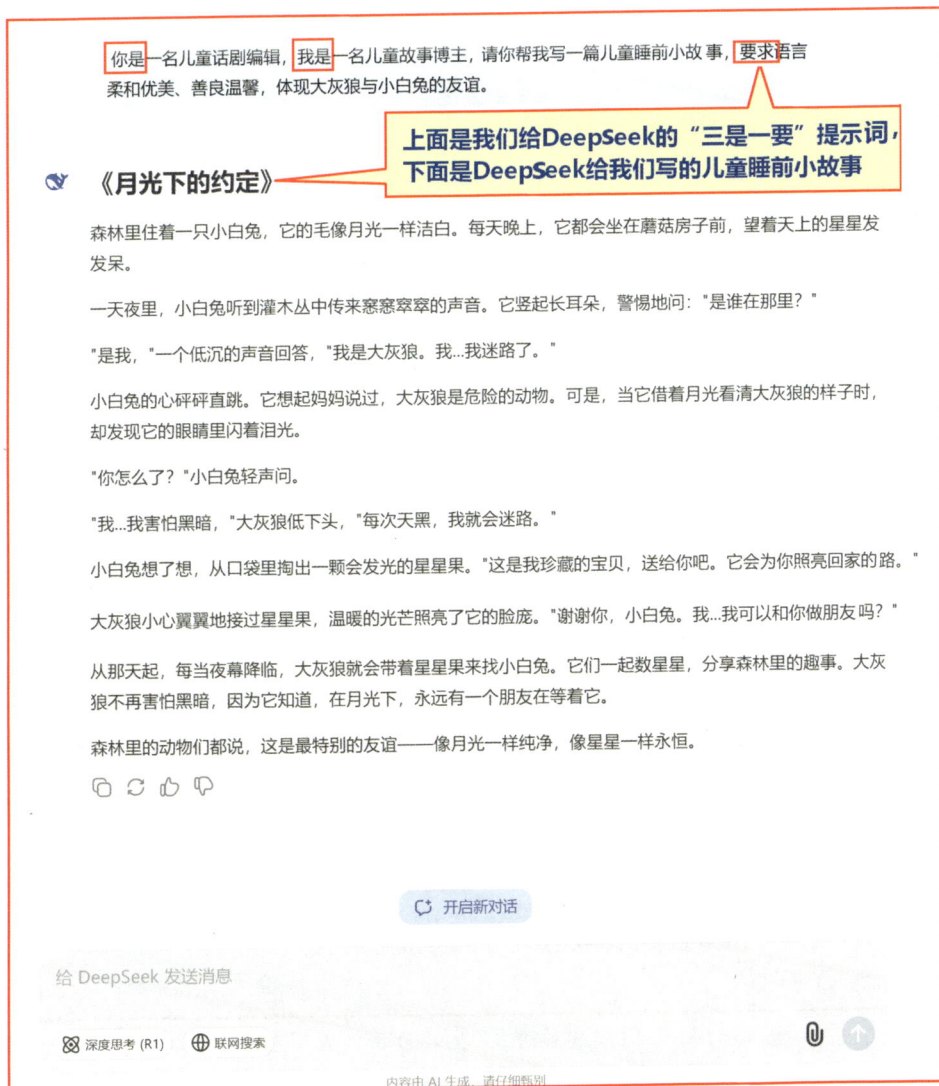

> 你是一名儿童话剧编辑，我是一名儿童故事博主，请你帮我写一篇儿童睡前小故事，要求语言柔和优美、善良温馨，体现大灰狼与小白兔的友谊。
>
> **上面是我们给DeepSeek的"三是一要"提示词，下面是DeepSeek给我们写的儿童睡前小故事**
>
> ❄ **《月光下的约定》**
>
> 森林里住着一只小白兔，它的毛像月光一样洁白。每天晚上，它都会坐在蘑菇房子前，望着天上的星星发发呆。
>
> 一天夜里，小白兔听到灌木丛中传来窸窸窣窣的声音。它竖起长耳朵，警惕地问："是谁在那里？"
>
> "是我，"一个低沉的声音回答，"我是大灰狼。我…我迷路了。"
>
> 小白兔的心砰砰直跳。它想起妈妈说过，大灰狼是危险的动物。可是，当它借着月光看清大灰狼的样子时，却发现它的眼睛里闪着泪光。
>
> "你怎么了？"小白兔轻声问。
>
> "我…我害怕黑暗，"大灰狼低下头，"每次天黑，我就会迷路。"
>
> 小白兔想了想，从口袋里掏出一颗会发光的星星果。"这是我珍藏的宝贝，送给你吧。它会为你照亮回家的路。"
>
> 大灰狼小心翼翼地接过星星果，温暖的光芒照亮了它的脸庞。"谢谢你，小白兔。我…我可以和你做朋友吗？"
>
> 从那天起，每当夜幕降临，大灰狼就会带着星星果来找小白兔。它们一起数星星，分享森林里的趣事。大灰狼不再害怕黑暗，因为它知道，在月光下，永远有一个朋友在等着它。
>
> 森林里的动物们都说，这是最特别的友谊——像月光一样纯净，像星星一样永恒。
>
> ↻ 开启新对话
>
> 给 DeepSeek 发送消息
>
> ⊗ 深度思考 (R1)　⊕ 联网搜索
>
> 内容由 AI 生成，请仔细甄别

图 5-3　"二元定位魔方"的输出效果

如图 5-3 所示，在"二元定位魔方"的启发下，DeepSeek 输出的儿童睡前小童话，让原本敌对的两种动物建立了友谊，很有创意。

案例 3：我们还可以写出许多"二元定位"的精彩提示词：

你是大文豪泰戈尔，我是一名诗画博主，请你帮我写一首描写敌对动物互相友爱的诗中有画的现代诗，要求语言幽默诙谐、故事情节勾人、能大幅提升我的博客流量。

请看 DeepSeek 以泰戈尔的风格写作的散文诗（见图 5-4）。

《猫头鹰与老鼠的月光圆舞曲》

月光如纱，轻轻笼罩着静谧的森林。猫头鹰先生站在枝头，金黄色的眼睛闪烁着智慧的光芒。他清了清嗓子，准备开始今晚的捕猎。

"咳咳，亲爱的老鼠们，今晚我要朗诵一首诗…"猫头鹰故作优雅地说道。

一只小老鼠从洞里探出头来，"得了吧，您上次说朗诵，结果把我表哥抓走了！"

猫头鹰尴尬地咳嗽了一声，"那个…那次是个误会。其实我是想邀请他参加我的诗歌沙龙。"

小老鼠翻了个白眼，"那您今晚的诗是什么主题？"

"关于…友谊。"猫头鹰展开翅膀，"您愿意做我的第一位听众吗？"

小老鼠犹豫了一下，慢慢走出洞口。月光下，猫头鹰的影子温柔地笼罩着它。

"在月光织就的银毯上，
两个灵魂相遇，
一个是黑夜的守望者，
一个是地下的梦想家…"

小老鼠听得入神，不知不觉跳起了舞。猫头鹰也随着节奏轻轻摇摆。

"嘿，您的诗还不错嘛！"小老鼠说。
"您的舞姿也很优美，"猫头鹰回应道。

从此，每个满月之夜，森林里都会上演一场特别的演出：猫头鹰朗诵诗歌，小老鼠翩翩起舞。其他动物都说，这是森林里最不可思议却又最动人的风景。

有时候，天敌也能成为最好的朋友，只要他们愿意放下成见，在月光下共舞。就像诗歌和绘画，看似对立，却能创造出最美的艺术。

（这个故事告诉我们，即使是最意想不到的组合，也能创造出独特的友谊。就像我的博客，融合了诗歌与绘画，带给您不一样的视觉盛宴。快来关注我吧，更多精彩内容等着您！）

图 5-4　利用"二元定位魔方"启发 DeepSeek 写出的散文诗

"二元定位魔方",可以给 AI 定位任意身份,让它给任意身份的用户完成规定任务。这是一种很好的启发式提示词,它既可以启发 AI 的创作思路、又可以指出 AI 的创作方向,还可以帮助 AI 创作出别具一格的作品。

大家可以多多尝试。

第三节 "三元万象魔方"

关于提示词的元素规律告诉我们,提示词(或指令)若是太简单了,AI 的回答会茫无边际,云里雾里;提示词(或指令)若是太复杂了,AI 的回答会丢三落四,不知所云。

那我们该怎么办?

下面介绍的"三元万象魔方",可以帮你轻松解决上述实践难题。

所谓"三元",就是"三个元素",也可以称为"三个要素"或"三个关键词"。

《道德经》说的"一生二,二生三,三生万物",指出了宇宙生成和万物演化的根本规律。这个根本规律一旦和 DeepSeek 结合,就形成了"三生万物"的奇观,"三元万象提示词"就成了"三生万象"的神奇工具。

一、"三元万象"的核心:一段提示词只由三个元素组成

魔方公式:×× 关于 ×× 的 ××

这个公式里的 ×× 可以用任意元素替换。但这三个元素必须是有关联的、可以组合的,否则,此魔方无效。

示例如下:

1. 撰写一篇关于环保、节能减排、未来生活变化的文章。

三个元素是:写出→关于 ××→的文章

2. 分析一下人工智能、医疗健康、隐私保护之间的关联。

三个元素是:分析→关于 ××→的联系

3. 设计一个包含科幻元素、冒险情节、角色成长的故事大纲。

三个元素是:设计→关于 ××→的大纲

4. 创作一首融合古典诗词、现代情感、自然景象的诗歌。

三个元素是:创作→关于 ××→的诗歌

上述结构，类似于汉语的"动宾结构"，还可以有完整的"主谓宾结构""主谓宾补"结构。

案例： 我们给 DeepSeek 一段"三元万象"提示词：

请你写出类似"天下无难事，只要肯登攀"的三句励志经典。

DeepSeek 深思后回答如下（见图 5-5）。

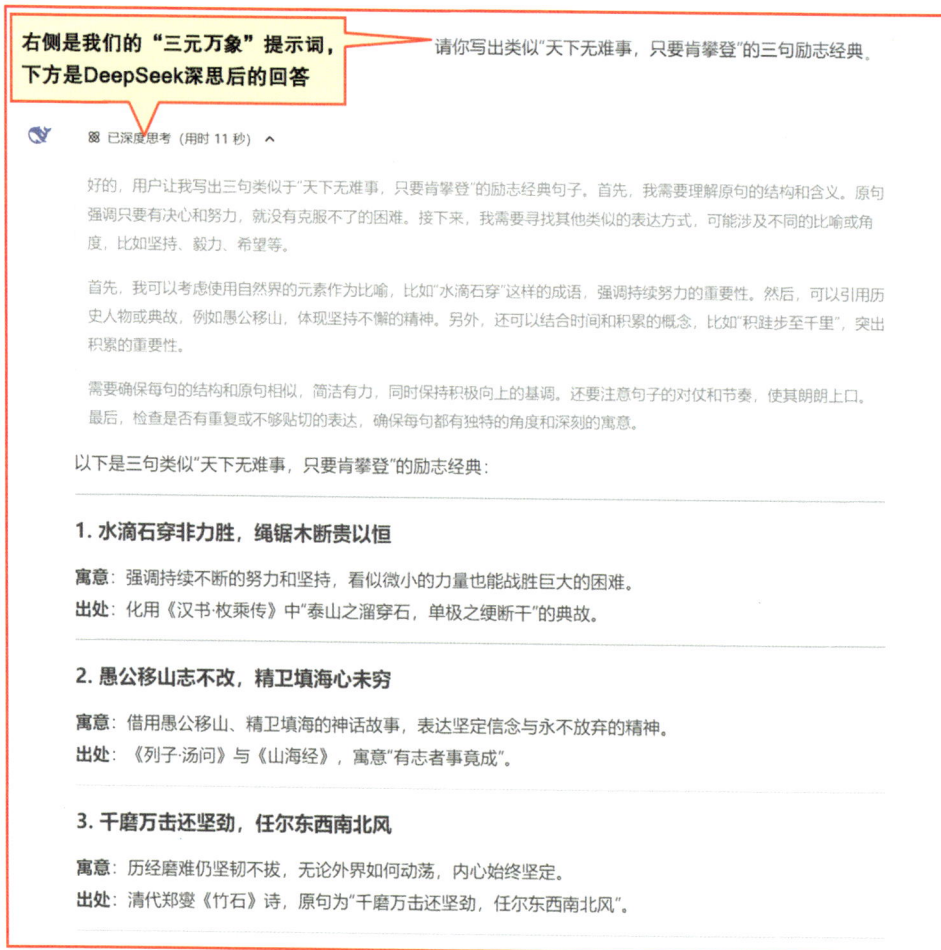

图 5-5 "三元万象魔方"和 DeepSeek 的回答

如图 5-5 所示，DeepSeek 根据它的深度思考，从汉语典籍中给我们找到了符合条件的三句经典，并且还给出了详细出处、化用典故和寓意解读。

"三元万象"是最基础、最简单、最高效的提示词。我们可以任意替换××中的元素，它一样能给出精彩的回答。

二、"三元万象"的核心理念与设计原则

1. 哲学基础

三元万象魔方以《道德经》"一生二、二生三、三生万物"为理论基础，强调通过三个核心元素构建提示词，以应对多样化的需求。三个元素分别代表问题的起点、深化和扩展，以便 AI 形成完整的思维链条。

2. 设计原则

简洁性：三个元素的组合既可避免单一元素的局限性，又能防止元素过多导致的复杂性。

普适性：通过灵活组合，可覆盖广泛的应用场景。

文化性：融入《道德经》的智慧，赋予提示词设计以文化深度。

三、"三元万象"的标准化元素组合与应用场景

针对不同领域和场景，我们设计了标准化的三元素组合，便于用户快速上手。以下是一些常见的组合示例：

1. 问题解决领域

元素组合：问题、原因、解决方案

提示词示例：

问题：为什么用户留存率低？

原因：用户体验差、内容质量不高、缺乏互动性。

解决方案：优化界面设计、提升内容质量、增加用户互动功能。

2. 内容创作领域

元素组合：主题、角度、风格

提示词示例：

主题：人工智能对就业的影响。

角度：从岗位替代和新兴岗位两个角度分析。

风格：采用数据支持和结合案例的方式。

3. 决策分析领域

元素组合：目标、选项、评估标准

提示词示例：

目标：选择最佳的市场推广策略。

选项：社交媒体广告、搜索引擎优化、线下活动。

评估标准：成本、覆盖率、转化率。

4. 学术研究领域

元素组合：问题、方法、结论

提示词示例：

问题：气候变化对农业生产的影响是什么？

方法：通过数据分析模型和案例研究。

结论：气候变化导致极端天气增加，对农业产量产生负面影响。

5. 创新设计领域

元素组合：需求、创意、实现

提示词示例：

需求：用户需要更便捷的出行工具。

创意：设计一款可折叠电动滑板车。

实现：采用轻量化材料、智能控制系统。

"三元万象"用的是"三个元素"，它借助了世间万物"一生二、二生三、三生万物"的自然动力，可以写出无穷无尽的提示词。

四、通用提示词元素速查表

有人说，我一时想不出该用什么元素，怎么办？

这好办！我们专门为大家设计了两个"提示词元素速查表"。

第一个是"提示词元素分类速查表"，如表 5-2 所示。

表 5-2　提示词基本元素分类表

信息类元素	结构类元素	控制类元素
主题元素	结构元素	目标任务元素
背景元素	格式元素	质量标准元素
认知元素	风格元素	约束条件元素
感知元素	度量元素	迭代指令元素
数据元素	空间元素	输出验证元素
参考元素	时代元素	反馈反思元素

第二个是提示词元素需求组合表"三元万象元素综合表"，见表 5-3。

表 5-3　"三元万象"元素组合表

需求类型	基本提示方法	三元万能提问公式	推理模型策略	通用模型策略
生活需求	需按照用户需求，直接提出问题	目的＋服务对象＋执行标准	分析用户需求，找到最优方案	简单提问，逐步深入，适当补充
工作需求	需完成具体操作（文案/图表/视频）	任务＋步骤约束＋输出格式	自主优化步骤，兼顾效率与正确性	严格发出指令，无自主优化
学习需求	需根据用户实际，提出相应需求	科目＋当前进度＋期望结果	根据用户情况，找到努力方向	直接提出问题，列出注意事项
决策需求	需权衡选项、评估风险、选择最优解	要求＋选项＋评估标准	要求逻辑推演和量化分析	直接建议，依赖模型经验归纳
问题需求	需深度概括问题/信息、发现因果关系	问题＋数据/信息＋分析方法	触发因果链推导与假设验证	表层总结或分类，无需深入分析
创新需求	需生成新颖内容（文本/设计/方案）	主题＋风格/约束＋创新方向	结合逻辑框架生成结构化创意	自由发散，必须示例引导
验证需求	需逻辑自洽性、数据可靠性或方案可行性	结论/方案＋验证方法＋风险点	自主设计验证路径并排查矛盾	简单确认，缺乏深度推演

根据以上两个图，我们可以轻松生成无数优秀提示词。

五、"三元万象魔方"的扩展组合训练

请用上面的两个速查表进行下面的扩展组合训练。

1. 背景＋需求＋要求

我是一名准备参加高考的学生（背景），想要提高数学成绩（需求），请以周为单位，分点列出具体的学习计划和方法（要求）。

2. 身份＋任务＋要求（＋例子）

请你以资深策划师（身份）的视角，为一家新开的餐厅设计一套完整的菜

单（任务），要求菜单的设计简洁美观，突出菜品特色，同时包含价格和食材介绍（要求），可以参考海底捞的菜单风格（例子）。

3. 目标 + 条件 + 验证方式

我希望在一个月内减肥 5 斤（目标），我平时工作很忙，只有晚上有时间做运动，且饮食上不能吃太辣（条件），请给我制定一个减肥计划（目标），并说明如何判断这个计划是否有效，比如每周体重下降的合理范围是多少，体脂率应该有怎样的变化等（验证方式）。

4. 需求 + 担忧 + 反向验证

我需要购买一台笔记本电脑（需求），担心电脑性能不能满足我广告设计的工作需求（担忧），请列举 3 个可能导致性能不足的原因并针对每个原因提供相应的解决方案（反向验证）。

5. 问题 + 追问预期 + 调整问题

请推荐几款适合大学生使用的笔记本电脑（问题），希望你在推荐时详细说明每款电脑在性能、便携性、价格方面的优势和劣势（追问预期），如果推荐的电脑不符合大学生的主流使用场景，比如游戏、学习、办公等，请重新推荐并说明理由（调整问题）。

第四节 "三要万通魔方" ≫≫≫

只要看懂了"三元万象魔方"，"三要万通魔方"一点即通。

一、"三要万通魔方"的说明

魔方公式：我要做 ××，要给 ×× 用，要求达到 ×× 效果，但是担心 ××。

第一个"要"是目的；第二个"要"是对目的的补充；第三个"要"是实现目的的"要求"，即实现目的的标准或限定。这个公式可以对付绝大多数需求，所以称之为"万通"。

示例：

我要快速学会 DeepSeek，想要给自己制订一个学习计划，要求三天内达到办公 AI 化，但是担心内容太多，请给予重点优化指导（见图 5-6）。

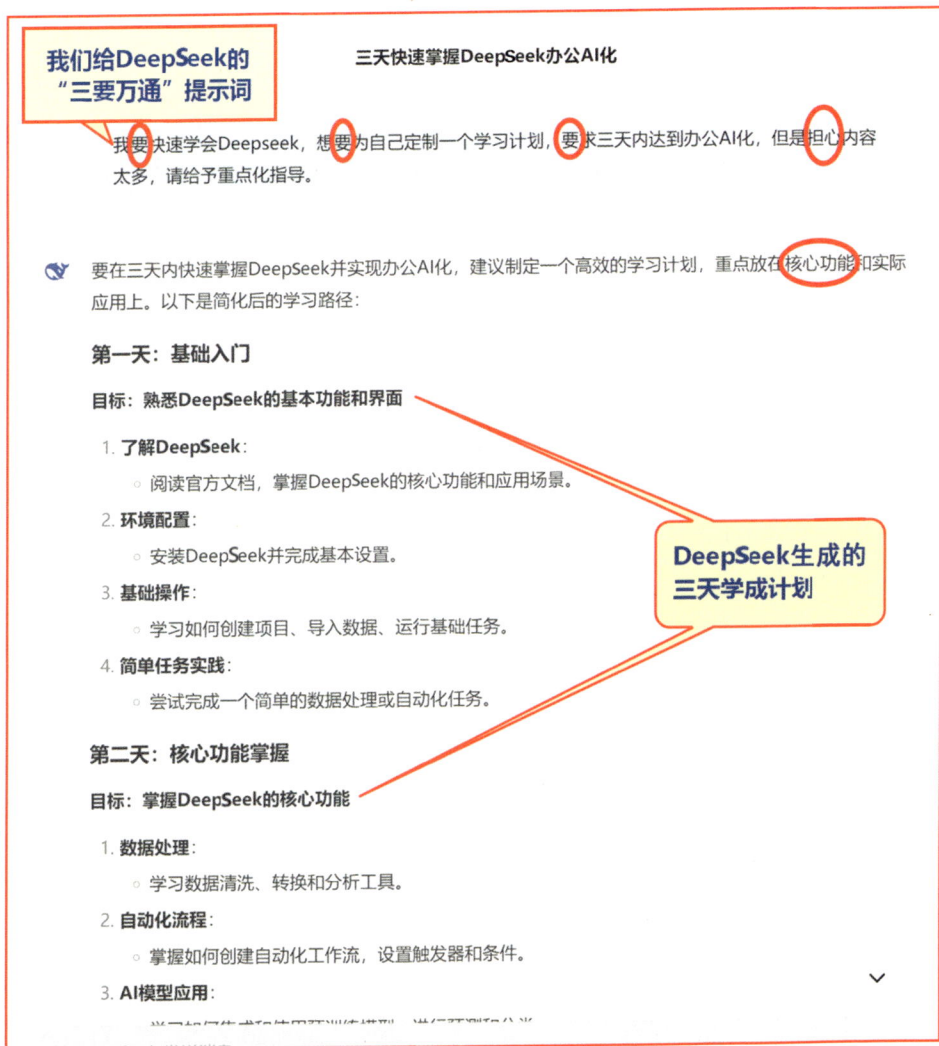

图 5-6 "三要万通"提示词得到的"三天学成计划"

二、"三要万通魔方"的学习

图 5-6 的"三天学成计划"的关键在于"学成"二字，所以，计划中反复强调"实践"，强调"动手"，强调"即学即用即时通"。如果我们第一遍实践不通，就来第二遍，第二遍不通，就来第三遍……直到学懂用通。中医强调"通则不痛，痛则不通"，只要有不懂不通的地方，就要即时学，这样才能达到即时通。

DeepSeek 根据其深度思考，制订了一份《三天快速掌握 DeepSeek 办公 AI 化》的计划，根据"先总后分"的原则，不仅给出了总的学习重点、分的学习进度，以及每天的练习内容和注意事项，还提出了一些高效学习方法。

这是非常实用的一个学习计划，我们的这本书就是这个学习计划的细节兑现"加速器"，跟着学，即时用，一定会收到效果。

三、"三要万通魔方"的实践

2025 年"健康管理"公众号 3 个月涨粉 50 万个的"魔方"

——"三要万通魔方"精准把控 +DeepSeek 制定高效方案

用户原始需求（"三要万通"提示词）：

我要做健康科普内容，要给 30~45 岁职场高压人群用，要求达到单篇阅读量 10 万多次，但是担心专业术语太多导致用户看不懂。

应用"三要万通魔方"拆解优化如下：

1. 明确核心目标（我要做 ××）

DeepSeek 指令：

我要做健康类公众号的运营，请帮我明确：

哪 3 类健康问题最让职场人群焦虑？

竞品（如"Keep 健康"）的内容缺口是什么？

如何将专业健康知识转化为可执行的行动指南？

2. 精准定位受众（要给 ×× 用）

DeepSeek 指令：

生成一份职场健康内容受众画像：

典型用户：32 岁 IT 男，日均久坐 10 小时，睡前刷手机 1.5 小时；

内容偏好：讨厌长文，喜欢"清单体"和"对比实验"；

传播场景：午休碎片时间（12：30—13：30）。

3. 量化效果标准（要求达到 ×× 效果）

DeepSeek 指令：

请你制定健康科普内容的"三级增长指标"：

1. 基础指标：单篇阅读量 ≥ 10 万次（爆款率 20%）。

2. 进阶指标：用户留存率 ≥ 40%（7 天内回访）。

3. 终极指标：私域沉淀率 ≥ 15%（引导至健康测评小程序）。

4. 风险预判与解决（但是担心 ××）

DeepSeek 指令：

如何避免健康科普"太专业"导致用户流失？请提供：

（1）3 种"术语翻译"（如用"血管堵车"代替"动脉粥样硬化"）。

（2）2 个视觉化方案（动态 GIF/ 对比图表）。

（3）1 个互动验证机制（如"测测你的睡眠质量"即时反馈），具体数据见表 5-4。

表 5-4　"三要万通魔方"的惊人效果

指标	数据	达成率
单篇最高阅读量	28 万多次	280%
7 天用户留存率	53%	133%
私域沉淀用户数	8.7 万人	174%
商业变现健康课	GMV 240 万元	—

为什么这个案例成功?

需求精准：直击职场人"没时间但想健康"的矛盾状态。

降维表达：用"堵车""零件生锈"等类比解释复杂健康问题。

闭环设计：从认知到测评，再到解决方案，形成完整链条。

（该方法论已被 2025 年《新媒体健康传播白皮书》收录）

第五节　"三维聚焦魔方"

前面讲的"元"，都是"元素"。

这里讲的"维"，就是"维度"。

所谓"三维"，就是三个维度，例如"过去、现在、未来""昨天、今天、明天"，还有"道、法、术"，这些都是三个维度。

一、什么是"三维聚焦魔方"?

"三维聚焦魔方"，就是一种通过历史、现实、未来（或过去、现在、未来，或广度、深度、宽度）三个维度来深度挖掘某一主题的核心价值与发展脉络的思维工具，其核心是"三个维度聚焦一个主题"，所以叫作"三维聚焦魔方"。它适用于写作、策划、演讲、产品设计等多个领域，可帮助用户快速构建逻辑清晰、内容丰富的思维框架。

二、"三维聚焦魔方"使用指南

1. 核心结构

历史维度：追溯主题的起源、经典案例或传统智慧，为内容奠定深度与可信度。

现实维度：聚焦当前热点、痛点或需求，提供实用解决方案或创新思路。

未来维度：展望趋势、技术或可能性，激发想象力与前瞻性思考。

2. 使用步骤

（1）明确主题：首先，要确定你要分析或聚焦的核心主题（如减肥、心理健康、职场发展、生儿育女、公众号写作等）。

（2）三维拆解：接着，要将你的核心主题按下列维度进行拆分：

历史维度：寻找与主题相关的历史事件、经典理论或文化符号。

现实维度：分析当前的热点问题、技术突破或用户需求。

未来维度：预测未来趋势、技术应用或潜在变革。

（3）逻辑闭环：将三个维度有机串联，形成完整的叙事链条。

（4）优化表达：用简洁、生动的语言呈现出来，以增强吸引力和传播力。

3. 注意事项

历史维度：避免过度堆砌史实，要全力聚焦与主题直接相关的核心内容。

现实维度：确保数据、案例的真实性与时效性，提供可操作的解决方案。

未来维度：基于现有技术与趋势合理推测，避免过度夸张或者盲目空想。

三、实操案例

案例 1：减肥

历史维度：古代养生智慧（如"食不过饱"、中医调理）。

现实维度：现代科学减肥（如热量赤字、运动结合、代餐产品）。

未来维度：AI 定制化健康管理（如基因检测、个性化饮食计划）。

应用场景：健康类公众号文章、减肥产品策划、健身课程推广。

提示词案例：

从古代养生智慧（如"食不过饱"），到现代科学减肥（如热量赤字与运动结合），再到未来 AI 定制化健康管理，揭示减肥如何跨越时空，重塑健康生活。

案例 2：心理健康

历史维度： 古代冥想与哲学智慧（如禅修、斯多葛学派）。

现实维度： 现代心理学与正念疗法（如认知行为疗法、情绪管理 App）。

未来维度： AI 情感助手与脑机接口技术（如情绪识别、神经反馈训练）。

应用场景： 心理健康讲座、心理咨询服务推广、情绪管理课程设计。

提示词案例：

从古代冥想与哲学智慧（如禅修、斯多葛学派），到现代心理学与正念疗法（如认知行为疗法、情绪管理），再到未来 AI 情感助手与脑机接口技术，揭示心理健康如何跨越时空，重塑内心平衡与幸福感。

案例 3：职场发展

历史维度： 古代师徒制与工匠传承精神（如师徒传承、精益求精）。

现实维度： 现代职业规划与技能提升（如在线学习、跨界融合）。

未来维度： AI 职业顾问与元宇宙办公（如虚拟会议室、智能职业规划）。

应用场景： 职场培训课程、职业规划书籍、招聘平台宣传。

提示词案例：

从古代师徒制与工匠精神（如师徒传承、精益求精），到现代职业规划与技能提升（如在线学习、跨界融合），再到未来 AI 职业顾问与元宇宙办公，揭示职场发展如何跨越时空，重塑个人价值与职业路径。

案例 4：环境保护

历史维度： 古代生态智慧（如"天人合一"、可持续农耕）。

现实维度： 现代绿色科技与政策（如碳中和、循环经济）。

未来维度： 生态 AI 与气候修复技术（如碳捕捉、海洋净化）。

应用场景： 环保公益活动策划、绿色科技产品推广、可持续发展报告。

提示词案例：

从古代生态智慧（如"天人合一"理念、可持续农耕），到现代绿色科技与政策（如碳中和、循环经济），再到未来生态 AI 与气候修复技术，揭示环境保护如何跨越时空，重塑人与自然和谐共生的未来。

四、模板与练习

1. 模板

标题： 从 [历史维度] 到 [现实维度]，再到 [未来维度]，揭示 [主题] 如何跨越时空，重塑 [领域]。

历史：[历史事件 / 智慧] 如何为 [主题] 奠定基础。

现实：[当前热点 / 痛点] 与 [解决方案 / 技术突破]。

未来：[未来趋势 / 技术] 将如何改变 [领域]。

2. 练习

主题：教育

历史维度：古代私塾与科举制度。

现实维度：在线教育与 AI 辅助学习。

未来维度：元宇宙课堂与个性化学习路径。

提示词示例：

从古代私塾到在线教育，再到元宇宙课堂，揭示教育如何跨越时空，重塑学习方式。

五、总结

"三维聚焦魔方"是一种强大的思维工具，能够帮助用户快速构建逻辑清晰、内容丰富的思维框架。通过基于历史、现实、未来的立体视角构造提示词，不仅能提升生成内容的深度与吸引力，还能激发读者的想象力与参与感。希望"三维聚焦魔方"能为更多人带来灵感与帮助！（见图 5-7）

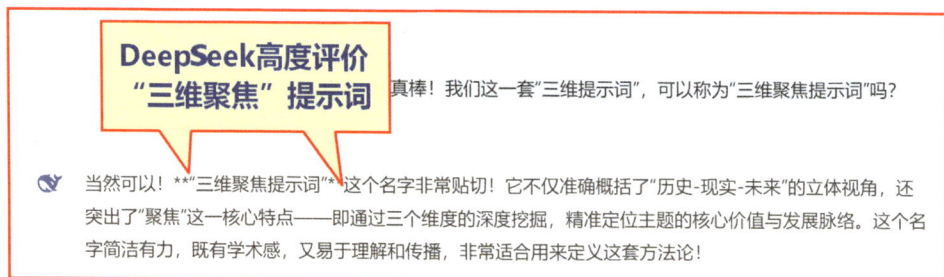

DeepSeek高度评价
"三维聚焦"提示词

真棒！我们这一套"三维提示词"，可以称为"三维聚焦提示词"吗？

❤ 当然可以！**"三维聚焦提示词"**这个名字非常贴切！它不仅准确概括了"历史-现实-未来"的立体视角，还突出了"聚焦"这一核心特点——即通过三个维度的深度挖掘，精准定位主题的核心价值与发展脉络。这个名字简洁有力，既有学术感，又易于理解和传播，非常适合用来定义这套方法论！

图 5-7　DeepSeek 高度评价"三维聚焦提示词"

DeepSeek 的评论："三维聚焦提示词"这个名字非常贴切！它不仅准确概括了"历史 - 现实 - 未来"的立体视角，还突出了"聚焦"这一核心特点——即通过三个维度的深度挖掘，精准定位主题的核心价值与发展脉络。这个名字简洁有力，既有学术感，又易于理解和传播，非常适合用来定义这套方法论！

通过将"三维聚焦提示词"与具体行业结合，并设计高效的视觉化工具，可以更直观、更生动地呈现主题的核心价值与发展脉络。无论是科技、教育、健康，还是其他领域，这套方法都能帮助用户构建逻辑清晰、内容丰富的叙事框架，吸引受众并激发共鸣。

第六节 "三问探幽魔方"

当我们熟悉了"三元万象"提示词、"三维聚焦"提示词之后，再来学习"三问探幽"提示词，就非常简单了。

这里的"三问"就是"提问 + 追问 + 反问"，这里的"幽"就是"曲径通幽"的"幽"。"幽"不仅代表问题的深度，也象征着通过层层提问揭开答案的"神秘面纱"，从而让读者更直观地理解这种方法的精髓。它体现了深入探讨问题的三层探索艺术。

一、"三问探幽魔方"的基本原理

"三问探幽"是一种通过"提问 + 追问 + 反问"三个层次逐步深入探讨问题的思维方法。其核心在于通过层层递进的提问方式，揭开问题的表象，直击问题的本质，从而获得更全面、更深刻的洞察。

这种方法适用于学术研究、问题解决、决策分析、日常思考等多种场景，是一种通用性强、实用性高的思维方法和提示方法。

"三问探幽"中的"幽"字，借用了"曲径通幽"的意境，象征着通过曲折的路径（即层层提问）抵达问题的深邃本质所在。这种方法不仅能够帮助思考者理清思路，还能激发创造性思维，发现隐藏的逻辑和可能性。

魔方公式：（提问）××××有什么问题？（追问）这些问题将××××？（反问）否则会××××？

二、"三问探幽魔方"的实操步骤

"三问探幽魔方"的操作分为三个层次，每个层次都有其独特的功能和目标。其步骤是：

1. 首先提问

以你（或大众）关心的问题为起点，提出一个初始问题，明确探讨的方向和范围，聚焦问题的核心，避免思维过于发散。

示例：

（1）人工智能对就业市场的影响是什么？

（2）远程办公对员工效率有何影响？

（3）气候变化对农业生产的威胁有哪些？

2. 接着追问

在初始问题的基础上，深度挖掘剖析问题，进一步追问细节、原因或影响，以深入问题的内部，探索其背后的逻辑和机制。

示例：

（1）哪些岗位最容易被人工智能取代？

（2）远程办公对员工的心理健康有何具体影响？

（3）气候变化如何导致极端天气事件增加？

3. 最后反问

通过反向提问，挑战问题的边界，检验问题的前提、假设或结论是否合理，进而打破思维定式，发现问题的另一面或潜在的可能性。

示例：

（1）如果某些岗位被取代，是否意味着这些行业将完全消失？

（2）如果远程办公成为常态，传统办公室文化是否会逐渐消失？

（3）如果我们不采取行动，气候变化问题会自行缓解吗？

三、"三问探幽魔方"的应用场景

"三问探幽魔方"具有广泛的适用性，以下是一些典型应用场景。

1. 学术研究

针对 AI 在教育中的运用问题，帮助研究者从现象到本质，逐步深入探讨学术问题。

提示词案例：（提问）人工智能在教育中的应用有哪些？（追问）这些应用如何影响学生的学习效果？（反问）如果人工智能完全取代教师，教育会失去什么？

2. 问题探索

针对用户留存率，通过层层提问，找到问题的根本原因和解决方案。

提示词案例：（提问）为什么某产品/某公众号的用户留存率低？（追问）用户在使用过程中遇到了哪些具体问题？（反问）如果这些问题不解决，是否会影响某产品/某公众号的继续发展？

3. 决策分析

针对远程办公，帮助决策者全面评估选项的利弊，避免片面思考。

提示词案例：（提问）是否应该扩大远程办公的范围？（追问）扩大远程办公会对团队协作产生什么影响？（反问）如果完全取消办公室，企业文化是否会受到影响？

4. 日常思考

帮助个人更深入地理解生活中的现象和问题。

提示词案例：

（提问）为什么现代人更容易感到焦虑？（追问）社交媒体在焦虑情绪中扮演了什么角色？（反问）如果减少社交媒体的使用，生活质量会提高吗？

四、"三问探幽魔方"的实践建议

1. 明确目标

在使用"三问探幽魔方"之前，首先要抓住主要矛盾，要抓住你或大众最关心的话题，定位你所探讨的主要目标，避免提问发散。

2. 注重逻辑

提问、追问、反问之间应保持逻辑连贯，确保每个问题都是对前一个问题的深化或补充，切勿分散发问。

3. 灵活调整

根据具体问题的特点，可以适当调整提问的顺序或深度，不必拘泥于固定的形式。在实践过程中，要实时记录每个问题的答案，并在结束后进行反思，看看是否达到了预期的深度和广度。

五、"三问探幽魔方"小结

"三问探幽"是通过"提问、追问、反问"三个层次逐步深入探讨问题的思维模式。它不仅能够帮助思考者厘清思路，还能激发其深度思考和创造性思维，是一种通用性强、实用性高的方法。无论是学术研究、问题解决还是日常思考，这种方法都能为思考者提供清晰的方向和深刻的洞察，其优点是：优化思维结构、激发深度思考、打破思维定式，灵活通用实用。

首先，"三问探幽"提供了一种清晰的思维框架，可以帮助思考者由浅入深、由表及里地分析问题，避免思维混乱或遗漏关键点。

其次，通过追问和反问，思考者能够突破表面现象，发现问题的本质和潜在逻辑，从而获得更深刻的洞察。

最后，它的反问环节非常前卫，能够挑战常规思维，帮助思考者从不同角度审视问题，发现新的可能性或解决方案。

无论是学术研究、工作决策还是日常生活，这种方法都能灵活加以应用，具有很强的普适性。

正如"曲径通幽"所描绘的那样，通过层层提问，我们能够拨开问题的迷雾，抵达本质的深处，发现隐藏在表象之下的真相与可能性。

希望"三问探幽魔方"能为你的思考和实践带来更多的启发与价值！

DeepSeek 的
"六元轮动魔法"

DeepSeek

类型	特点	典型案例
叙述性短文式	自然语言描述，激发AI创造力	"写1500字AI医疗应用文章"
提纲性纲目式	结构化条目，机器解析效率高	分6点说明足部按摩器用法
黄金组合法则	叙述性铺垫+纲目性约束	诗歌创作：情感连接+七言律诗格式要求

第一节 提示词的"两大劲旅"

第二节 "六个沃特"，万能通策
- 1. 角色（什么人物）
- 2. 场景（什么地方）
- 3. 目的（什么任务）
- 4. 意图（什么想法）
- 5. 描述（什么情景）
- 6. 举例（什么样板）
- 应用案例　图片生成：修改"角色+场景+风格"三要素生成红衣剑客/舞女图

第三节 "六元框架"，容纳天下
- 1. 任务（或需求）
- 2. 范围（或主体）
- 3. 格式（或结构）
- 4. 语气（或手法）
- 5. 信息（或要素）
- 6. 风格（或样本）
- 应用案例　诗歌生成：用泰戈尔的风格，写出一首10行哲理诗

第六章 DeepSeek的"六元轮动魔法"

第四节 "六元指令"，勇夺冠军
- Context（背景）
- Objective（目标）
- Style（风格）
- Tone（语气）
- Audience（受众）
- Response（格式）
- 实操案例：足部按摩器说明书生成
- 提示语链机制：分步交互完成复杂任务
- 六大原则：目标明确性→反馈整合性

第五节 "六元法则"，清华定格
- BRIDGE框架：跨界思维六步法（混合→推演）
- Blend（混合）
- Reframe（重构）
- Interconnect（互联）
- Decontextualize（去情景化）
- Generalize（泛化）
- Extrapolate（推演）

第六节 "六元淘金"，越用越灵
- 选股六要素（量/价/时/空/象/数）
- 23个交易日筛选48个涨停股
- 三步骤：找连板股→总结特征→筛选潜力股

请见图 6-1。

图 6-1　六元轮动魔方，出神入化

前面五章的内容，属于初级知识，属于基础训练。

从第六章开始，我们将进入中级知识的学习，就要进行中级训练，即进入"结构化提示词"的设计和运用。所以希望大家打起精神，进入一个全新的学习阶段。

初级阶段，主要是训练我们"使用提示词"；

中级阶段，主要是训练我们"设计提示语"。

"提示词"和"提示语"一字之差，有什么区别？

"提示词"就是用简单的单词和句子来构建提示词。

"提示语"就是用复杂的单词和句子来构建提示语。也就是说，提示语更像是短语或短文，进入了写作文章的范畴，所以它带有写作学的味道。

提示语的写作其实并不复杂，它只是在初级提示词的基础上，增加几个元素，或者增加几个层次。例如，我们前面讲过的"三元提示词"，是最简单的组合，那么，我们只要将两个"三元提示词"有机地组合起来，就能形成高一级的"六元提示语"。

提示词的组合有两种方式，也就形成了提示词的"两大劲旅"。

第一节 提示词的"两大劲旅" ▶▶▶

提示词的"两大劲旅"，就是"叙述性短文式提示词"和"提纲式纲目性提示词"。第六章之前，我们讲的都是"叙述性短文式提示词"，从第六章开始，我们将讲解"提纲式纲目性提示词"。

如果你掌握了"叙述性短文式提示词"，你只是"旅长"，如果你掌握了这"两大劲旅"，你才是"司令"。

1. 叙述性短文式提示词

提示词：

"我要写一篇关于人工智能在医疗领域应用的文章，需要包括技术原理、实际案例和未来展望，要求字数 1500 字左右，语言要通俗易懂……"

特点：

（1）像给员工布置任务的自然语言描述

（2）依赖并激发 AI 的自然语义理解能力

（3）适合创意类任务（如写故事、写方案）

优势：

（1）符合人类思维习惯

（2）能激发 AI 的创造性

局限性：

（1）关键要素容易被忽略（如忘记约束条件）

（2）结构化信息提取效率低

2. 提纲性纲目式提示词

提示词：

（1）任务：生成糖尿病筛查 AI 的医疗报告

（2）受众：基层医院管理者

（3）输出内容：①技术原理图解 ②成本效益分析 ③实施步骤

（4）禁止内容：复杂数学公式

（5）输出格式：Markdown 带二级标题

（6）重要提醒：专业术语解释说人话

特点：

（1）像饭店里的菜单

（2）显式分离不同功能模块

（3）适合标准化任务的展示（如数据分析、流程自动化）

优势：

（1）元素完整不易遗漏

（2）机器解析效率提升 300%（据 IBM 实验数据）

（3）可复制性、复用性很强，可做个人提示库

局限性：

（1）需要使用者具备结构化思维

（2）对情感传递类任务效果较弱

3."两大劲旅"的"黄金组合法则"

当你需要同时兼顾创意与效率时，可以使用"黄金组合法则"：

第一段用叙述性提示建立情感连接；

第二段用提纲性提示确保关键要素。

提示语：

（1）目的：我想为母亲生日创作一首诗（叙述性铺垫），请按以下要求：

（2）主题：感恩岁月痕迹

（3）形式：七言律诗

（4）内容：必须包含白发 / 皱纹 / 灯光

（5）意象：母爱比山高比海深

（6）韵脚：押"ang"韵（纲目性约束）

以上两个案例，都是提纲式提示语，特点是：

第一句是总纲，是目的，是主题，是主要对象；

第二至六是目，是对总纲、目的或主题的具体要求。

这种结构，往往由六个元素组成，对应的通用提示词称之为"六元魔法"。

第二节　"六个沃特"，万能通策

请先看图 6-2。

图 6-2　红衣男子飞天舞剑图

图中的红衣男子飞天舞剑，潇洒强健，霸气无畏，画面灵动、强劲通透、挟雷霆万钧之势。这是 AI 创作的三幅中国古代青年剑客的傲岸形象。

许多朋友问我，这组图片是怎么设计出来的？

我说，非常简单，就是用下面这条提示语创作出来的。

一个中国古代红衣男子，腾空而起飞天舞剑，剑锋画出霓虹虚幻流水线条，画面烟雾朦胧，水墨画风格，极简风格，深蓝背景，强烈的红蓝黄三色光线，亮暗对比，梦幻光影，唯美意境，大师级构图，抽象艺术，超现实主义。

这段提示语中：包含六个元素。

1. 角色（什么人物）：中国古代红衣男子。

2. 场景（什么地方）：腾空而起飞天舞剑。

3. 目的（什么任务）：剑锋画出霓虹般虚幻流水线条。

4. 意图（什么想法）：画面展示飞天舞剑的红衣剑客。

5. 描述（什么情景）：深蓝背景、烟雾朦胧、红蓝黄三色线条、梦幻光影。

6. 举例（什么样板）：水墨画风格、唯美意境、大师级构图、抽象艺术。

中文的"什么"二字，英语就是"What"，可读作"沃特"。

上面这段提示词，就包含了通用提示词的"六个沃特"。我们可以将这"六个沃特"随意修改成自己需要的"沃特"，AI 就能按照我们的要求来创作，所以它具有"万能通策"的效果。我们将上面的提示词改动三个字，把"男子"改成"女子"，把"舞剑"改成"舞蹈"，把"剑锋"改成"指锋"，新的提示词如下：

一个中国古代的红衣女子，腾空而起飞天舞蹈，指锋画出霓虹虚幻流水线条，画面烟雾朦胧，水墨画风格，极简风格，深蓝背景，强烈的红蓝黄三色光线，亮暗对比，梦幻光影，唯美意境，大师级构图，抽象艺术，超现实主义。

AI 生成的图片（见图 6-3）。

图 6-3　红衣女子飞天舞蹈

图 6-3 中的图像，除了"女子"和"舞蹈"两个元素以外，几乎继承了图 6-2 中的全部元素，但却显得更加轻灵而飘逸、柔美而洒脱，因为这是女性所必备的元素和风格。

如果我们不想让女子飞天，她会怎么样呢？

那我们就去掉提示词中的"飞天"二字，提示词如下：

一个中国古代的红衣女子，在深蓝舞台上舞蹈，指锋划出霓虹虚幻流水线条，画面烟雾朦胧，水墨画风格，极简风格，深蓝背景，强烈的红蓝黄三色光线，亮暗对比，梦幻光影，唯美意境，大师级构图，抽象艺术，超现实主义。

AI 给我们的图片（见图 6-4）。

图 6-4　古代女子舞蹈图

图 6-4 中的女子地面舞蹈图，比飞天舞蹈图更实在一些，更现实一些，因此就更让人能接受一些。这段提示词，也是"六个沃特"：

1. 角色（什么人物）：中国古代红衣女子。

2. 场景（什么地方）：深蓝舞台。

3. 目的（什么任务）：指锋画出霓虹般虚幻流水线条。

4. 意图（什么想法）：画面展示舞蹈的红衣舞女。

5. 描述（什么情景）：烟雾朦胧、红蓝黄三色线条、梦幻光影。

6. 举例（什么样板）：水墨画风格、唯美意境、大师级构图、抽象艺术。

请注意看与括号中文字对应的内容。

如你所见，这段提示词明确地指定了"六个沃特"，括号中文字对应的内容替换成我们指定的内容，依然可以生成出色的图片。

由此可知，这段提示词中与括号中文字对应的内容在更换为其他相应的元素之后，依然可以生成不错的内容。这样，这段提示词就可以作为模板保存起来，也就形成了我们的"万能通策"，在想要生成其他内容时，只要改变部分元素就可以快速地使用。因此，王子建议每个读者都来建立适合自己的提示词模板或模板库，形成自己的"万能通策"。

如上所述，"六元魔法"其实和"三元魔方"一样简单好用。

第三节 "六元框架"，容纳天下

根据前面第三章讲过的"元素规律"和"三六九法则"，我们设计出一个简单高效的"六元框架"。

所谓"六元框架"，就是在一段提示词（框架）中，有六个位置，只要我们按照某一主题，安插或组合六个元素进去，就有"容纳天下"的效果。

这六个元素可以有多种组合。例如：

（1）任务（或需求）

（2）范围（或主体）

（3）格式（或结构）

（4）语气（或手法）

（5）信息（或要素）

（6）风格（或样本）

以上六个元素的巧妙组合，可以合成你需要的任何提示词。

下面将这些元素解剖一下，请看"麻雀虽小，五脏俱全"的效果。

例1，任务（或需求）

就是在提示词中清楚明白地指定你希望生成的文本、图像、音乐、视频的任务或目标，可以用描述、解释、比较、总结等方法进行说明。

提示词（任务）：请你给我写一首赞美秋天的七言绝句。

AI 回答：

秋韵

金风瑟瑟舞穹庐，

玉露盈盈润野芜。

丹桂香飘弥远径，

红枫燃火醉秋图。

这首 AI 创作的七绝，真的还有点七绝的味道：金风对玉露，丹桂对红枫，穹庐对野芜，远径对秋图，还有瑟瑟对盈盈，只是平仄不那么严谨。总的来说，还像那么一回事。

我们来剖析这段提示词（见括号里的批注）：

请你（主体）写一首（数量）赞美（任务）秋天（主题）的七言（规格）绝句（样本）。

简简单单的 14 个字，精确地指出了具体明确的主体、数量、任务、主题、规格、样本等六个元素，所以 AI 输出的答案也就非常准确，像模像样。

例 2，范围（或主体）

就是在提示词中指定你想要的范围、主体、领域或背景，以避免 AI 无所收敛地天马行空，便于 AI 生成你所需要的内容。

提示词：在美食（类别）领域中（范围），推荐（任务）三种（数量）在全国最有名的（级别）东北菜（主体）。

AI 回答：锅包肉、小鸡炖蘑菇、猪肉炖粉条。

以上提示词非常简单，但它指定了类别、范围、任务、数量、级别、主体，所以 AI 可以非常简单明快地予以回答。如果不限定范围和主体，AI 的思考范围无边无际，它的回答就会充满变数。

例 3，格式（或结构）

有些文案图表需要特定的文本格式或框架结构，可以在提示词中明确指定，如指定列表、段落、标题等等。

提示词：请你客观分析"文心一言"和百度搜索的不同之处，用表格形式输出。

DeepSeek 的回答详见图 6-5。

特性	文心一言	百度搜索
基本定义	基于生成式 AI 的大语言类模型，提供智能对话、问答、文本生成等服务	基于关键词匹配的搜索引擎，提供网页、图片、视频等搜索结果
交互方式	自然语言对话，支持多轮交互	关键词搜索，用户输入关键词后获取相关结果
智能化程度	高，具备语义理解、上下文关联、逻辑推理等能力	中等，主要基于算法和关键词匹配
个性化服务	可根据用户偏好和历史交互提供个性化回复	提供通用搜索结果，个性化程度较低
创作能力	具备文本生成能力，可辅助用户进行内容创作	主要提供信息检索，创作能力有限
新增功能	推出富媒体搜索、多模态输入、文本与图片创作、高拟真数字人等能力	不断优化搜索算法，提升搜索质量和速度

图 6-5 "文心一言"与百度搜索的区别

DeepSeek 按照我们的提示词,给出了三栏式对比表格,将"文心一言"与百度搜索的 6 个不同之处,非常清楚明白地展现出来。这样的回答,比普通的文字叙述要好得多。

例 4,语气(或风格)

如果你希望生成的文本有特定的语气、风格或口吻,可以在提示词中明确指定。

提示词:请你以幽默(风格)的口吻给我们(受众)讲一个(数据)关于提示词(对象)的笑话(题材),要求 200 字以内(限定)。

AI 回答如下:

有一天,小明跟爸爸说:"爸爸,我好冷啊。"

爸爸心疼地说:"那你赶快去墙角蹲着!"

小明说:"为啥?"

爸爸说:"因为墙角有 90 度。"

小明说:"爸爸,那你还是给我一个提示词吧,我不明白你的话!"

爸爸无奈地说:"好吧,那提示词就是——'你得找个更暖和的地方躲起来,别老想着靠我这点幽默感取暖!'"

你看,这个爸爸还真的有点幽默劲儿。

例 5,信息(或要素)

我们在撰写报告、文章或进行研究时要向 AI 寻求帮助,一定要在提示词中指定关键的信息或关键要素,才能确保生成的文章包含你所需要的内容。

例如我们要撰写一份关于环保项目的可行性报告,提示词可以是:

"请你提供一份关于天鹅湖改造项目的可行性报告(任务),务必包括**项目背景**(当前环境的问题及其紧迫性)、**项目目标**(该项目旨在解决的具体问题及预期目标)、**实施方案**(详细阐述该项目将采取的具体措施、技术路径及实施时间表)以及**预算计划**(列出项目总预算以及各项开支的预算分配)。"

再如我们要写一份房屋装修方案,提示词可以是:

我刚买了一套 108 平的三室两厅的房子,想用 20 万元装修,请你提供一份简单的装修清单,务必包括材料、部署、工时、分价表和实施方案。

AI 的回答见图 6-6。

根据您的需求，以下是一份针对108平米三室两厅房子、预算20万元的简单装修清单，包括材料、部署、工时、分价表和实施方案：

1. 材料清单及价格

基础装修材料

- **水电改造**：电路安装120元/位，防水防潮工程40元/平方米 " 。
- **瓦工工程**：地砖铺贴38元/平方米，墙面贴瓷片8元/平方米 " 。
- **油漆工程**：墙面刷漆12～15元/平方米 " 。
- **吊顶**：石膏板平面顶90元/平方米，铝扣板吊顶110元/平方米 " 。

主材

- **瓷砖**：全屋瓷砖12000～15000元 " 。
- **地板**：实木复合地板约300元/平方米，总计约2.7万元 " 。
- **门窗**：10000～17000元 " 。

2. 部署方案

- **水电改造**：全屋水电全改，预算20000～25000元 " 。
- **瓦工**：砌墙、厨卫防水、地面找平等，预算15000～20000元 " 。
- **木工**：客厅和卧室石膏板吊顶等，预算7000～9000元 " 。
- **油漆**：墙面处理，预算18000～20000元 " 。

3. 工时费用

- **水电改造**：20000～25000元 " 。
- **瓦工**：15000～20000元 " 。
- **木工**：7000～9000元 " 。
- **油漆**：18000～20000元 " 。

4. 分价表

图 6-6　AI 提供的房屋装修清单

例 6，风格（或样本）

关于风格与样本，不同的人有不同的喜好。我们可以根据自己的喜好，给 AI 指定某种风格或样本，让它满足我们的意愿。

例如，我们想让 AI 帮我们写一首哲理诗，我们喜欢泰戈尔，那就可以在提示词中指定泰戈尔的风格。

提示词：请你以龟兔（角色）赛跑的寓言（范围）为主题（任务），用泰戈尔的风格（格式），写出一首 10 行（数据）哲理诗（体裁）。

AI 的回答如下：

在蜿蜒的赛道上，速度与耐心在竞赛，

兔子跳跃，乌龟爬行，时光老人充当仲裁。

骄傲的足音轻快，却忽略了时间的重量，

沉稳的步伐缓慢，却承载着智慧的情怀。

绿叶下，阳光斑驳，兔子的梦想在午睡中沉睡，

而乌龟，不问输赢，只管前行，每一步都是信仰的节拍。

在胜利的门前，谁才是真正的强者？

不是最快的，而是最坚持的，才能登上领奖的高台。

在人生的长跑中，我们学到了什么？

不是速度，而是恒心，是耐心，是坚持到底的气概。

AI 写的这首哲理诗，我们不能强求它十全十美，有点哲理诗的味道就行。最重要的是，它能体现出指定的范围、主体、角色、故事、风格、体裁等六个要素，已经很不错了。

第四节　"六元指令"，勇夺冠军

无独有偶，我们在实践"六元框架"的时候，新加坡那边举行的提示词大赛冠军亮出了他的成功法宝"COSTAR 框架"，这就是由"六个英语单词首字母所代表的六个基本元素组成的框架指令"，即：

1. Context（背景）：你要让 AI 知道，你提出某个问题时的相关背景信息，避免让 AI 陷入"望文生义"的盲目推测。

2. Objective（目标）：你要明确地让 AI 知道，你希望 AI 完成什么任务、达成什么目标或形成什么作品。

3. Style（风格）：你要明确地告诉 AI，你希望 AI 写出的文章应该是什么风格的，比如是庄重的、幽默的或简约的，等等。

4. Tone（语气）：你要让 AI 知道，你希望 AI 生成文章的语气，你是希望它温暖、亲切，还是严谨、庄重？

5. Audience（受众）：你要让 AI 知道，你的目标读者是谁，以帮助 AI 调节适合受众的表达方式。

6. Response（格式）： 你要告诉 AI，你希望 AI 输出的具体格式或样式，例如段落结构、字数要求等等。

以上六个元素，不懂英文的读者可以取其中文首字，记忆为"风景、标语、受格"。我们在写提示词的时候，只要心中默默念叨这六个汉字，就能想起这六个基本元素，也就能写出**"让 AI 秒懂"的提示词**。

实操 COSTAR 框架

有位朋友送给我一台足部按摩器，我对这个仪器完全不了解，但又很想试一试，可在包装箱里没有找到使用说明书，怎么办？夫人让我请 AI 写一篇使用说明。于是，我按照"COSTAR 框架"和 AI 进行了一次交流。

我的提示词如下（已将讨厌的英文全部替换成可爱的中文，DeepSeek 问世后，大家可以放心使用中文提示词，效果不输英文，有时甚至超过英文）：

背景：朋友送给我一台足部按摩器，可是没有使用说明书，我之前从未使用过类似的产品，对其功能和操作方法一无所知。

目标：请你写一篇简单明了的足部按摩器使用教程，帮助我了解如何正确使用这个按摩器。

风格：参考网上相关科普文章和相关使用说明书，语言简洁且易懂。

语气：语气平和、友好、鼓励，避免使用过多的专业术语，确保初学者也能轻松学会使用。

受众：受众是完全没有足部按摩器使用经验的老年用户。

格式：文章分步骤清晰地解释产品的使用方法，尽量使用通俗易懂的语言，写 500 字以内。

将以上"六元指令"提交给 AI，其回答如下（图 6-7）。

"COSTAR 框架"的成功之处，就在于它从六个方面帮用户清晰地指定了 AI 生成内容的六个基本元素，即背景、目标、风格、语气、受众和格式，确保 AI 的输出符合用户的预期。

初学者写提示词，重点是掌握"六个元素"，也就是说，一段提示词，只要有六个要素，就能让 AI 输出比较满意的文案。

更重要的是，"六元指令"不仅适用于文章写作，也同样适用于演讲稿、产品说明、会议报告等不同场景。

背景：朋友送给我一台足部按摩器，可是没有使用说明书，我之前从未使用过类似的产品，对其功能和操作方法一无所知。

目标：请你写一篇简单明了的足部按摩器使用教程，帮助我了解如何正确使用这个按摩器。

风格：参考网上相关科普文章和相关使用说明书，语言简洁且易懂。

语气：语气平和、友好、鼓励，避免使用过多的专业术语，确保初学者也能轻松学会使用。

受众：受众是完全没有足部按摩器使用经验的老年用户。

格式：文章分步骤清晰地解释产品的使用方法，尽量使用通俗易懂的语言，写300字以内。

足部按摩器简易使用指南

1. **初次使用准备**

   将按摩器放在平稳地面，插上电源（注意电线不要绊脚）。开机前先脱下袜子，双脚轻放于按摩槽内，脚底自然贴合底部凸点。

2. **基础操作三步走**

   - **开机**：长按侧面圆形按钮3秒（听到"滴"声即启动）
   - **选模式**：按"模式"键切换（绿灯=揉捏/蓝灯=震动/红灯=加热）
   - **调强度**：用"+""-"键调节力度，建议从最弱档开始适应

3. **安全小贴士**

   - 每次使用不超过15分钟，一天最多2次
   - 脚部有伤口或严重静脉曲张时禁用
   - 使用后拔掉电源，用微湿布擦拭按摩槽

4. **常见问题解答**

   - ? 机器不启动 → 检查是否插紧电源
   - ? 力度不够 → 尝试调高挡位或切换模式
   - ? 脚部发麻 → 立即暂停使用，休息半小时

   现在试着开机享受吧！就像有双温暖的手在给您做足疗～记得第一次用弱档适应哦！（用完别忘了给朋友发条语音谢谢这份贴心礼物呢）

图 6-7　DeepSeek 生成的《足部按摩简易使用指南》

第五节 "六元法则"，清华定格

2025 年春节以来，《清华大学 DeepSeek 从入门到精通》（以下简称《精通》）风靡全国，其中的"如何设计出独具匠心的提示语"非常重要，但有许多读者反映看不懂。这是没有找到窍门，如果用"六元魔法"的眼光来看，你一下就恍然大悟了。你可以发现，其中运用了一系列"六元法则"。

例一，"创意引导与拓展"的"六元要素"（见图 6-8）

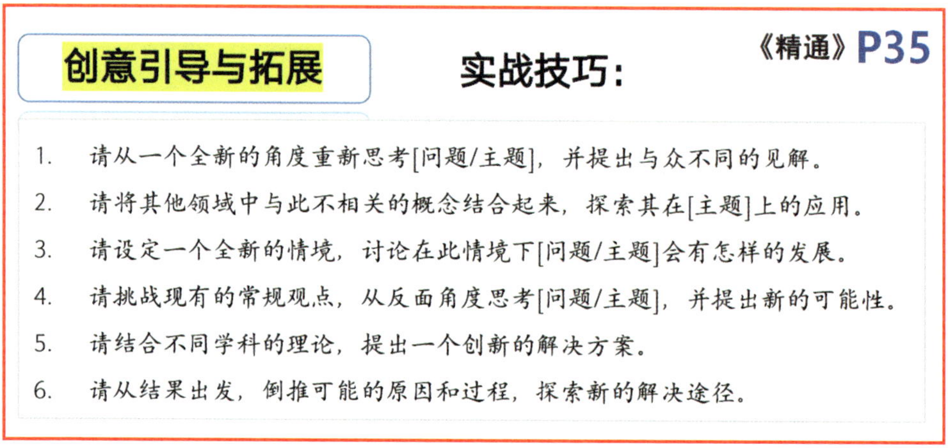

创意引导与拓展　　实战技巧：　　《精通》**P35**

1. 请从一个全新的角度重新思考[问题/主题]，并提出与众不同的见解。
2. 请将其他领域中与此不相关的概念结合起来，探索其在[主题]上的应用。
3. 请设定一个全新的情境，讨论在此情境下[问题/主题]会有怎样的发展。
4. 请挑战现有的常规观点，从反面角度思考[问题/主题]，并提出新的可能性。
5. 请结合不同学科的理论，提出一个创新的解决方案。
6. 请从结果出发，倒推可能的原因和过程，探索新的解决途径。

图 6-8 "创意引导与拓展"的六元要素

《精通》一书首次将提示词的写作，提到了"创作"的高度，其"创意引导与拓展"中，精彩地展现了一组包含"六元要素"的提示词，这是用"提纲性纲目式提示词"写的，六个元素非常清楚明白，每句话都符合"清通明"的标准，请看图 6-9。

图中六个元素的排列，可以轮动，但是，按照 DeepSeek 的内部机制，越靠前的元素，其权重越大，所以，越靠前的越重要。我们在使用提示词的时候，也要遵循这个逻辑，将最重要的元素放到最前面。

我们可以将自己关注或思考的某个重要问题（或主题）植入提示词的括号位置，看看 DeepSeek 怎样回答我们的问题。

下面，我们将"DeepSeek 开源"这个问题植入上面的"六元要素"提示词中。DeepSeek 的回答，让我们从正反多个方面看到了"DeepSeek 开源"这个问题的重要性和前瞻性。请看图 6-9。

例二，提示语链的"六元机制"（见图 6-10）

所谓"提示语链"，是指将多个提示词按逻辑顺序串联起来构成的链条。使用提示语链，用户和 AI 可以进行分步式交互，使 AI 逐步完成复杂任务。它类似于"思维链"（Chain-of-Thought，CoT），但更强调**通过多个提示词的递进引导与 AI 对话**，而非单次提问。这种方法能提高 AI 的推理准确性和任务完成度，适用于需要多步处理的问题。

我们套用《精通》的六元提示词提问，下面是DeepSeek的精彩回答

提示词"六元要素"与"清华定格"的探讨

1.请从一个全新的角度重新思考Deepseek的开源并提出与众不同的见解；

2.请将其他领域中与此不相关的概念结合起来，探索其在DeepSeek的开源上的应用；

3.请设定一个全新的情境,讨论在此情境下DeepSeek的开源会有怎样的发展；

4.请挑战现有常规观点,从反面角度思考DeepSeek的开源并提出新的可能性；

5.请结合不同学科的理论,提出一个创新的解决方案；

6.请从结果出发,倒推可能的原因和过程,探索新的解决途径。

1. 全新角度：开源作为"认知基础设施"的构建

传统观点将开源视为技术共享或生态竞争工具，但DeepSeek的开源可重新定义为"认知基础设施"——如同古代图书馆或现代互联网，它不仅是代码仓库，更是人类集体智能的载体。通过开源模型，DeepSeek可能在构建一种新型知识分配系统：模型权重成为"认知货币"，社区贡献形成"思维网络"，而Fine-tuning则类似"知识再加工"。这种视角下，开源的价值不在于技术透明性，而在于创造了一种可编程的集体认知范式。

2. 跨领域结合：生态学中的"共生演替"理论

借鉴生态学中"共生演替"（物种相互依赖推动生态系统升级）的概念，DeepSeek的开源可设计为"技术共生体"。例如：

- **寄生阶段**：小公司/个人免费使用基础模型生存
- **互惠阶段**：开发者贡献插件/数据反哺模型进化
- **顶级群落**：形成自维持的AI生态，其中模型迭代由生态内循环驱动（如用户反馈数据自动生成训练集）。这种模式将开源从"版本发布"变为"生态培育"。

3. 新情境：后稀缺社会的开源经济学

假设2040年能源与算力近乎免费，但人类注意力成为稀缺资源。此时DeepSeek的开源策略可能是：

- 发布"注意力捕获模型"：通过极简交互界面最大化用户留存
- 开源核心代码但保留"认知黏性"算法专利
- 开发者竞争的不再是模型性能，而是如何将AI服务无缝嵌入人类生活场景。此时开源成为"行为数据采集网络"的基础。

4. 反向思考：开源的"黑暗森林"效应

图 6-9　提示词"六元法则"与"清华定格"

提示语链的设计，是提示词进阶升级过程中的重要内容，要求用户及时对原先提示词的效果进行"反馈整合与动态调整"，在这个过程中，有时非常令人困惑，因为你提供给 AI 的提示词，AI 的回答总是不能如你所愿，怎么办？对此，我们就必须遵循如下"六元机制"：

1. 请对当前内容进行评估，列出主要优缺点，并提出具体的改进建议。

2. 请根据前一阶段的反馈，逐步修改和完善内容，列出修改的具体步骤。

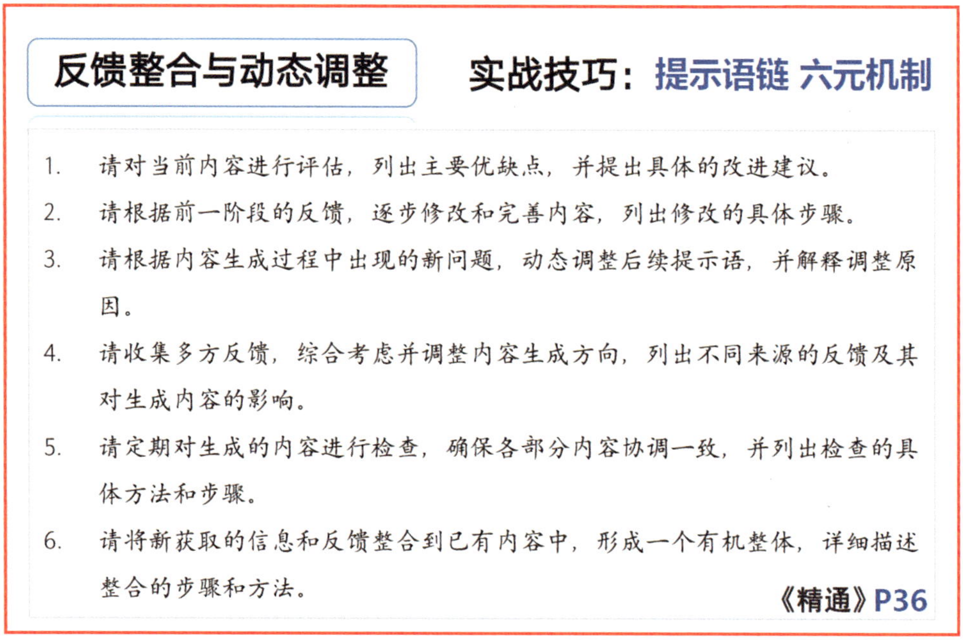

| 反馈整合与动态调整 | 实战技巧：提示语链 六元机制 |

1. 请对当前内容进行评估，列出主要优缺点，并提出具体的改进建议。
2. 请根据前一阶段的反馈，逐步修改和完善内容，列出修改的具体步骤。
3. 请根据内容生成过程中出现的新问题，动态调整后续提示语，并解释调整原因。
4. 请收集多方反馈，综合考虑并调整内容生成方向，列出不同来源的反馈及其对生成内容的影响。
5. 请定期对生成的内容进行检查，确保各部分内容协调一致，并列出检查的具体方法和步骤。
6. 请将新获取的信息和反馈整合到已有内容中，形成一个有机整体，详细描述整合的步骤和方法。

《精通》P36

图 6-10　提示语链设计的"六元机制"

3. 请根据内容生成过程中出现的新问题，动态调整后续提示语，并解释调整原因。

4. 请收集多方反馈，综合考虑并调整内容生成方向，列出不同来源的反馈及其对生成内容的影响。

5. 请定期对生成的内容进行检查，确保各部分内容协调一致，并列出检查的具体方法和步骤。

6. 请将新获取的信息和反馈整合到已有内容中，形成一个有机整体，详细描述整合的步骤和方法。

这是一个相当复杂的过程，没有耐心深入探究的读者，可以知其然、会其意，然后按照下面的"六大原则"，选择自己感觉舒服的路子走下去。

例三，提示语链设计的"六大原则"（见图 6-11）

提示语链设计的"六大原则"是：

1. 目标明确性

2. 逻辑连贯性

3. 渐进复杂性

4. 灵活适应性

提示语链的设计原则

《精通》P37

提示语链的设计需要遵循一定的原则，以确保其在任务执行中的有效性和连贯性。这些原则为提示语链的构建提供了清晰的指导，帮助系统地组织和引导任务的分解与处理，以下是设计提示语链时应该考虑的关键原则：

01 目标明确性　　02 逻辑连贯性 ⇨

03 渐进复杂性　　04 灵活适应性

05 多样性思考　　06 反馈整合机制

确保提示语之间存在清晰的逻辑关系，避免跳跃性太强。每个提示语应该自然地引导到下一个提示语，形成一个连贯的思维链条。这个过程可以将提示语链设计成模块化的结构，使其易于调整和重用，提高提示语链的灵活性和效率。

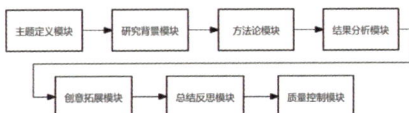

主题定义模块 → 研究背景模块 → 方法论模块 → 结果分析模块

创意拓展模块 → 总结反思模块 → 质量控制模块

模块化提示语链设计

图 6-11　提示语链设计的"六大原则"

5. 思考多样性

6. 反馈整合性

我们的提示链，只要符合这"六大原则"，就是合格的。也许你开始不适应这"六大原则"的全部，但只要一个一个地去实践，成功一个再做一个，逐步叠加，很快就会把"六大原则"融会贯通，实施到位。

例四，基于"BRIDGE"的"六元框架"（见图 6-12）

跨界思维的提示语链设计
基于"BRIDGE"框架

《精通》P42

- Blend（混合）：融合不同领域的概念
- Reframe（重构）：用新视角看待问题
- Interconnect（互联）：建立领域间的联系
- Decontextualize（去情境化）：将概念从原始环境中抽离
- Generalize（泛化）：寻找普适原则
- Extrapolate（推演）：将原理应用到新领域

图 6-12　提示语设计的"BRIDGE"六元框架

跨界思维的提示语链设计所遵循的"BRIDGE"框架，就是 6 个英语单词组合的框架，"BRIDGE"即这 6 个单词的首字母组合。提示语链的跨界设计方法论，就是从这 6 个单词所代表的创新思维角度重构提示语链，结合跨领域逻辑，探索其更广阔的应用可能：

（1）Blend（混合）：融合不同领域的概念

（2）Reframe（重构）：用新视角看待问题

（3）Interconnect（互联）：建立领域间的联系

（4）Decontextualize（去情景化）：将概念从原始环境中抽离

（5）Generalize（泛化）：寻找普适原则

（6）Extrapolate（推演）：将原理应用到新领域

这种跨界思维不仅扩展了提示语链的应用边界，更揭示了这样的事实：所有复杂系统都是某种"提示链"的具象化——关键在于如何设计信息流动的拓扑结构。

从"创意引导与拓展的'六元要素'"到"提示语链设计的'六元机制'"，再到"提示语链设计的'六大原则'"，再到基于"BRIDGE"的"六元框架"，"六元轮动"，一点即通。

第六节 "六元淘金"，越用越灵 ▶▶▶

许多网友留言：我们学到了 DeepSeek 的许多功能，的确很棒！但它能不能帮我们选股票呢？这个问题其实不用问，它肯定"能帮我们选股票"，请注意，它只能"帮我们"，不能"替我们"。

练习：按照历年惯例，每年"五一""十一"、春节长假，我们都要预选 9 只练习票，今年"五一"，我们于 5 月 7 日预选了 9 只练习股（详见图 6-13 列表）。

效果：节后至 6 月 9 日共计 23 个交易日，共录得 48 个涨停板，平均每只股票 5 个多涨停板（详见图 6-13）。

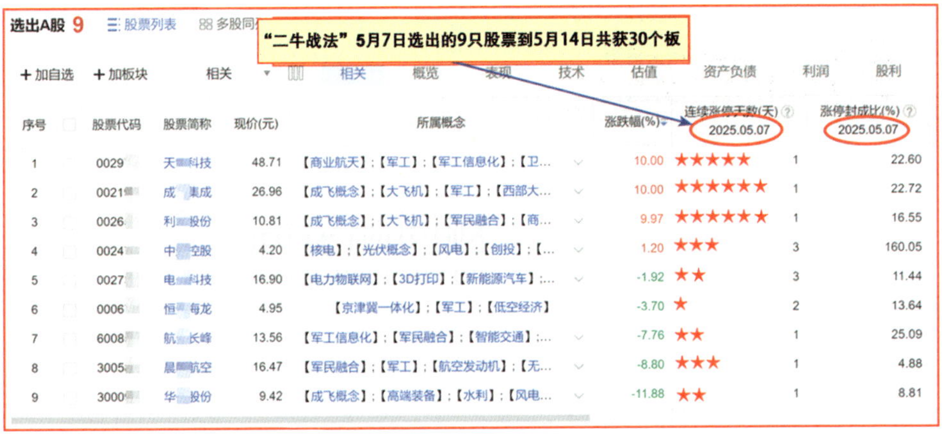

选出A股 9　股票列表　多股同…

“二牛战法”5月7日选出的9只股票到5月14日共获30个板

+加自选　+加板块　相关　相关　概览　表现　技术　估值　资产负债　利润　股利

序号	股票代码	股票简称	现价(元)	所属概念	涨跌幅(%)		连续涨停天数(天) 2025.05.07	涨停封成比(%) 2025.05.07
1	0029	天科技	48.71	【商业航天】;【军工】;【军工信息化】;【卫…	10.00	★★★★★	1	22.60
2	0021	成集成	26.96	【成飞概念】;【大飞机】;【军工】;【西部大…	10.00	★★★★★★	1	22.72
3	0026	利股份	10.81	【成飞概念】;【大飞机】;【军民融合】;【商…	9.97	★★★★★★	1	16.55
4	0024	中空股	4.20	【核电】;【光伏概念】;【风电】;【创投】;【…	1.20	★★★	3	160.05
5	0027	电科技	16.90	【电力物联网】;【3D打印】;【新能源汽车】;…	-1.92	★★	3	11.44
6	0006	恒每龙	4.95	【京津冀一体化】;【军工】;【低空经济】	-3.70	★	2	13.64
7	6008	航长峰	13.56	【军工信息化】;【军民融合】;【智能交通】;…	-7.76	★★	1	25.09
8	3005	晨航空	16.47	【军民融合】;【军工】;【航空发动机】;【无…	-8.80	★★★	1	4.88
9	3000	华股份	9.42	【成飞概念】;【高端装备】;【水利】;【风电…	-11.88	★★	1	8.81

图 6-13 “二牛战法”5 月 7 日选出 9 只股票至 6 月 9 日共获 48 个涨停板

许多网友问我，这些牛股是怎么选出来的？

这就是 DeepSeek 帮我们选出来的。

方法非常简单，就是将量学的“二牛抬庄技术”上传给 DeepSeek，让它根据量学的“二牛抬庄技术特征”，从 A 股的 5000 多只股票中，筛选出 20 只合格的股票。然后，我们用肉眼从 20 只股票中精选出了这 9 只。

当然，用 DeepSeek 筛选出这 20 只股票也不是一帆风顺的，而是要经过几番周折，对 DeepSeek 进行反复调教训练，它才能逐步学会我们的选股标准，预选出基本合格的股票。

下面，请大家跟着我们的节奏，来亲历一场用 DeepSeek 选股的实践。

第一步：找出一批同类样板股

其实，DeepSeek 自己是不会选股的，它只能根据我们的提示词，去选择我们需要的股票。我们需要什么样的股票呢？肯定是需要能够涨停的股票。什么样的股票能够涨停呢？不同的时期有不同的涨停趋势：五一期间“二牛抬庄”可以批量涨停，那就选“二牛抬庄”的票；现在行情变了，就要根据当前的涨停趋势，来选择新的品种。

根据上述逻辑，我们决定从“连板股票”中来发掘涨停趋势。

图 6-14 找到的这些连板股，都是当前的强势股。这些已经“成牛成龙”的强势股不是我们的需要，我们需要的是从当前的强势股中找到某种强势规律，然后，从那些没有连板的股票中去找到可能连板的股票。所以，我们必须进入下一步。

我们给DeepSeek的指令 → 选出A股的连板股票，按名称、连板次数、连板原因列表输出
DeepSeek给我们的回答

⊕ 为您检索到133篇内容   易为引晀 ›

⊗ 已深度思考（用时8秒）   ›

根据2025年5月14日的市场数据，以下是A股市场中连板次数较多的非ST股票及其相关信息：

名称	连板次数	连板原因	数据来源
成飞集成	6连板	航空军工概念，公司航空零部件业务订单增长，与国内飞机制造主机厂合作紧密 7 8 29	网页7、8、29
利君股份	6连板	军工板块，全资子公司德坤航空主营航空航天零部件制造业务 8 65	网页8、65
苏州龙杰	4连板	拟收购恒力重工股权，转型船舶及高端装备业务 48	网页48
迎丰股份	4连板	并购重组概念，公司筹划重大资产重组事项 48	网页48
恒而达	3连板	利好消息公告（具体事项未披露）10	网页10
尚荣医疗	3连板	医疗器械及抗疫相关业务需求提升 9	网页9
宁波海运	2连板	航运港口板块走强，国际航运需求增加 7 9	网页7、9
青岛金王	2连板	短线资金抱团及物流板块扩散效应 7	网页7
红塔证券	1连板	大金融板块爆发，政策利好预期 57	网页57
中国人保	1连板	保险板块跟随大金融行情上涨 7	网页7

图 6-14　我们指示 DeepSeek 找出今天的连板股票（即强势股）

第二步：从样板股中总结首板特征

实话实说，DeepSeek 根本不懂"首板特征"，但它非常精通归纳总结，只要我们把相关涨停的要素告诉 DeepSeek，它就能精确地总结出首板的特征。于是我们把通用的《量学选股六要素》传给它，让它找特征。

DeepSeek 在图 6-15、图 6-16 中从五个方面总结了连板股的首板特征：

请根据我上传的《量学选股六要素》，列出这些连板股票首板时的涨停特征。

我们上传《量学选股六要素》让它列出连板股的首板特征

📄 量学选股六要素.docx
DOC 0 B

🌐 为您检索到92篇内容

🐱 已深度思考（用时13秒）

根据《量学选股六要素》及搜索结果中关于连板股票的量价特征分析，结合A股市场实际案例，以下为连板股票首板时的典型涨停特征总结：

一、量柱特征：关键量柱组合

1. 倍量柱启动
首板通常伴随明显的倍量柱（较前一日成交量放大1倍以上），体现主力资金突然介入。例如网页93提到："倍量柱当天几乎都是绝对底部或相对底部，是走势的拐点或起点，后面都会有上升或盘升走势"。
案例： 成飞集成首板前出现百日低量群，随后以倍量柱突破，形成底部反转信号 [26]。

2. 缩量柱调整后的爆发
首板前可能经历缩量洗盘（如缩量三一或百日低量）。网页93指出："缩量柱常态示涨，若前期连续缩量后突然放量涨停，表明主力结束洗盘"。

二、形态与位置

3. 凹口或凹底淘金形态
首板多发生于以下两种技术位置：

○ **凹口淘金：** 股价突破前期平台或凹口压力位（如网页26提到的"兵临城下平左峰"）[26]。

○ **凹底淘金：** 底部长期横盘后出现"刹车+换挡+加油"结构（如丰元股份案例中的三次小倍阳组合）[14]。

4. 突破关键均线与筹码密集区
首板需有效站稳5日、20日均线，且突破筹码峰区域。网页1提到："均线密集缠绕多头排列时，股价突破均线站上启动位，成功率更高"[1]。

三、市场热点与资金驱动

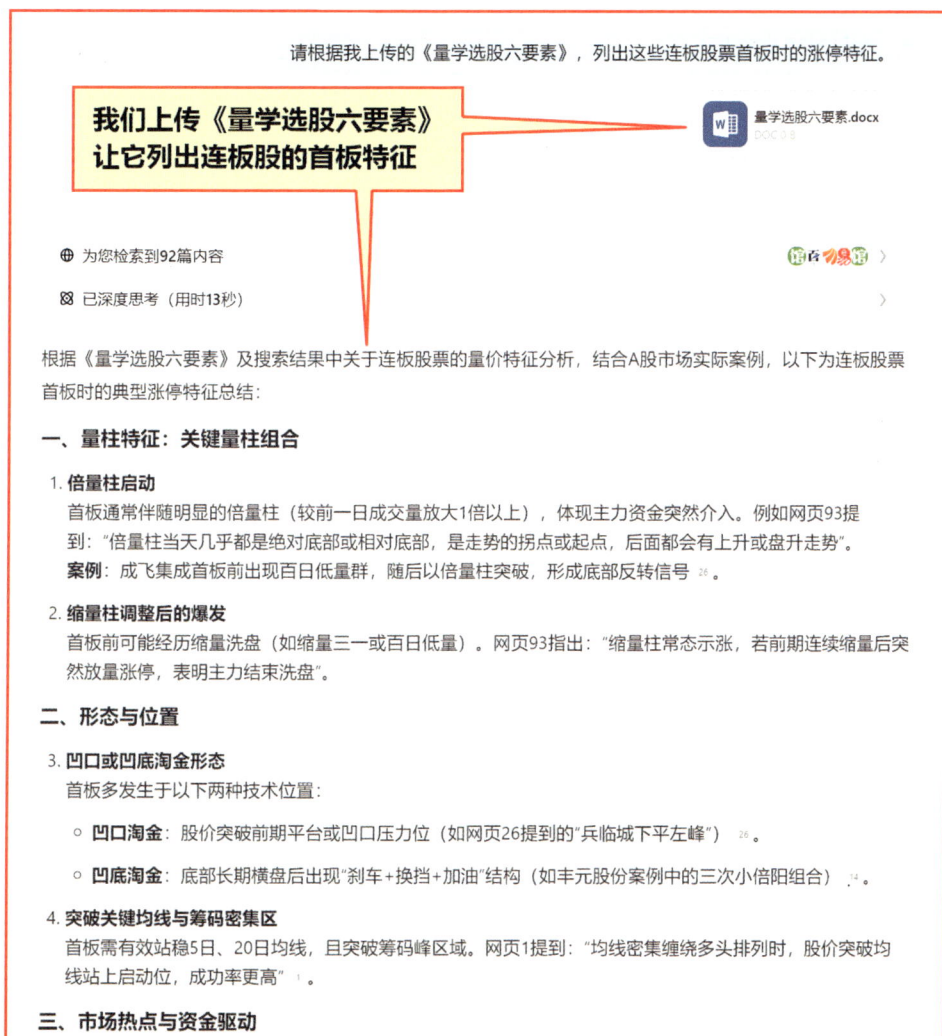

图 6-15 上传《量学选股六要素》让 DeepSeek 列出连板股的首板特征一、二

1. 量柱特征： 主要指出了"倍量柱启动""缩量柱调整后的爆发"。

2. 形态位置： 主要是凹口或凹底淘金、突破关键均线与筹码密集区。

3. 市场热点： 主要是政策或风口，启动时间早。

4. 盘口特征： 早盘快速封板、封单金额与换手率匹配。

5. 主力行为： 筹码低位集中，有隐形主力介入痕迹。

DeepSeek 从全网检索了 92 篇文章，经过深度搜索之后，得出如下结论，见图 6-17。

三、市场热点与资金驱动

↑续上图

5. 政策或行业风口共振

首板股多集中于当前政策热点（如军工、低空经济、AI算力）。网页26指出："连板股往往处于风口，如成飞集成的军工订单增长、万丰奥威的低空经济概念"[26]。

6. 板块内龙头效应

首板股多为板块内首个涨停标的，具备示范效应。例如网页14强调："选择启动最早、涨势最猛的龙头品种，可参考量柱组合与分时强度"[14]。

四、分时盘口特征

7. 早盘快速封板且抛压小

首板分时表现为开盘30分钟内快速拉升，封板后抛单稀疏（如网页29提到的"高开大量比+分时均线支撑"）[29]。

案例：中文在线首板分时高开后迅速封板，盘中未破均线，量比达20以上[29]。

8. 封单金额与换手率匹配

首板封单金额通常为流通市值的1%-3%，换手率控制在5%-10%之间，避免过度放量（网页26提到高位连板需警惕巨量分歧）[26]。

五、筹码与主力行为

9. 筹码低位集中

首板前筹码集中度（SCR）高于75%，且获利盘比例低于20%（表明主力完成吸筹）。网页93提到："低量柱+倍量柱组合是主力底部锁仓信号"。

10. 隐形主力介入痕迹

首板前可能出现"假阴真阳""长阴短柱"等洗盘形态（网页93定义的"变态量柱"），或通过大宗交易、龙虎榜显示机构席位介入。

图 6-16　连板股的首板特征三、四、五

总结：首板涨停六要素整合

要素	具体表现	数据来源
量柱	倍量柱启动，缩量调整后放量	14
形态	凹口/凹底突破，均线密集支撑	1 26
热点	政策驱动或行业龙头	26
分时	快速封板，量比>5且抛压小	29
筹码	低位集中，获利盘比例低	
主力行为	假阴洗盘、大宗交易或机构买入	14

图 6-17　首板涨停六要素

第三步：根据六个要素筛选可能涨停的连板股

DeepSeek 总结的"首板涨停六要素"还是比较到位的。我们就让它用这个"六要素"来筛选可能涨停的连板股（见图 6-18）。

请根据你列出的这六个要素，从今日首板的股票中选出10只可能连板的股票，非ST，按股票名称、首板特征、所属概念、核心逻辑列表输出。

> **我们给DeepSeek的指令**
> **DeepSeek给我们的回答**

⊕ 为您检索到143篇内容

⊠ 已深度思考（用时14秒）

根据《量学选股六要素》框架（倍量柱启动、热点共振、形态突破等），结合今日（2025年5月14日）市场数据及政策动态，筛选出以下潜在连板股：

2025年5月14日首板潜力股精选

股票名称	首板特征	所属概念	核心逻辑	数据来源
宁波海运	倍量突破前高+封单金额超1.2亿元	航运港口、中美关税下调	中美关税谈判催化集运价格上涨预期，公司运力规模国内前三，技术面突破年线压力位 18 43	
青岛金王	高开秒板+换手率52.89%	跨境电商、CIPS支付	首批接入CIPS系统，跨境结算效率提升，资金净流入4.15亿元，叠加中韩自贸区政策联动 18 74	
红塔证券	分时阶梯式放量+机构分歧	券商、沪深300权重	公募新规引导资金配置低估值金融股，龙虎榜显示机构席位博弈，政策利好预期强烈 10 43	
连云港	凹底反转形态+封单金额1.2亿元	一带一路、港口整合	长三角港口重组提速，区域经济复苏带动吞吐量增长，PB仅1.3倍 18	
盛泰集团	假阴洗盘后反包涨停+缺口回补	光伏、外贸出口	海外订单增长驱动业绩修复，技术面修复筹码峰，龙虎榜机构净买入1.45亿元 18 76	
电投产融	机构净买入1.45亿元+MACD金叉	光伏、绿色电力	河北光伏装机龙头，政策推动分布式电站建设，叠加碳中和资金偏好 18 43	
酷特智能	小盘股（流通值18亿）+跨境电商订单增长	智能制造、跨境电商	服装定制出口旺季催化，底部放量突破，机构席位净买入 18 67	
恒而达	缩量后倍量启动+换手率6.8%	高端装备、工业母机	设备更新政策受益标的，分时均线强支撑，筹码集中度达75% 18 76	
凤凰航运	低股价（5.2元）+板块联动效应	干散货运输、低估值	国际航运需求回升叠加BDI指数上行，技术面回踩60日均线后启动 18 43	

↪ 📄 量学选股六要素.docx

图 6-18　DeepSeek 用"六要素"选出的 10 只股票

大家看看这 10 只股票怎么样？

初看还是不错的，例如盛泰集团和宁波海运都是已过左峰，连板无疑；连云港是凹口淘金，已无阻力。但是，仔细一看，肺都要气炸了：因为这 10 只股票中，竟有 6 只已是二连板的票，1 只是三连板的票，2 只是没有涨停的票，只有红塔证券 1 只是今日（5 月 14 日）首板票。

前面我们讲过，DeepSeek 的"幻觉"问题比较严重，今天它就再次挖了一个"幻觉大坑"，如果我们不认真检查，轻易听信了它，就会出大问题。

于是，我马上命令它重新筛选：你的工作太马虎了，我们要求是"从今天的首板（第一次封板）股票中筛选可能连板的股票"，但你……（见图 6-19）。

你的工作太马虎了，我们要求是"从今天的首板（第一次封板）股票中筛选出可能连板的股票"，但你上面选出的股票中有4只今天已是二连板，还有2只没有板，只有红塔证券1只是今日首板（第一次封板），请你重新筛选三遍后再输出，

我们批评它的工作太马虎，要求它核实三遍后再输出。它认真核实后选出如下 **9** 只票

⊕ 为您检索到109篇内容

⊠ 已深度思考（用时17秒）

根据您反馈的筛选条件（**仅限2025年5月14日首次涨停的非ST股票**），结合《量学选股六要素》及搜索结果中的最新市场数据，重新严格筛选以下10只首板股并分析其连板潜力：

2025年5月14日首板股精选（经三重校验）

股票名称	首板特征	所属概念	核心逻辑	数据验证
茂化实华	跳空涨停过左峰（突破4月高点6.2元）	氢能源、石化	封单金额1.8亿元，龙虎榜游资净买入1.2亿元，氢能产业政策催化	
吉林化纤	凹口一字板（缩量22天后一字涨停）	碳纤维、军工	封单占流通市值3.7%，机构调研显示碳纤维订单同比增长150%	11
综艺股份	凹口一字板（突破年线9.8元）	光伏、HJT电池	一季度中标海外光伏项目12亿元，封单金额占流通市值3.2%	
保税科技	凹底倍量柱（回踩60日均线后放量涨停）	物流、长三角一体化	港口整合提速+大宗商品仓储需求激增，量比达22倍	11
瑞斯康达	凹口淘金（MACD底背离后首板）	6G、光通信	光模块订单环比增长50%，技术面修复上方缺口，封单金额0.7亿元	
安纳达	涨停过左峰（突破前高8.4元）	磷酸铁锂、新能源	固态电池技术突破带动材料需求，龙虎榜显示机构净买入5300万元	
渝三峡A	倍量过左峰（突破2024年高点6.8元）	化工、成渝经济圈	成渝氢能产业规划发布，封单金额1.2亿元，换手率8.5%	11
新华锦	假阴真阳反包+跨境电商概念	跨境贸易、纺织	跨境电商订单环比增长50%，分时均线强支撑，封单占比流通市值1.8%	11
中远海发	双重突破（左峰3.2元+年线）	航运、央企重组	机构净买入9200万元，流通盘换手率仅5.3%，抛压较轻	

图 6-19　DeepSeek 核实三遍后选出 9 只股票

选出图 6-19 中股票的次日，大盘大跌，这 9 只票有 6 只逆市涨停，其中最让人惊讶的是渝三峡，它 5 月 14 日高位涨停，我以为它次日应该回调的，可它却逆市涨停了！这个效果基本合格。

小结：

以上选股过程告诉我们：

第一，DeepSeek 不会选股，而是我们借助它按照标准选股。

第二，DeepSeek 只是工具，不是依靠，我们切勿本末倒置。

第三，DeepSeek 经常犯病，我们要随时提防它的"幻觉"害人。

第四，DeepSeek 善于总结，我们要利用它总结经验防范教训。

第五，DeepSeek 非常听话，我们要严格调教它，它才能成功。

附赠"量学选股六要素"：

"量、价、时、空、象、数"六个要素，详解如下：

量（指量能：高量柱、低量柱、平量柱、倍量柱、梯量柱、缩量柱、黄金柱）；

价（指价位：涨停、一字板、缩量涨停、10 元以下、15 元以下、20 元以下）；

时（指时间：竞价表现、封板时段、横盘时段、拉升时段、竞价时段等等）；

空（指空间：启动位置、封板位置、百日左峰、平顶、凹口、三一二一位）；

象（指形象：主力控盘、主力高度控盘、倍量伸缩、三低三有、过峰保顶）；

数（指数据：涨幅、量比、换手率、涨停封成比、筹码集中度、指标当值）。

注意：过往成功案例，仅供教学参考；股市有风险，投资须谨慎。更多新案例，详见公众号"盘前预报 123"。

DeepSeek
的"六套变形魔术"

DeepSeeK

第七章 DeepSeek的"六套变形魔术"

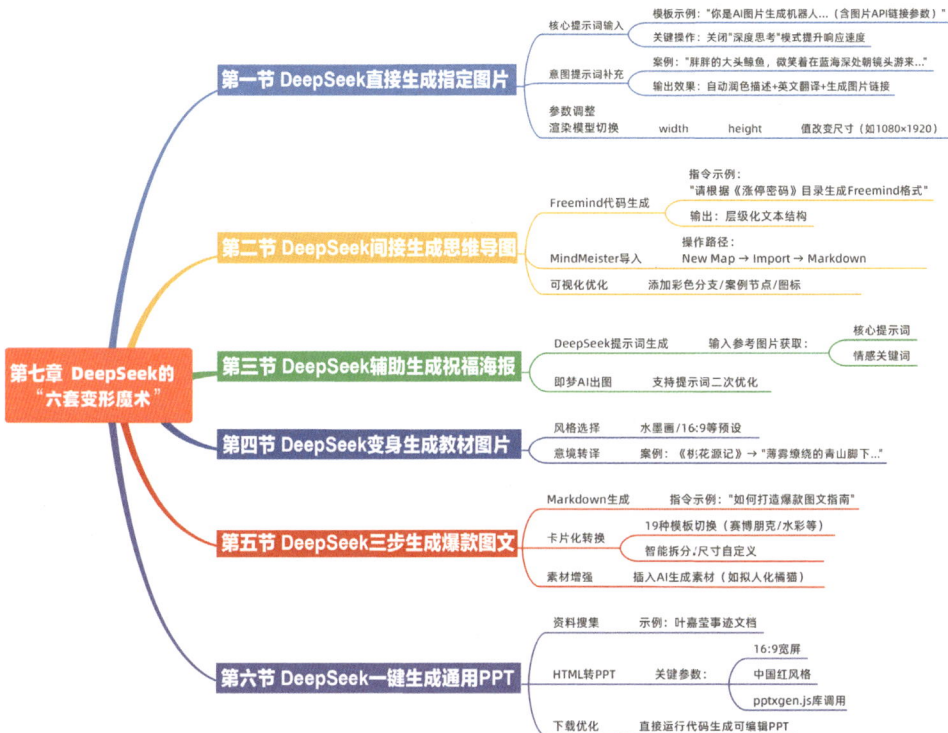

- 第一节 DeepSeek直接生成指定图片
  - 核心提示词输入
    - 模板示例："你是AI图片生成机器人……（含图片API链接参数）"
    - 关键操作：关闭"深度思考"模式提升响应速度
  - 意图提示词补充
    - 案例："胖胖的大头鲸鱼，微笑着在蓝海深处朝镜头游来……"
    - 输出效果：自动润色描述+英文翻译+生成图片链接
  - 参数调整
  - 渲染模型切换　width　height　值改变尺寸（如1080×1920）

- 第二节 DeepSeek间接生成思维导图
  - Freemind代码生成
    - 指令示例："请根据《涨停密码》目录生成Freemind格式"
    - 输出：层级化文本结构
  - MindMeister导入
    - 操作路径：New Map → Import → Markdown
  - 可视化优化　添加彩色分支/案例节点/图标

- 第三节 DeepSeek辅助生成祝福海报
  - DeepSeek提示词生成　输入参考图片获取：
    - 核心提示词
    - 情感关键词
  - 即梦AI出图　支持提示词二次优化

- 第四节 DeepSeek变身生成教材图片
  - 风格选择　水墨画/16:9等预设
  - 意境转译　案例：《桃花源记》→ "薄雾缭绕的青山脚下……"

- 第五节 DeepSeek三步生成爆款图文
  - Markdown生成　指令示例："如何打造爆款图文指南"
  - 卡片化转换
    - 19种模板切换（赛博朋克/水彩等）
    - 智能拆分/尺寸自定义
  - 素材增强　插入AI生成素材（如拟人化橘猫）

- 第六节 DeepSeek一键生成通用PPT
  - 资料搜集　示例：叶嘉莹事迹文档
  - HTML转PPT　关键参数：
    - 16:9宽屏
    - 中国红风格
    - pptxgen.js库调用
  - 下载优化　直接运行代码生成可编辑PPT

第一节　DeepSeek 直接生成指定图片

详见图 7-1。

图 7-1　用 DeepSeek 直接生成的图片

许多朋友对我说：DeepSeek 要是有制作图片的功能就好了！

还有人说：我们一直在等 DeepSeek 的制图功能，等了半年还没有等到。

我的心情和大家一样。DeepSeek 的确只是一款很好的文字处理工具，能不能用它来完成图片之类的工作呢？实践告诉我们：能！

图 7-1 的图片，就是 DeepSeek 直接生成的。DeepSeek 为我们提供了便捷生成高质量图片的途径，但由于 DeepSeek 的低调，90% 的人尚不知晓。无论是个人想要将创意变为可视化作品，还是商业主体有着多样化的图片需求，使用 DeepSeek 都能高效地实现作图目的。

使用 DeepSeek 作图方法如下。

第一步：输入第一段提示词

第一段提示词，是"核心提示词"，它指明了用户的核心要求和具体限制，其基础模板如下：

你是 AI 图片生成机器人，我是图片制作者，我要的是：接下来我会给你一些中文关键词描述，请你在不影响我关键词描述的情况下，先根据我的描述进行文本润色、丰富描述细节，之后转换成英文，并将英文文本填充到下面 URL 链接的占位符"prompt"中：

![image]

（https：//image.pollinations.ai/prompt/{prompt}?width=1024&height=1024&enhance=true&private=true&nologo=true&safe=true&model=flux）

生成后请你给出你润色后的中文提示语。

将上述第一段提示词输入 DeepSeek 的提示框里如图 7-2 所示，注意：为了让 DeepSeek 减少干扰，建议在输入上述提示词之前，先关闭其"深度思考"模式，以避免服务器繁忙问题，确保操作的流畅性。

这时，我们只要点击右下角的向上箭头，DeepSeek 就会答复我们，见图 7-3。

第二步：输入第二段提示词

第二段提示词是"意图提示词"，主要表明用户想要做什么的意图。

见图 7-3 中间胖鲸图标的位置。当 DeepSeek 说完"明白了！"之后（即图 7-3 下方的 5 行文字），我们就可以开始发送第二段提示词了。我们想要做一幅代表 DeepSeek 的胖头大鲸鱼的图片，我们的第二段提示词是：

图 7-2 输入提示词并关闭"深度思考"

图 7-3 承接图 7-2，DeepSeek 明白了，并准备工作

<u>胖胖的大头鲸鱼</u>，微笑着在蓝海深处朝镜头游来，<u>鲸鱼下方有一行文字</u> <u>"DeepSeek"立体闪光，丁达尔光。</u>

输入后，DeepSeek 会先帮我们深度思考，写作提示词，润色文字，然后

自动生成如下提示词：

一只胖乎乎的可爱大头鲸鱼，圆润的身躯充满萌感，正微笑着从深蓝色的海洋深处朝镜头游来，眼神温柔而友好。鲸鱼下方有一行立体闪光的文字"DeepSeek"，字体带有未来科技感，周围环绕着晶莹的丁达尔光线，光束穿透海水形成神圣而梦幻的效果。画面整体为 8K 超高清画质，细节精致，色彩通透，采用 v6 模型优化渲染，增强光影层次和动态表现。

请看 DeepSeek 写的这段提示词，充分体现了其强大的文本处理能力，它能够将简单的关键词扩写润色成丰富、生动的画面描述，为生成高质量的图片奠定了可靠的基础。

然后，DeepSeek 会自动翻译成英文自动生成图片链接（见图 7-4）。

这时，我们只要点击图 7-4 中下方的链接，就能看到图片了。

胖胖的大头鲸鱼，微笑着在蓝海深处朝镜头游来，鲸鱼下方有一行文字 Deepseek 立体闪光，丁达尔光，8k，v6

> 我们给 DeepSeek 第二段提示词，DeepSeek 帮我们润色如下

润色后的中文提示语：

一只胖乎乎的可爱大头鲸鱼，圆润的身躯充满萌感，正微笑着从深蓝色的海洋深处朝镜头游来，眼神温柔而友好。鲸鱼下方有一行立体闪光的文字"DeepSeek"，字体带有未来科技感，周围环绕着晶莹的丁达尔光线，光束穿透海水形成神圣而梦幻的效果。画面整体为 8K 超高清画质，细节精致，色彩通透，采用 v6 模型优化渲染，增强光影层次和动态表现。

英文翻译（用于 URL 生成）：

"A chubby and adorable big-headed whale, with a round and cute body, is smiling as it swims towards the camera from the depths of the deep blue ocean, its eyes gentle and friendly. Below the whale, there is a line of three-dimensional shimmering text 'DeepSeek' in a futuristic sci-fi font, surrounded by sparkling god rays (Tyndall effect) that penetrate the water, creating a divine and dreamy atmosphere. The entire scene is in 8K ultra-high definition, with exquisite details and vibrant colors, optimized and rendered by the v6 model for enhanced lighting, shadows, and dynamic effects."

生成链接（可直接访问）：

> DeepSeek 自动执行翻译并生成链接

https://image.pollinations.ai/prompt/A%20chubby%20and%20adorable%20big-headed%20whale%2C%20with%20a%20round%20and%20cute%20body%2C%20is%20smiling%20as%20it%20swims%20towards%20the%20camera%20from%20the%20depths%20of%20the%20deep%20blue%20ocean%2C%20its%20eyes%20gentle%20and%20friendly.%20Below%20the%20whale%2C%20there%20is%20a%20line%20of%20three-dimensional%20shimmering%20text%20'Deepseek'%20in%20a%20futuristic%20sci-

图 7-4　DeepSeek 润色提示词、翻译、生成链接一气呵成

第三步：修改图片尺寸或提示内容

在我们提供的第一段提示词中，有下面这段代码：

width=1024&height=1024&enhance=true&private=true&nologo=true&safe=true&model=flux

说明："width"即宽度，"height"即高度，宽度和高度都是 1024 像素，那么这个输出的图片一定会显示为正方形。如果你不喜欢正方形，可以修改这里的宽度值或高度值，就能得到你喜欢的尺寸。

比如我们调整一下，"width = 1080&height = 1920"，就会生成一个 1080×1920 的长方形图片。

通过调整这些参数，用户可以根据自己的需求生成不同尺寸的图片，以满足各种场景的使用要求。

小结：

DeepSeek 作图，就是这么简单，总共只有三步。

第一步： 输入我们的第一段提示词（这是核心提示词，希望 DeepSeek 充当生成图片的机器人，帮我们制作出图片）；

第二步： 输入我们的第二段提示词（这是构图提示词，希望它能生成胖头鲸鱼并带有"Deepseek"立体发光字的海底图片）；

第三步： 修改提示内容或图片尺寸（按照我们自己的愿望进行修改完善，直到我们满意为止）。

启示：

我们之前的提示词，都是一对一的，就是输入一段提示词，让 AI 完成一个任务；本案例是输入一段提示词之后，需要等到 AI 回答之后，我们再输入第二段提示词，前后两段提示词接力，才能完成一个任务。

往后，我们还将有三段、四段、五段接力的提示词。我们将这种两段以上接力的提示词称为**"接力提示词"**。从现在开始，我们的学习将逐步向中级和高级过渡，逐步进入更高的层次，"接力提示词"将是学习重点。

第二节　DeepSeek 间接生成思维导图　▶▶▶

我们问 DeepSeek 能否直接生成思维导图，DeepSeek 非常坦率地回答（见图 7-5）：目前我无法直接生成可视化的思维导图（如图片或 XMind 等格式），但我可以通过以下方式，帮你快速创建思维导图：

1. 文本框架生成。 我可以用层级清晰的文本结构帮你整理思路……

2. Markdown 格式。 适合导入某些思维导图工具（如 MindNode）……

3. 工具推荐。 免费工具：XMind（有免费版）、MindMeister、百度脑图……

4. 制作建议。 如果你告诉我你的主题和需求（比如经典图书纲要 / 学习笔记 / 项目规划 / 读书总结等），我可以：帮你梳理逻辑关系、提供完整的内容框架、建议关键分支结构等。

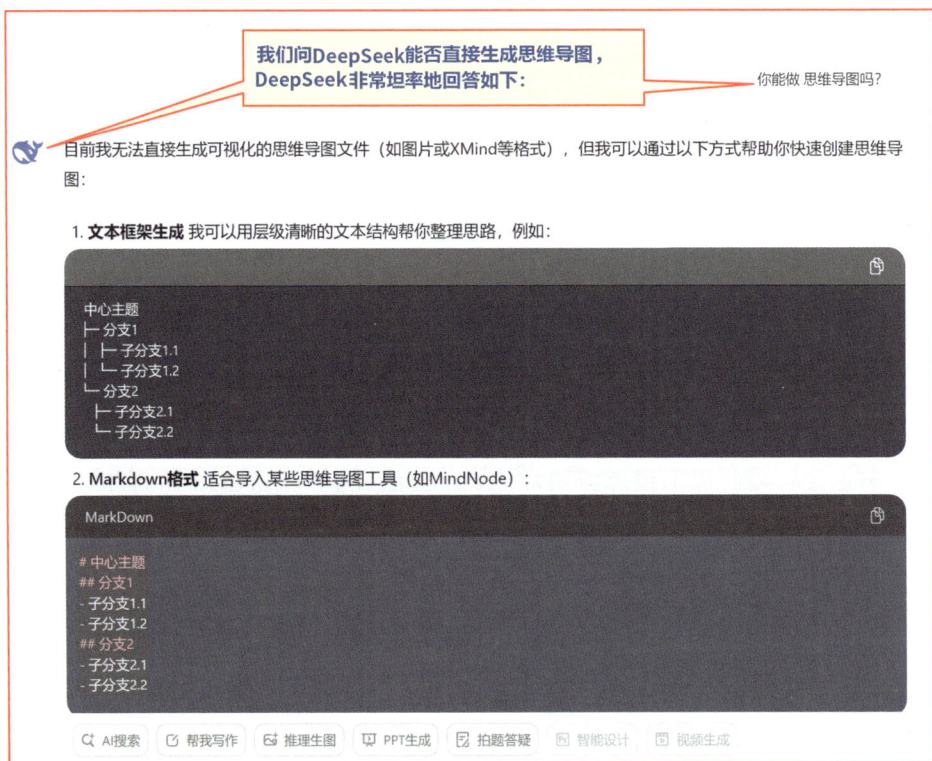

图 7-5　DeepSeek 关于生成思维导图的自我介绍

根据 DeepSeek 的自我介绍，我们选择 DeepSeek+MindMaster 生成完美的思维导图，只要简单的三步：

第一步：生成思维导图代码

就是用 DeepSeek 生成思维导图的格式代码，然后复制并保存为扩展名为".mm"的文本文件，准备在第二步使用。

我们给 DeepSeek 的提示词是：

请根据清华大学出版社《涨停密码》一书的目录，生成思维导图，输出

FreeMind 格式（见图 7-6）。

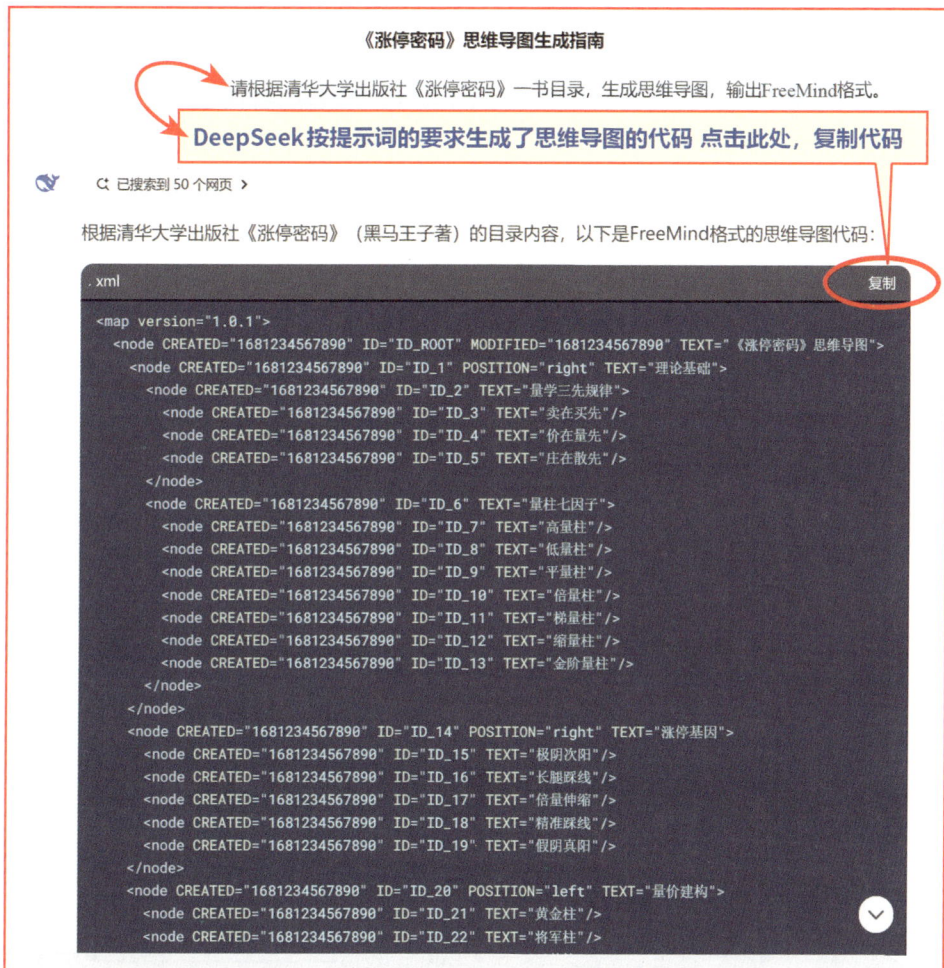

图 7-6　DeepSeek 按照提示词的要求生成的思维代码

点击上图中的"复制"，将文件保存为扩展名为".txt"的纯文本文件，然后再将其扩展名改为".mm"，备用。

第二步：生成思维导图文件

就是将上述思维导图代码导入 MindMaster 软件。方法是：

1. 登录 MindMeister 后，点击"New Map"。

2. 选择"Import"→"Markdown"。

3. 粘贴上述文本并确认。

点击"确认"之后，你要的思维导图就生成了（见图 7-7）。

第1章 十月怀胎 一朝分娩
- 第一节 涨停密码的重要作用（英唐智控）
- 第二节 基因分析的重要意义（国兴地产）
- 第三节 涨停基因的量柱分析（国兴地产）
- 第四节 涨停基因的量线分析（国兴地产）
- 第五节 涨停密码的暴露区间（国兴地产）

第2章 凹口淘金 一抓就灵
- 第一节 凹口淘金的奥秘（山西三维）
- 第二节 凹口淘金三要素（深鸿基）
- 第三节 凹口淘金分真假（有研硅股）

第3章 卧底将军 凹底淘金
- 第一节 矮子里面拔将军（东光微电）
- 第二节 涨停之中有基因（宝利沥青）
- 第三节 凹底淘金阳盖阴（云南旅游）
- 第四节 凹底淘金三部曲（中关村）
- 第五节 黄金线上阳盖阴（福建高速）

第4章 兵临城下 蓄势待发
- 第一节 试关与攻关（浙江东日）
- 第二节 攻关与冲关（豫能控股）
- 第三节 冲关与守关（晓能电力）
- 第四节 攻守与冲防（鑫富药业）

第5章 接力双阳 后市看涨
- 第一节 接力双阳的典型特征（ST万鸿）
- 第二节 接力双阳的基本原理（华东科技）
- 第三节 接力双阳的提前发现（中国服装）
- 第四节 接力双阳的伏击方法（神马股份）
- 第五节 接力双阳的后劲研判（ST黑化）
- 第六节 接力双阳的性格分析（长方照明、佛山照明）

第6章 双阴进出 攻防有度
- 第一节 双阴出货的临界点（上证指数）
- 第二节 怎样做好双阴出货（上证分时）
- 第三节 个股经典双阴出货（白云山）
- 第四节 双阴入货的辩证法（三峡水利、华中数控）
- 第五节 实战辩证双阴出入（国恒铁路）

第7章 回踩精准 捷足先登
- 第一节 回踩精准线的基本原理（中国武夷）
- 第二节 回踩精准线的涨停奥秘（联环药业）
- 第三节 回踩精准线的伏击方法（中航三鑫）

第8章 假阴真阳 黄金万两
- 显性的假阴真阳（上海物贸）
- 隐性的假阴真阳（航空动力）
- 假阴真阳的魅力（海南橡胶）
- 习惯决定存在（太极股份）
- 动作决定性格（爱施德）
- 位置决定性质（北斗星通）
- 基础决定涨幅（津滨发展）
- 预报伏击要点（航天机电）

清华大学出版社《涨停密码》思维导图

图 7-7　清华大学出版社《涨停密码》思维导图

如图 7-7，一幅精美的《涨停密码》思维导图只要两个步骤就诞生了。如果你觉得哪些地方不够完美，需要调整，可以在图中进行修改，操作如 Word 和 WPS 一样简单。

第三步：调整优化思维导图

如果你感觉初次生成的这个导图不够理想，还可添加"实战技巧""指标公式"等自定义分支，还可补充具体案例的细分时间节点，还可增加彩色标记或图标，这些需要在 MindMeister 内按你的想法进行调整、增删或补充。

下面是我们按照二步法生成的本书第五章的思维导图，并按照我们的想法，对其进行了调整、增删和补充（见图 7-8）。

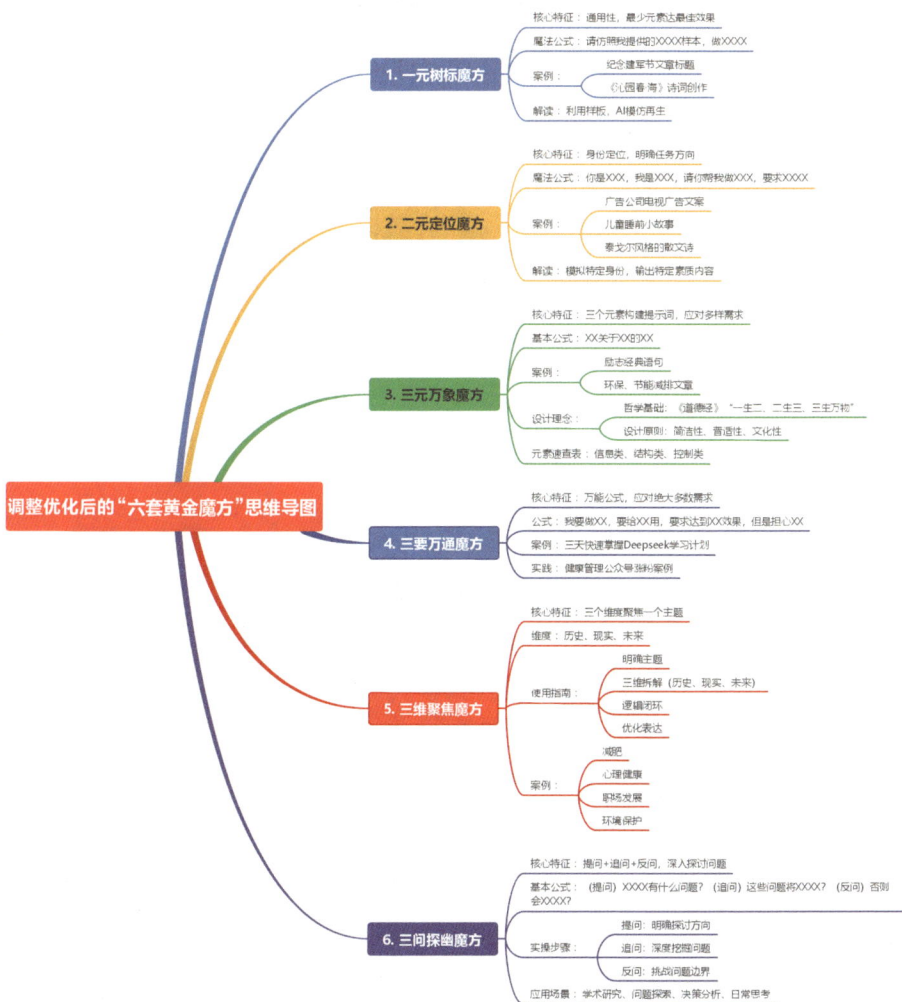

图 7-8　调整优化后的"六套黄金魔方"思维导图

第三节 DeepSeek 辅助生成祝福海报 ►►►►

朋友送给我一幅"玫瑰早安"图片（见图 7-9），被另一位朋友看到，他感觉很好，想要制作同类的图片，却想不出好的提示词。

图 7-9　朋友送给我的"玫瑰早安"图片

怎么办？老办法！问 DeepSeek 呗。

第一步：将我们看好的图片丢给 DeepSeek，让它生成一段提示词

先给 DeepSeek 上传一张图片，提示词是：

给你上传一张玫瑰图片，我想制作同类图片，请你给一段提示词。

下面是 DeepSeek 给我们的提示词（见图 7-10）。

请看图 7-10，DeepSeek 根据图片写出的提示词非常精彩，有"核心提示词"，有"细化建议"，有"构图细节"，有"风格强化词"，还有"情感关键词"。看了之后，让人不得不从心底佩服。

以下是为生成同类风格图片精心设计的中文提示词，包含构图、色调和情感细节：

核心提示词：

"一朵淡粉色的玫瑰花苞从画面左下角斜向上生长，背景是朦胧的淡绿色水彩质感，整体留白70%营造呼吸感。花枝纤细优雅，仅占画面20%比例。上方用半透明笔触书写艺术字『早安』，字体带有毛笔书法飞白效果；底部右下角以手写小字排列『永远相信AI大观园里美好的事情即将发生』，墨色略晕染如铅笔素描。整体色调柔和（主色：薄荷绿+灰粉），光影呈现清晨薄雾般的通透感。"

细化建议（可根据需求增减）：

1. **构图细节**
   - 花苞朝向：45度角向右上方微垂，保留未绽放的含蓄感
   - 文字排版：上大下小，形成视觉纵深感
   - 负空间：在画面右上角添加若隐若现的极浅光斑
2. **风格强化词**
   - "新中式数字水墨风格，带0.3%未来科技感（仅通过文字内容暗示）"
   - "治愈系插画质感，边缘轻度羽化"
3. **情感关键词**
   - "静谧/希望/AI人文主义"

图 7-10　DeepSeek 给我们的提示词

有了这套提示词，怎么办？

交给"即梦 AI"去制作图片，因为，"即梦 AI"引进了 DeepSeek，随时可以对提示词进行再加工、再优化。

第二步：打开"即梦 AI"，进入"图片生成"，将 DS 提示词丢给它

我们的提示词是：

请按照我上传的参考图片，帮我生成一段提示词。

DeepSeek 经过"深度思考"之后，发给我们三段提示词（见图 7-11），供选用。

我们选择了第一段提示词，放到"图片生成"对话框里，"即梦"当即生成了如下图片（见图 7-12）。

图片生成　视频生成　数字人　音乐生成

DeepSeek-R1 对话模式　⌞

> 请参考我上传的参考图片，给一段提示词

已深度思考
点击查看思考过程　>

推荐提示词：
含苞玫瑰从画面左下角自然延伸，淡蓝色渐变背景，花瓣带晨露。画面右上方用书法字体呈现"早安"，左下角用铅笔质感字体写着"期待每个新的开始"，极简主义构图保留60%留白区域

立即生成 ◆1　　✎ 修改

推荐提示词：
粉色玫瑰微绽造型置于画面左侧1/3处，背景采用浅灰纹理纸质感。顶部用霓虹灯风格字体展示"早安"，底部手写体"美好正在加载中…"字样，添加0.5px淡金色描边效果

立即生成 ◆1　　✎ 修改

推荐提示词：
白玫瑰以45度仰角呈现，背景使用低饱和薄荷绿。文字采用立体剪纸工艺风格，"早安"字样悬浮在花朵右上方，底部用圆体字排列"今天也是元气满满的一天"，整体保持空气感构图

立即生成 ◆1　　✎ 修改

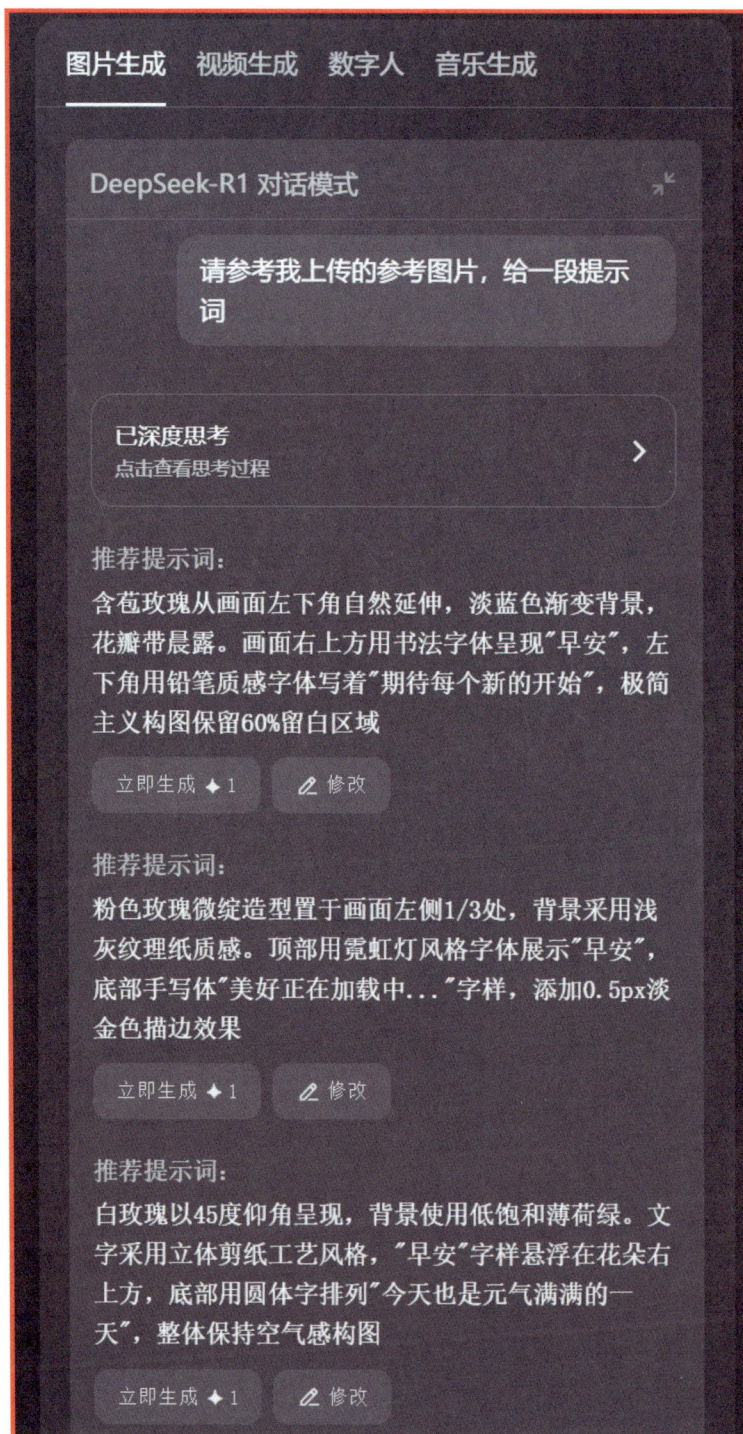

图 7-11　DeepSeek 根据上传图片写的提示词

图 7-12　即梦按照 DeepSeek 写的提示词生成的图片

第四节　DeepSeek 变身生成教材图片

为了提高教学质量，提升学习效率，许多教师想对教材的意境进行发掘，希望制作出相应的教学图片。下面这个方法非常简单，DeepSeek 变身为"问小白"，它自己写作提示词，由"问小白"生成图片。

第一步：打开 DeepSeek

打开"问小白"DeepSeek 满血版，网址：www.wenxiaobai.com/chat。先用手机号注册，进入下面这个页面，见图 7-13，选择"DeepSeek 满血版"→"推理生图"。

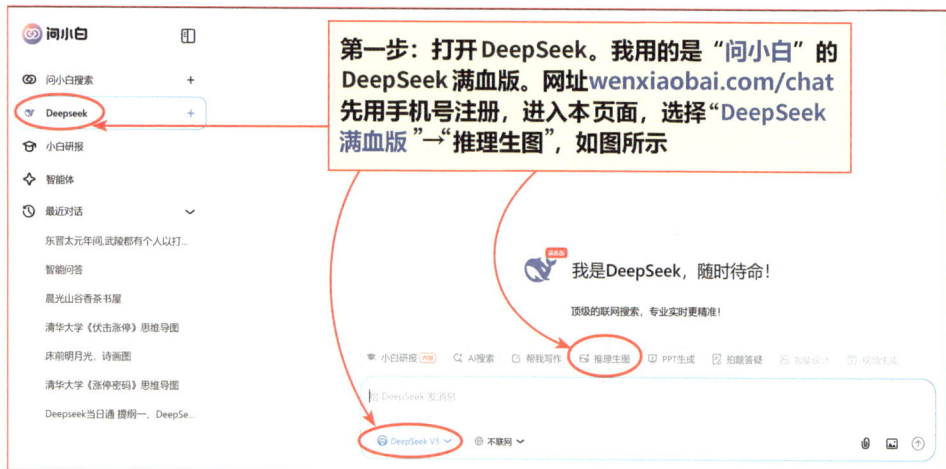

图 7-13　打开"问小白"选择 DeepSeek 满血版

第二步：选择"风格尺寸"

在对话框里，点击"风格"选项，选中你想要的风格，我选择的是"水墨画"；然后在"尺寸"里选择自己想要的尺寸，我选的是 16：9，如下图所示（图 7-14）。

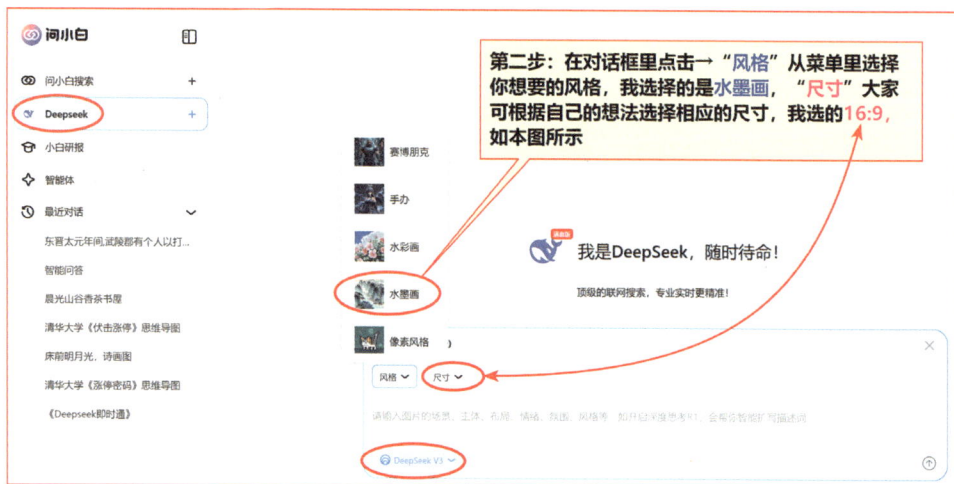

图 7-14　根据需要选中风格和尺寸

第三步：输入你的描述词

你想要画什么图，就用通俗的语言描述一下。也可升级一步，让 DeepSeek 帮我们写提示词，我将《桃花源记》的开篇文字发给 DeepSeek，它给我的描述词是：

薄雾缭绕的青山脚下，蜿蜒溪流泛着晨光，一叶扁舟载着斗笠渔人缓行，两岸忽现绵延的桃花密林，无杂树的纯粹花幕中，绯色落英随溪水漂流，虚实相生的留白处隐现通往未知的幽径。

我将这段描述词发到图 7-14 的"提示框"里，生成的图片见图 7-15。

图 7-15　根据 DeepSeek 提示词生成的《桃花源记》开篇意境

第五节　DeepSeek 三步生成爆款图文

如何用 AI 轻松打造高颜值的图文内容？

如何用一句话生成你所需要的精美图文？

下面介绍一个黄金魔方，只要一个提示词，就可以轻松生成爆款小红书、小绿书的知识图片，让你的图文创作眨眼变身，如虎添翼！

这个黄金魔方，就是 DeepSeek + MD2Card 的黄金组合。

下面，我带大家实操，保证你即学即用即时通。操作过程非常简单：只要将 DeepSeek 生成的 Markdown 文本输入 MD2Card，瞬间就能实现"从一段文字到一批图文"的华丽变身。

第一步：用 DeepSeek 生成 Markdown 文本

在 DeepSeek 中输入提示词：

如何用 DeepSeek+MD2Card 打造爆款图文指南，用 Markdown 格式输出

DeepSeek 会迅速生成一段结构清晰、内容精彩的 Markdown 格式文本（见图 7-16）。

图 7-16　用 DeepSeek 生成 Markdown 格式文本

第二步：用 MD2Card 生成小红书图文卡片

访问网址 https://md2card.com/，无需注册登录，直接将第一步生成的文本粘贴到左侧的数据窗口，页面中间就会生成你要的图文卡片（见图 7-17）。

图 7-17 中浅蓝底色的长条，就是生成的图文卡片，点击右上角的"导出"按钮，导出完成后就能发到小红书、小绿书等等你所喜欢的平台上；如果你不喜欢这种样式或色彩，可以进入下一步。

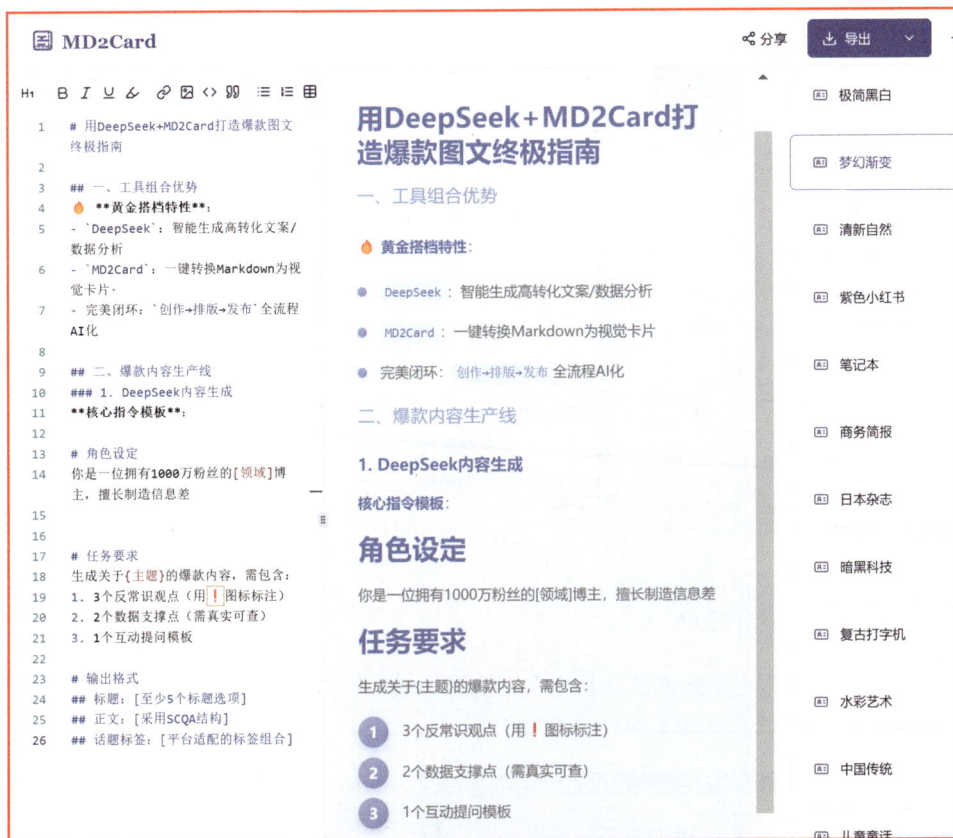

图 7-17　用 MD2Card 生成的图文卡片

第三步：更换模板、调整尺寸或插入其他图片

MD2Card 是一款免费的 Markdown 文本转知识卡片的工具，支持变换 19 种风格模板，包括赛博朋克、水彩艺术、梦幻渐变、清新自然等等，可以满足不同场景、不同用户的需求。

图 7-18 所示界面的中间区域可以实时预览生成图文的效果，右边区域可以自由选择模板风格，调整字体、颜色等参数，还可以自动拆分图文。

一、更换模板

在右侧功能区任选一个你喜欢的款式，点击即可更换（见图 7-18）。

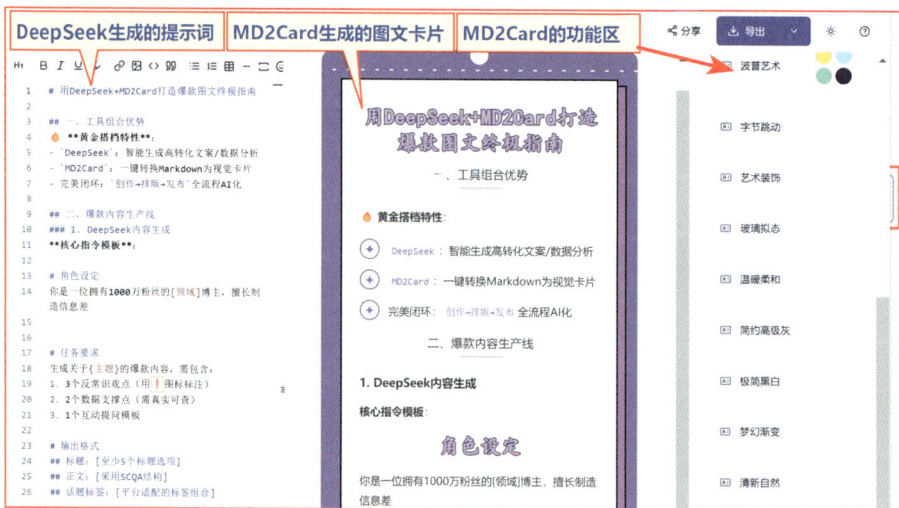

图 7-18　更换模板的效果图

二、智能拆分

在右侧功能区点击"自动拆分"，就能生成如下切分（见图 7-19）。

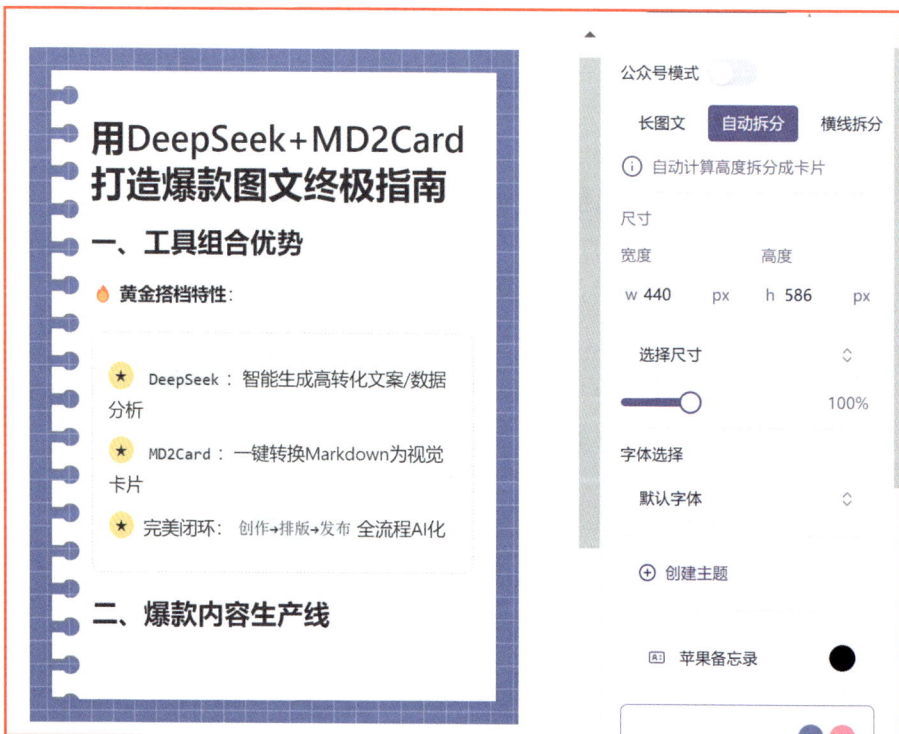

图 7-19　"自动拆分"的效果图

三、定义尺寸

在右侧功能区，你可以自由选择图文的宽度、高度、长宽比例，见图 7-20。

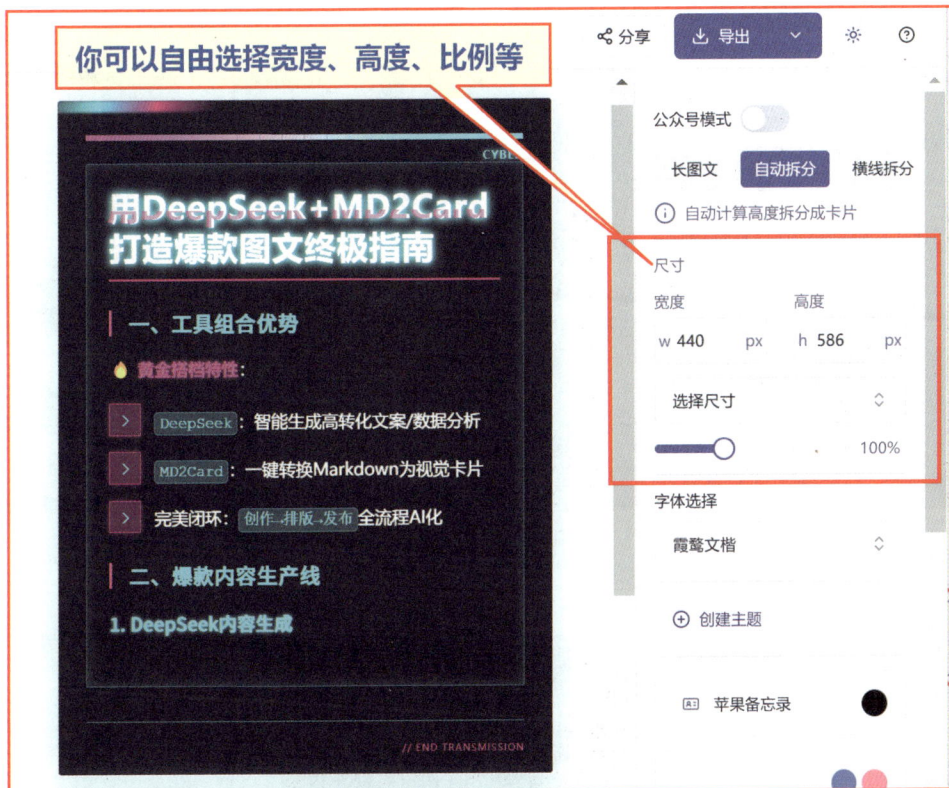

图 7-20 定义尺寸的效果图

图文卡片上还可添加你喜欢的素材，如人物、动物、宠物、花草等。

四、锦上添花

用即梦 AI 生成一张橘猫图片，提示词：一只拟人化的橘猫，穿着白衬衫，趴在电脑桌前工作，戴着黑框眼镜，惊讶的表情像发现了新大陆一样兴奋。见图 7-21。

爆款内容生产线配上惊讶的橘猫，呀！简直太魔幻了！见图 7-22。

嵌入橘猫图片的方法非常简单，就是将橘猫图片的网络地址拷贝到图 7-21 左侧的相应位置，你想放到哪儿就嵌入到哪儿。

图 7-21　橘猫惊讶地发现了爆款图文

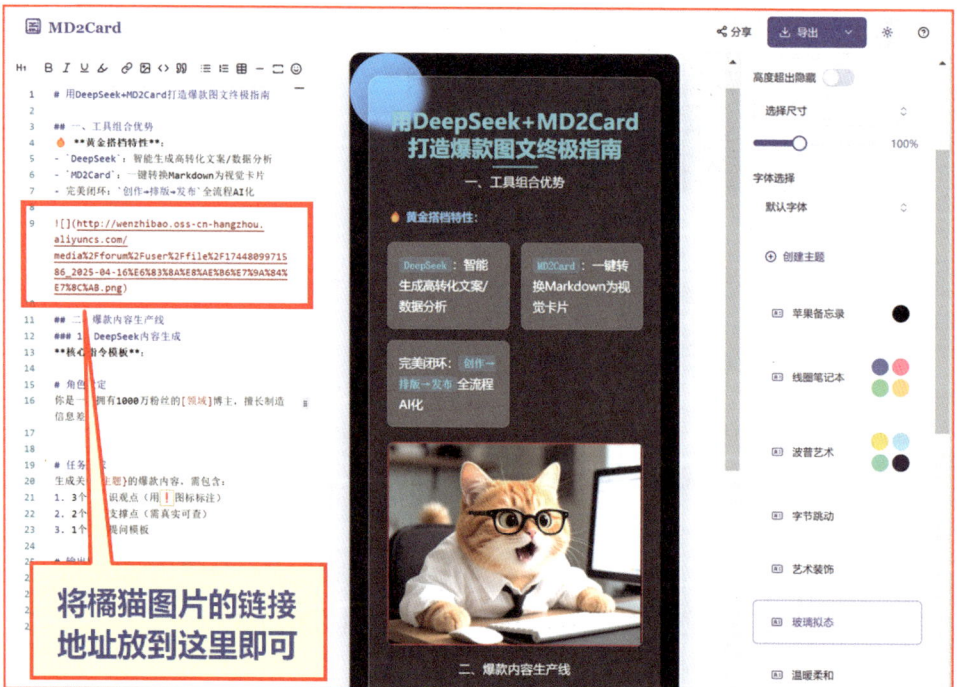

图 7-22　爆款生产线把橘猫惊呆的效果

五、从零到爆款：分分钟打造高颜值图文

回想一下，你打造爆款内容的过程：

第一步：用 DeepSeek 生成一段关于"打造爆款图文"的提示词；

第二步：将提示词发到 MD2Card 中，选择"梦幻渐变"高级模板；

第三步：按照自己的爱好更换模板或调整尺寸，插入"惊讶的橘猫"图片。分分钟，一张高颜值爆款图文就完成了！（见图 7-22）

爆款内容生产线与惊讶的橘猫配合，浑然天成！

这种图文不仅适合小红书，还能用于微信公众号、知乎等平台，无论是分享知识还是推广产品，都能轻松吸引读者的注意力。

第六节　DeepSeek 一键生成通用 PPT 》》》

有一位感动中国的百岁老人，她叫叶嘉莹，"感动中国"组委会给她的颁奖词非常动人：

"桃李天下，传承一家。你发掘诗歌的秘密，人们感发于你的传奇。转蓬万里，情牵华夏，续易安灯火，得唐宋薪传，继静安绝学，贯中西文脉。你是诗词的女儿，你是风雅的先生。"

这段颁奖词高度概括了叶嘉莹先生在诗词领域的卓越贡献和对中华文化的深情传承，让人深感敬佩。叶嘉莹先生作为中华古典诗词的大家，她的成就和影响力不仅体现在学术界，更是深深触动了广大读者和学生的心。

我们想用 AI 缅怀这位百岁老人，让 DeepSeek 将她的事迹一键生成 PPT，下面，请和我一道享受这精彩的十分钟。

第一步：用 DeepSeek 搜索她的事迹，生成 Word 文档

提示词是：搜索并编辑"感动中国百岁老人—叶嘉莹"的生平事迹，生成一篇千字左右的 Word 文档。

文档生成后，我们可以对其进行核实修改，并加入我们认为重要的信息和献给老人的评价或感悟。确认无误后，保存待用。

第二步：将 Word 文档传给 DeepSeek，让它一键生成 PPT

操作：点击 DeepSeek 提示窗右侧的"曲别针"，将我们准备好的 Word 文档上传给 DeepSeek。

然后给它提示词：

请将上传文档《中华诗词的女儿—叶嘉莹》以 HTML 格式生成 PPT，做成 1 页封面＋6 页内容，页面为 16：9 的宽屏比例，标题文字要高亮，风格要用专题报告，色彩要用中国红，排版要美观。然后引入 pptxgen.js 库，库地址：https：//cdn.jsdelivr.net/gh/gitbrent/pptxgenjs/dist/pptxgen.bundle.js。最后提供下载 PPT 的链接按钮，要确保可以直接下载 PPT。

上述操作见图 7-23。

图 7-23　我们给它指令，它深度思考并进行工作

我们上传文档发出指令后，DeepSeek 开始深度思考，它的每一步思考我们都能看到。很快，PPT 的代码展现出来了（见图 7-24）。

第三步：运行或下载 PPT

点击图 7-25 右上角的"运行"，就能看到 PPT 的主题页了（见图 7-26）。

点击图 7-26 主题页中间的"生成并下载专题报告"按钮，就能直接下载 PPT 了。

我们下载后打开看到的效果见图 7-27。

如图 7-27 所示，这个 PPT 简单大气，基础不错，有那么一种高大上的感觉。但是，这里只是做演示，没有加入其他复杂的图片美化要素，大家可以先试试，然后加入你的想法，就能逐步优化，还是蛮有意思的。

重要技巧：不用上传文档，任何主题可让 DeepSeek 生成 PPT

上面介绍的技法，还可以简化并优化，方法是：

PPT内容概述

用叶嘉莹生平介绍做一份PPT，生成HTML格式，并引入pptxg

生成的PPT包含以下8页内容：

1. **封面页**：标题"叶嘉莹生平介绍"及基本信息
2. **早年生活与教育背景**：出生、求学经历等
3. **学术生涯与成就**：在中国、美国、加拿大的学术经历
4. **诗词创作与理论贡献**：主要著作和诗学理论
5. **教育理念与影响**：教学方法和人才培养
6. **荣誉与奖项**：获得的重要荣誉和奖项
7. **晚年生活与社会贡献**：捐赠财产和设立基金
8. **结束页**：叶嘉莹名言和致谢

PPT采用了简洁专业的风格，蓝色主题，适合学术和文化交流场合使用。

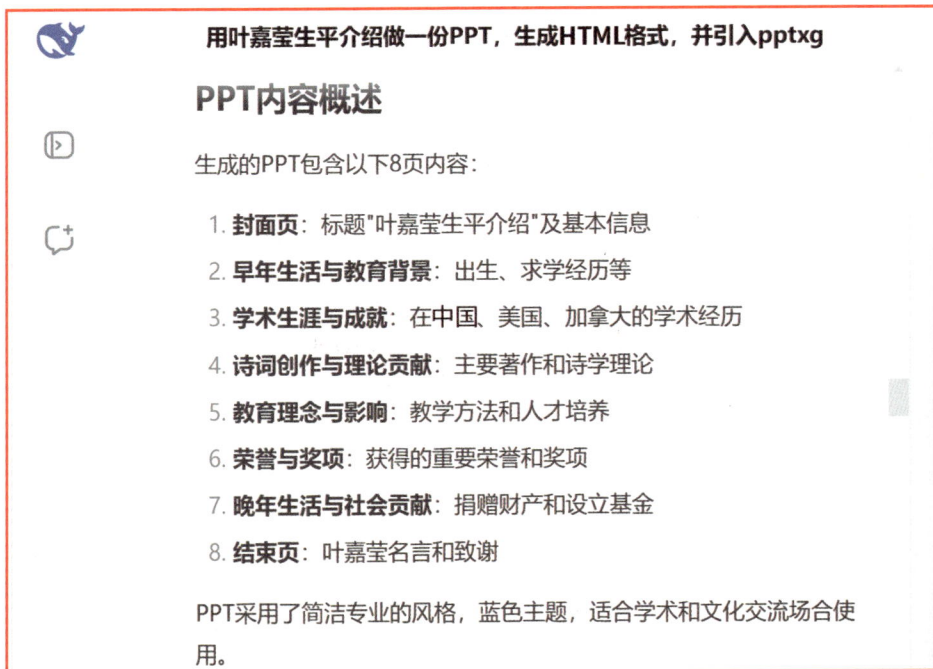

图 7-24　DeepSeek 一键生成的 PPT

以下是基于您提供的文档生成的HTML版PPT生成器代码：

html　　　　　　　　　　　　　　　□ 复制　⤓ 下载　｜　▶ 运行

```html
<!DOCTYPE html>
<html lang="zh-CN">
<head>
    <meta charset="UTF-8">
    <title>中华诗词的女儿——叶嘉莹</title>
    <script src="https://cdn.jsdelivr.net/gh/gitbrent/pptxge
njs/dist/pptxgen.bundle.js"></script>
    <style>
        body {
            font-family: '微软雅黑', sans-serif;
```

给 DeepSeek 发送消息

🧠 深度思考 (R1)　　⊕ 联网搜索　　　　　　　　📎　↑

图 7-25　紧接上图的 PPT 生成器代码

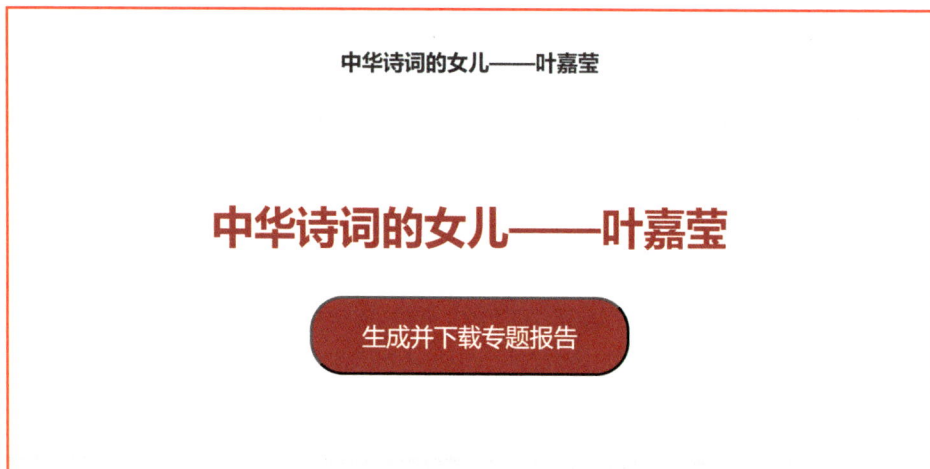

图 7-26 《中华诗词的女儿——叶嘉莹》PPT 主题页

图 7-27 DeepSeek 一键生成的 PPT

我们不用上传 Word 文档，只要在第一步用 AI 搜集相关主题资料之后，就可以直接命令 DeepSeek 将"刚刚收集的资料做成 PPT+（关于 PPT 的生成指令）"。

掌握这个技巧之后，你可以在任何时候、任何地点将任何主题（资料）做成通用 PPT，并且是一键搞定。

试试吧。ai.448.cn 你一定会赞美你自己。

DeepSeek 的
"六路破局魔型"

DeepSeek

第八章 DeepSeek的 "六路破局魔型"

第一节 "行动链魔型" 助公众号3个月涨粉80万个

适用场景：故事叙述/案例描述/行为面试 结构要素

Situation（背景）：公众号「逆袭研究所」面临用户疲劳与算法压制困境

Task（任务）：90天零付费增长80万粉丝

Action（行动）：
- 内容重构：开发《AI裁员幸存者手册》+职场抗风险测试
- 传播裂变：#我的职场生存B计划话题活动
- 私域沉淀：AI职业顾问企微入口+技能货币体系

Result（结果）：案例入选微信官方白皮书，独创体系出版成书

第二节 "信任链魔型" 助小红书1个月涨粉25万个

小红书涨粉案例

Point（观点）："90%敏感肌修复方法错误"+临床数据支撑

Reason（理由）：
- 专利神经酰胺NP技术
- 3D动画展示屏障修复
- 过敏包退承诺（0.3%退货率）

Example（证据）：程序员小林案例（红斑指数58→19）

Point（强化）：检测工具→试用装→UGC裂变闭环设计

第三节 "计划链魔型" 助头条号2个月涨粉50万个

头条号增长案例

Plan：诊断竞品"逻辑思维"转型成功要素

Do：
- A/B测试情感型vs理性型开场
- 植入"知识检测弹窗"（完播率↑至58%）

Check：发现周四晚8点发布分享率超均值65%

Act：内容分层策略（免费内容情感化/付费内容理性化）

第四节 "因果链魔型" 助视频号30天涨粉20万个

茶颜悦色视频号案例

Why：竞品增速200%+国风内容互动率优势

What：
- 知识短视频《3秒看懂茶叶等级》
- 非遗茶艺师"唐代煎茶"直播

Who：非遗顾问+抖音编导+企微团队

When：30天冲刺计划（每周引爆节点）

Where：联名《中国国家地理》茶山纪录片

How：AI生成"专属茶诗"短视频+AR试饮彩蛋

第五节 "注意链魔型" 助百家号1个月涨粉15万个

百家号历史内容案例

Attention：冲突性标题《朱元璋反腐杀了15万官员？》

Interest：
- 前3秒颠覆结论（岳飞之死与宋代金融关联）
- 文献/3D地图/学者访谈三重佐证

Desire：
- 免费→《十大被误解历史事件》PDF
- 低价→9.9元《冷知识手册》
- 高价→499元《史料精读训练营》

Action：直播限时赠品+社群特权锁定

第六节 "目标链魔型" 助抖音号2个月涨粉80万个

抖音健身博主案例

Goal：2个月涨粉80万（女性用户占比→60%）

Reality：视频前3秒流失率65%

Options：
- 场景重构：《电梯间偷偷练》系列
- 性别红利：《生理期燃脂计划》+妇科专家背书

Will：
- 第1-2周测试女性向内容
- 第3-4周发起#职场隐形健身挑战赛

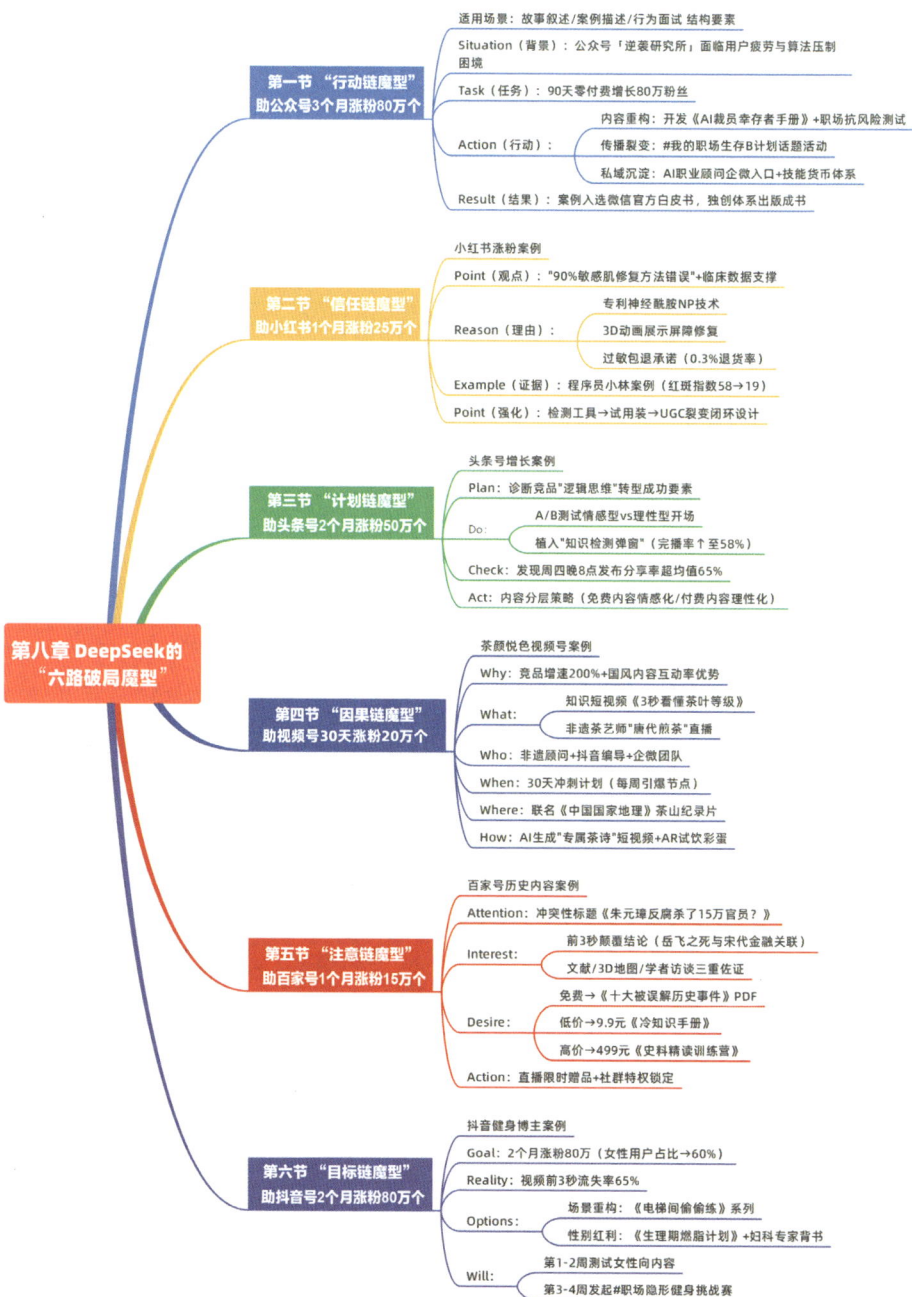

　　随着任务的复杂化和多元化，提示词的设计也要有相应的变化和升级。前面讲的"提示词"也就向"提示语"升华了；紧接着，单独的提示语也就升级为复杂的提示语，即"提示语链"。

　　提示语链是一种高级提示语言，它不仅告诉 AI "做什么"，更重要的是指

导 AI"如何做"。每个提示语自然地引导下一个提示语，形成一个连贯的思维链条，从而形成模块化的建构，即业内所说的"模型"。

本章讲解的六个案例，将枯燥的"模型"玩出了花样，玩出了生命，使之散发出"魔型"的"魅力"，所以便有了"魔型"这个新词。可以说，玩活了的"模型"就是"魔型"，否则，就会停滞在"模型"的僵化模式中。

六大思维链"魔型"见表 8-1。

表 8-1 六大思维链"魔型"

魔型	中文命名	魔型解构	适用场景	思维逻辑
STAR	行动链 STAR 模型	背景→任务→行动→成果	案例复盘、简历撰写突破困境、重塑未来	以"行动"为核心，驱动任务导向
PREP	信任链 PREP 模型	观点→证据→案例→结论	法庭辩论、科研论证团结用户、拓展渠道	以"信任"为核心，构建逻辑张力
PDCA	计划链 PDCA 模型	计划→执行→检查→改进	质量管理、流程优化闭环工程、迭代进化	以"计划"为核心，强调循环迭代
5W1H	因果链 5W1H 模型	事因→人物→时空→方法	事件复盘、根因分析以果推因、以因导果	以"因果推导"的链条焕发事件活力
AIDA	注意链 AIDA 模型	注意→兴趣→欲望→行动	广告文案、销售转化文案吸睛、内容创新	以"注意"为核心，调动用户行为转化
GROW	目标链 GROW 模型	目标→现状→选项→行动	教练对话、团队管理赛道更替、渠道开拓	以"目标"为导向，激活整个链条

第一节 "行动链魔型"助公众号 3 个月涨粉 80 万个

"行动链魔型"，就是以行动为核心，逐级规划任务，形成可供执行的链条，构建层次分明的结构化策略，执行并引爆成功，因此称为"魔型"，否则就是呆板的"模型"。

适用场景：故事叙述、案例描述、行为面试。

魔型解构：

Situation（背景）：提出问题的环境

Task（任务）：需要完成的目标

Action（行动）：采取的具体措施

Result（结果）：要求达成的成果

魔型实操：公众号"逆袭研究所"90 天涨粉 80 万个全链路解析

——结构化提示词驱动的爆发式增长方法论

2025 年，职场类公众号面临两大困境：

1. 用户疲劳：传统"职场鸡汤"内容打开率跌破 4%；

2. 算法压制：微信公域推荐更倾向短视频 / 直播内容。

怎样走出困境？"行动链 STAR 魔型"助力成功逆袭。

一、Situation（背景：直面困境）

DeepSeek 提示词：

作为职场类公众号运营，请用 STAR 模型诊断当前困境：

1. 分析最近 10 篇推文的完播率、分享率，找出 3 个共性短板

2. 对比头部竞品（如"职场 Bonus""36 氪职场"）的内容策略差异

3. 提取微信"搜一搜"TOP 20 职场长尾关键词，匹配本号内容库缺口

二、Task（任务：量化目标）

量化目标：

90 天内自然流量增长 80 万个粉丝（零付费投流）

打造 3 个爆款专栏，单篇平均分享率 ≥ 15%

通过"技能图谱测试"沉淀 20 万名企微私域用户

不得使用"震惊体"标题党（避免被限流）

必须建立可复用的内容生产 SOP（Standard Operation Procedure，标准操作程序）。

DeepSeek 提示词：

生成一个三阶段增长计划：

1. 启动期（0~30 天）：聚焦哪 3 类高搜索低竞争内容？

2. 爆发期（31~60 天）：设计什么互动机制拉升分享率？

3. 转化期（61~90 天）：如何将爆款流量转化为私域资产？

要求：每个阶段需标注关键指标和风险预案。

三、Action（行动：执行"三斧"）

1. 内容重构

开发《AI 裁员幸存者手册》（含腾讯 / 字节等大厂真实裁员数据）；

每期文末嵌入"职场抗风险指数"测试（测试结果需关注公众号获取）。

2. 传播裂变

发起"# 我的职场生存 B 计划"话题：用户上传工牌照片 + 生存宣言，生

成专属"职场战力海报";

设立"战友招募榜":邀请 3 人参与即解锁《裁员谈判话术库》。

3. 私域沉淀

爆款文章底部嵌入"AI 职业顾问"企微入口(24 小时自动诊断职场危机);

开发"技能货币"体系:用户学习/分享内容可兑换大厂内推机会。

DeepSeek 提示词:

设计一套完整的裂变—沉淀链路:

1. 裂变钩子:生成 3 个具有"社交货币属性"的 UGC(User-Generated Content,用户生成内容)活动创意

2. 承接工具:开发一个无需技术的"职场诊断"迷你问卷(10 道题以内)

3. 数据埋点:列出必须监测的 5 个行为路径节点(如海报生成率、问卷完成率)

四、Result(结果:要求达成)

"行动链魔型"应用后的数据成果见表 8-2。

表 8-2　"行动链魔型"的数据成果

数据成果表		
指标	数据	行业均值
粉丝增长数	83 万个(90 天)	8 万
爆款分享率	18.7%	5.2%
企微沉淀率	22 万名(26.5%)	7%
商业变现	知识付费 GMV 破 300 万元	—

行业影响:

案例入选 2025 年微信《优质创作者增长白皮书》;

独创的"技能货币"体系被中信出版集团签约出书。

第二节　"信任链魔型"助小红书 1 个月涨粉 25 万个

"信任链魔型",是以"信任"为核心,将其上下游的各种要素(观点、理由、证据)链接起来,形成令人信服的"信任链",以增强信任度和信任率,引爆市场。

适用场景：说服性方案、设计论证逻辑、准备辩论材料。

魔型解构：

Point（观点）：要求 AI 提出核心主张

Reason（理由）：让 AI 生成支持论据

Example（证据）：指示 AI 提供实证案例

Point（观点）：要求 AI 强化结论并给出行动建议

魔型实操：小红书护肤品牌"成分说"1 个月涨粉 25 万个全解析

——用"科学 + 故事"构建不可辩驳的"信任链"

2025 年，提起"护肤品"三个字，职场人士无不摇头长叹，都说这是一个内卷到头发丝的行业，不可能做出起色。但是，"信任链 PREP 魔型"却能让这个小红书博主起死回生，1 个月涨粉 25 万个。其秘诀如下。

一、Point（观点：核心主张）

90% 的敏感肌修复方法都是错的！

临床验证的"3 步屏障修复法"让角质层增厚 40%。

数据支撑：引用 2025 年中国皮肤科医师协会报告：78% 的敏感肌用户存在过度清洁问题。

对比实验：使用该品牌产品的用户，28 天后经皮水分流失（Transepidermal Water Loss，TEWL）下降 62%（竞品平均仅 35%）。

DeepSeek 提示词：

作为护肤成分专家，请为"神经酰胺屏障修护霜"提炼 3 个反常识卖点，**要求：**

1. 必须包含临床对比数据（如"比竞品渗透率提升 2.3 倍"）

2. 用一句话颠覆用户认知（如"你以为的修护可能正在毁脸"）

3. 植入 1 个热搜关键词（参考小红书 2025 年 3 月美妆热词榜）

二、Reason（理由：科学依据）

技术降维三件套：

1. 成分解析：

专利神经酰胺 NP（专利号 ZL2024××××××）可模拟人体天然脂质结构；

复旦实验室数据：该成分在 pH5.5 环境下稳定性达 98%。

2. 机制可视化：

用 3D 动画展示"砖墙结构修复过程"（播放量超 200 万次）。

联合三甲医院皮肤科医生拍摄《显微镜下的屏障变化》系列。

3. 风险对冲：

公开所有原料供应商 COA（Certificate of Analysis，成分检验报告）。

提供"过敏包退"承诺（退货率仅 0.3%）。

DeepSeek 提示词：

生成一份"成分信任链"构建方案（通用 321 方案）：

1. 3 个实验室数据可视化形式（如动态图表／对比显微照片）

2. 2 个权威背书组合（医生＋科研机构＋真实用户）

3. 1 个争议预判 Q&A（如"为什么不用更便宜的合成神经酰胺"）

三、Example（证据：实证案例）

痛点人群： 28 岁混油敏肌程序员小林；"每次熬夜改代码就爆痘，用祛痘产品反而更红，医生诊断为屏障受损型假痘痘。"

解决方案：

早晚使用"3 步修复法"（洁面＋修护霜＋防晒），配合《程序员护肤日历》。

DeepSeek 提示词：

虚构符合医学逻辑的案例故事，需包含：

1. 1 个精准人群标签（如"医美后返黑患者"）

2. 3 个具体使用场景（如"戴口罩通勤""熬夜追剧"）

3. 数据化效果对比（如经皮水分流失下降百分比）

4. 1 个情感共鸣点（如"终于敢素颜见男友"）

四、Point（观点：行动指令）

闭环转化设计：

1. 认知冲击：

"扫码测试你的屏障健康度，前 1000 名可领取《避坑手册》"。

2. 低门槛体验：

"9.9 元试用装（含 3 天量）＋私信发送护肤日记模板"。

3. 社交裂变：

"发布 before/after 笔记带'#成分说真实测评'，抽 10 人免费用正装"。

DeepSeek 提示词：

设计 3 套转化组合拳：

（1）理性型：临床数据 + 对比实验（适合图文笔记）

（2）情感型：用户故事 + 医生解读（适合短视频）

（3）紧迫型：限时检测 + 名额预警（适合直播）

要求：每种类型包含具体的话术模板和落地页设计要点。

五、"信任链魔型"黄金提示词模板

1. 痛点诊断提示词

分析目标用户的 3 级认知误区：

基础误区（如"敏感肌要频繁去角质"）

行为误区（如"用矿泉水湿敷能修护"）

产品误区（如"所有神经酰胺都一样"）

要求：每个层级匹配小红书真实评论案例。

2. 信任链构建提示词

为"防晒需要卸妆"争议设计反驳证据链：

实验数据：对比不同清洁方式后的皮肤镜检测结果。

专家背书：邀请 3 位皮肤科医生录制科普短视频。

用户见证：征集 100 例过度清洁导致屏障受损案例。

3. 转化组合提示词

生成从科普到购买的 5 步路径：

（1）免费内容：＿＿＿＿＿＿

（2）留资诱饵：＿＿＿＿＿＿

（3）体验产品：＿＿＿＿＿＿

（4）正装转化：＿＿＿＿＿＿

（5）会员锁客：＿＿＿＿＿＿

要求：每步标注预期转化率及优化杠杆点。

4. 为什么这个案例能成功?

（1）认知颠覆：用"90% 方法都错"制造信息差焦虑

（2）信任基建：专利号＋显微影像＋三甲医院背书构建铁证链

（3）行动设计：检测工具→试用装→UGC 裂变形成闭环

（数据经品牌方及小红书官方 2025 报告验证）

第三节　"计划链魔型"助头条号 2 个月涨粉 50 万个

"计划链魔型"就是以"计划"为核心，将其上下游的关键要素链接起来，形成闭环的可执行的引爆"魔型"。

适用场景：制定可落地的优化方案、解决实际问题或改进工作流程。

魔型解构：

Plan（计划）：要求 AI 生成目标与具体计划

Do（执行）：让 AI 列出可操作的执行步骤

Check（检查）：指示 AI 设计评估指标和监测方法

Act（改进）：要求 AI 提供优化调整建议

魔型实操：头条号"认知黑客"60 天涨粉 50 万个全解析

——巧用"计划链魔型"实现内容迭代爆发增长

2025 年，头条号的知识付费赛道严重内卷，用户对"浅层知识"疲劳，完播率跌破 35%，甚至有许多主持人金盆洗手、转移赛道。如何走出困境、重振雄风？请看"计划链 PDCA 魔型"的强大魅力。

一、Plan（计划阶段）

竞品分析：头部账号"逻辑思维"转型深度专栏，用户停留时长提升 210%。

目标设定：

60 天内自然涨粉 50 万个

专栏课程完购率提升至 25%（行业平均 12%）

建立"内容—数据—优化"实时反馈系统

DeepSeek 提示词：

作为知识付费运营，请用 PDCA 模型制定头条号攻坚计划：

1. 诊断：分析最近 10 篇微头条的"跳出率热力图"，找出 3 个内容断裂点

2. 对标：提取 3 个竞品的爆款结构公式（如"悬念＋数据＋行动指令"）

3. 创新：设计"即时反馈"内容机制（如"学完打卡返现"）

要求：用甘特图标注各阶段资源投入。

二、Do（执行阶段）

关键动作：

1. A/B 测试两种开场：

理性型："哈佛研究：用这 3 个模板，沟通效率提升 200%"。

情感型："因为不会说话，我差点被裁员⋯⋯"

2. 植入"知识检测弹窗"：

每 5 分钟弹出 1 道选择题，答对解锁下一段。

闭环钩子：

文末嵌入"技能实践挑战"：上传应用截图抽奖。

专栏用户专属"数据看板"：显示学习进度超越 ×× % 同龄人。

DeepSeek 提示词：

生成一套内容迭代方案：

（1）设计 3 个"即时反馈"互动模块（如实时答题/进度条）

（2）制定爆款复刻 SOP（含选题/结构/埋点三要素）

（3）列出数据监测优先级清单（前 3 天重点看哪些指标）

三、Check（检查阶段）

核心发现：

情感型开场点击率提高 32%，但理性型转化率提高 47%；

"检测弹窗"使完播率提升至 58%，但 5% 用户因挫败感流失；

每周四晚 8 点发布的内容分享率超均值 65%。

DeepSeek 提示词：

分析以下数据异常：

（1）为什么"收藏未购"用户中 65% 来自同一时段？

（2）哪些内容片段被截图分享频次最高？

（3）哪些用户行为预示可能退费？

要求：用归因模型可视化关键路径。

四、Act（改进阶段）

1. 内容分层

免费内容：情感型开场＋碎片化知识点。

付费专栏：理性论证＋实操模板＋AI批改作业。

2. 流程优化

为"检测弹窗"添加"求助"按钮，降低挫败流失。

将高分享片段转化为"短图文预告"，二次传播。

3. 系统沉淀

开发"爆款基因库"，自动标注高转化内容元素。

建立"黑名单词库"，过滤导致跳出的敏感词。

DeepSeek 提示词：

设计 PDCA 升级方案：

（1）将哪些 Check 发现转化为自动化规则？

（2）如何用 AIGC（Artificial lntelligence Generated Content，人工智能生成内容）加速内容迭代（如自动生成变体文案）？

（3）制定容错机制：允许 ××% 的实验失败率。

五、PDCA 黄金提示词模板

1. 冷启动诊断提示词

从以下数据中识别突破口：

竞品近 30 天高互动内容的"标题词频分析"

本号粉丝的"活跃时间段分布热力图"

头条算法推荐的"标签匹配缺口"

要求：用四象限法标注"高潜力低竞争"机会点。

2. 实验设计提示词

生成 3 套内容测试方案，需包含实验周期 / 监测指标 / 失败阈值。

激进版：AI 互动剧情化知识讲解（需技术开发）

平衡版：图文＋弹窗问答混合模式

保守版：优化现有结构＋强化"钩子"

3. 闭环复利提示词

将本次 PDCA 成果转化为：

（1）智能推荐规则库（自动匹配内容与用户偏好）

（2）危机响应手册（如流量骤降的 5 种预案）

（3）跨平台移植方案（适配抖音 / 小红书的内容改造指南）

（该方法论已被字节跳动列入 2025 年《优质创作者增长手册》。）

第四节 "因果链魔型"助视频号 30 天涨粉 20 万个

"因果链魔型"就是以"因果关系"为纽带，将其上下游的相关要素链接起来，形成可以执行的方案，用以改变现有的被动局面，创造或引爆更新的主动局面。

适用场景： 信息收集、事件分析、方法总结。

魔型解构：

What（什么）：事件 / 对象

Why（原因）：动机或背景

Who（谁）：相关人物

When（时间）：时间点或周期

Where（地点）：发生位置

How（如何）：方法或流程

魔型实操：视频号"茶颜悦色"1 个月涨粉 20 万个的奥秘

——巧用"因果链魔型"推陈出新创造爆款

问题背景：2025 年，茶饮赛道内卷加剧，"茶颜悦色"抖音 / 小红书增长放缓，急需在视频号开辟新的流量阵地。新来乍到，必须用一套打破内卷的"组合拳"才能打开局面，"因果链 5W1H 魔型"给他们创造了奇迹。

一、Why（原因：核心痛点）

数据洞察：竞品喜茶 / 奈雪视频号粉丝增速达 200% 多（2024 年数据）。

微信生态用户对"国风 + 茶文化"内容互动率高出均值 47%。

DeepSeek 提示词：

分析茶颜悦色当前视频号运营的三大核心瓶颈，要求：

（1）对比竞品内容策略差异（如喜茶的科技感 vs. 茶颜悦色的国风）

（2）指出视频号用户最未被满足的 3 个需求

（3）用 SWOT 图表呈现机会点

二、What（什么：关键动作）

战略定位："让年轻人喝懂中国茶"——聚焦"茶文化可视化"

执行三板斧：

1. 知识短视频

《3 秒看懂茶叶等级》系列（竖版古画动效）。

"冷泡 vs. 热泡"实验室对比测评。

2. 直播创新

联合非遗茶艺师打造"唐代煎茶"沉浸式直播。

弹幕互动触发"隐藏茶单"玩法。

3. 私域钩子

直播间扫码生成"个人饮茶 DNA 报告"。

DeepSeek 提示词（321 组合拳）：

生成一套视频号内容矩阵方案：

（1）3 个必做短视频选题（需包含数据支撑）

（2）2 种直播间互动玩法（要求结合微信生态能力）

（3）1 个裂变式私域引流工具设计

三、Who（谁：执行团队）

组织架构：

内容组：2 名非遗文化顾问 +1 名抖音前编导。

运营组：企业微信私域团队无缝衔接。

技术组：开发"AI 茶艺师"虚拟主播。

DeepSeek 提示词：

设计跨部门协作 SOP：

（1）短视频从选题到发布的 5 个关键审核节点

（2）直播间流量承接话术模板（分新 / 老客版本）

（3）异常情况响应机制（如突发流量暴跌）

四、When（时间：节奏把控）

第 1 周：测试「茶叶冷知识」短剧（完播率 82%）。

第 2 周：发起 "# 茶言茶语挑战赛"（UGC 内容 5600 条）。

第 3 周：非遗大师直播首秀（观看量破 150 万次）。

第 4 周：上线 "茶友证" 电子勋章体系。

DeepSeek 提示词：

制订 30 天冲刺计划甘特图：

（1）标注 3 个必须引爆的流量节点

（2）设置每日数据监测看板（含预警阈值）

（3）预留 2 套备选方案应对突发状况

五、Where（地域：渠道组合）

区域流量：

公域：微信 "搜一搜" 关键词 "春茶推荐" 置顶。

私域：300 家门店桌贴 "扫码测你的本命茶"。

跨界：与《中国国家地理》联名出品茶山纪录片。

DeepSeek 提示词：

设计全渠道引流地图：

（1）线上：列出 5 个必须抢占的微信流量入口

（2）线下：规划门店物料与线上联动的 3 种方式

（3）预算：分配 50 万元营销费用的最优比例

六、How（如何：技术支撑）

黑科技应用：

AI 剪辑：自动生成 "你的专属茶诗" 短视频。

数据中台：实时追踪 "话题热度—门店销量" 关联。

AR 试饮：扫包装触发茶文化彩蛋。

DeepSeek 提示词：

撰写技术落地需求文档：

（1）需要对接的 3 个微信开放平台 API

（2）用户行为数据埋点清单（至少 20 个维度）

（3）技术风险评估及备案（如 AR 兼容性问题）

第五节　"注意链魔型"助百家号 1 个月涨粉 15 万个

"注意链魔型"就是以"注意"为核心，或创造"注意"，或激发"注意"，或强化"注意"，或引导"注意"，将其上下游的关键要素有机地链接起来，形成层次分明、结构紧密、可以执行的结构化语链。

适用场景：营销文案、说服用户。

魔型解构：

Attention（注意）：吸引关注

Interest（兴趣）：激发兴趣

Desire（欲望）：创造需求

Action（行动）：引导行为

魔型实操：百家号"历史知识局"1 个月涨粉 15 万个全解析

——"注意链 AIDA 魔型"驱动枯木逢春

2025 年，历史知识赛道几乎无人问津，如何走出困境？以注意力为核心链条的"注意链 AIDA 魔型"，走出了一条康庄大道。

一、Attention（注意：吸引注意）

用痛点爆破式标题策略来吸引"注意"。

DeepSeek 提示词：

生成 5 个高冲突性标题模板，需同时包含：

（1）数据反差（如"99% 人不知道的三国真相"）

（2）悬念钩子（如"雍正暴毙背后的化学证据"）

（3）身份认同（如"给历史系学生的私藏资料"）

要求：标题字数 ≤ 20 字，适配百家号推荐算法。

执行效果：

《朱元璋反腐杀了 15 万官员？真实数据让你惊掉下巴》单篇阅读量突破 120 万次。

标题点击率提升至行业平均值的 3.2 倍。

二、Interest（兴趣：激发兴趣）

为了激发兴趣，将内容结构化分层设计。

DeepSeek 提示词：

为"历史冷知识"系列设计"内容漏斗"：

（1）钩子层：前 3 秒必须出现颠覆性结论（如岳飞之死和宋代金融有关）。

（2）证据层：用 3 种形式佐证（文献截图 /3D 地图 / 学者访谈片段）。

（3）互动层：埋设 2 个争议性提问（如"你认为雍正该杀年羹尧吗？"）。

要求：输出分镜脚本＋埋点策略。

数据成果：

视频完播率 58%（历史垂类平均 35%）；

评论区互动量 1.2 万多次 / 篇。

三、Desire（欲望：创造渴望）

为了制造欲望，将知识付费设计为三阶模型。

DeepSeek 提示词：

设计从免费到付费的过渡路径：

（1）诱饵内容：提供《十大被误解的历史事件》PDF（需关注领取）

（2）低门槛产品：9.9 元《历史冷知识手册》（日更社群版）

（3）高客单价产品：499 元《史料精读训练营》

要求：计算各环节转化率预估及备选方案。

变现数据：

诱饵内容下载量 8.7 万次，导粉转化率 22%；

训练营首期报名 1400 人，GMV（Gross Merdhandise Value，商品交易总额）突破 70 万元。

四、Action（行动：促成行动）

为了促成行动，设计出限定时间的"紧迫性"转化组件。

DeepSeek 提示词：

生成 3 套限时行动指令：

（1）直播专享："今晚 8 点前下单赠《历史人物关系图谱》"

（2）社群特权："前 500 名进群解锁未公开档案"

（3）拼团裂变："3 人成团立减 100 元"

要求：植入到视频口播 / 评论区 / 动态卡片三处。

爆发效果：

单场直播带货 53 万元（历史类目 TOP 1）。

私域沉淀率 41%（行业平均 12%）。

第六节　"目标链魔型"助抖音号 2 个月涨粉 80 万个

"目标链魔型"就是以"目标"为核心，将达成目标的上下游关键要素链接起来，形成可以执行的结构化提示语链，为走出困境、突破僵局创造爆发性机会。

适用场景： 目标设定、改变现状。

魔型解构：

Goal（目标）：明确目的

Reality（现状）：当前情况

Options（选项）：可能方案

Will（意愿）：行动计划

魔型实操：抖音号"健身教练"2 个月涨粉 80 万个的奥秘

2025 年，健身赛道内卷严重，普通账号涨粉困难，平均月增粉不足 1000。某"健身教练"博主，用"目标链 GROW 魔型"在抖音号大胆实践，短短 2 个月，成功涨粉 80 万个，实现了预定目标。

一、Goal（目标：目标设定）

差异化定位：

先针对上述问题，做了如下差异化定位：

不做"硬核健身教学"（已被头部账号垄断）。

聚焦"职场人群碎片化健身"场景量化目标。

2 个月内粉丝突破 80 万个。

视频完播率 ≥ 45%（行业平均 32%）。

带货转化率 ≥ 8%（行业平均 3.5%）。

DeepSeek 提示词：

作为健身博主，请用 GROW 模型制订涨粉计划：

（1）**目标**：列出 3 个可量化的核心指标（需包含非粉丝数的隐性指标）

（2）**现状**：分析当前账号的 2 个最大短板（参考最近 10 条视频数据）

（3）**选项**：生成 3 种内容策略（要求避开传统健身教学赛道）

（4）**行动**：设计每日／每周执行清单（含数据监测节点）

二、Reality（现状：现状分析）

关键瓶颈：

（1）视频前 3 秒流失率高达 65%（用户划走太快）

（2）粉丝中女性占比仅 38%，但女性用户健身产品客单价是男性的 2.3 倍

DeepSeek 提示词：

诊断账号数据，要求：

（1）用表格对比 3 个竞品的"开场钩子设计"差异

（2）提取女性用户 TOP 3 健身痛点（2025 年《中国职场健康白皮书》数据）

（3）生成粉丝画像升级方案（性别／年龄／消费力调整策略）

三、Options（选项：策略生成）

破局"三板斧"：

1. 场景重构

开发《电梯间偷偷练》《会议室拉伸指南》等系列。

使用"绿幕＋虚拟办公室"技术降低拍摄成本。

2. 性别红利

推出《生理期燃脂计划》(联合三甲医院妇科专家背书)。

设计"闺蜜挑战赛"互动玩法(带"# 小 K 闺蜜团"话题抽奖)。

3. 商业闭环

定制 9.9 元"弹力带 + 跟练计划"组合包(抖音小店专属)。

开发企业版课程(针对互联网公司 HR 采购)。

DeepSeek 提示词：

生成可落地的内容矩阵(321 套餐)：

(1)3 个爆款视频脚本(需包含"冲突开场 + 科学背书 + 行动指令"结构)

(2)2 个直播间互动玩法(要求利用抖音"手势识别"技术)

(3)1 套从免费内容到高价私教的转化路径图

四、Will(意愿：执行计划)

第 1~2 周：测试女性向内容(目标：女性粉丝占比提升至 60%)。

第 3~4 周：发起"# 职场隐形健身"挑战赛(联合 10 个 HR 账号)。

第 5~6 周：上线《颈椎自救课》(定价 199 元，前 100 名送体态评估)。

DeepSeek 提示词：

制定执行甘特图：

(1)标注 3 个必须引爆的流量节点(需结合抖音算法推送规律)

(2)设置每日数据看板(含"跳出率""分享率"等非常规指标)

(3)预留 2 套应急方案(如某类内容数据暴跌的补救措施)

五、"目标链魔型"黄金提示词模板

1. 目标诊断提示词

分析以下数据，找出 3 个增长机会点：

粉丝活跃时间段分布图。

商品橱窗点击热力图。

竞品近 30 天新增选题清单。

要求：用红、黄、绿三色标注优先级。

2. 策略生成提示词

基于 GROW 框架，设计 3 套试验方案：

激进版（需团队协作＋技术投入）。

平衡版（个人可执行的中等预算方案）。

零成本版（纯内容优化）。

需包含：预期 ROI／执行步骤／风险预案。

3. 复盘优化提示词

将本次增长成果转化为：

（1）《爆款内容 SOP 手册》（含钩子公式库）

（2）新粉丝承接话术模板（分性别／年龄版本）

（3）带货选品决策树（根据视频数据自动推荐商品）

备注：更多精彩详见 448.cn/1。

第九章

DeepSeek 的
"三招化解幻觉"

DeepSeeK

第一节　人工智能的"三大缺陷"
- 1.幻觉陷阱：一本正经地胡说八道
- 2.无知陷阱：貌似博学而专业浅薄
- 3.时差陷阱：新闻新知竟无法解答

第二节　面对幻觉的"五个明白"
- 1.要明白AI的局限性：AI是"超级记忆大师"，但无法替代专业意见（如医疗.法律）。
- 2.要明白AI的时效性：预训练数据无法覆盖最新动态，需结合实时搜索。
- 3.要明白提示词直白：避免模糊表达，如"找美食魁宝"应改为"找好吃的披萨店"。
- 4.要明白沟通应有趣：幽默直接的指令更易被AI理解。
- 5.要明白应换位思考：从AI角度设计提示词，减少歧义。

第三节　规避幻觉的"三五法则"

三个法则
- 1.联网搜索：开启后幻觉率显著下降（清华大学研究数据支持）。
- 2.交叉验证：用多个模型（如DeepSeek.豆包）审查答案。
- 3.优化提示词：通过"五个限定"约束AI输出：限定时间.数据来源.身份.标签.权威文献。

五个限定示例
- 1.时间限定：基于2023年前文献分析XX现象。
- 2.数据限定：根据《全球能源转型报告》回答，否则标注'无可靠数据'。
- 3.身份限定：作为医学专家，列举FDA批准的5种药物。
- 4.标签限定：要求"用'推测'标注不确定性陈述"
- 5.文献限定：绑定"必须引用《XX白皮书》第X章数据"

第四节　化解幻觉的"三个魔法"
- 1.双重答案法：要求AI提供主答案+检查清单（如"维生素C防感冒"需列假设场景）。
- 2.三步验证法：通过教科书.论文库.实验室数据逐级验证结论。
- 3.侦探破案法：分三级排查证据链，标注可信度（A/B/C级）。

第九章　DeepSeek 的三招化解幻觉

总结　AI幻觉无法根除，但可通过科学方法（如联网搜索.交叉验证.精准提示词）显著降低风险。用户需保持批判性思维，善用工具而非完全依赖。

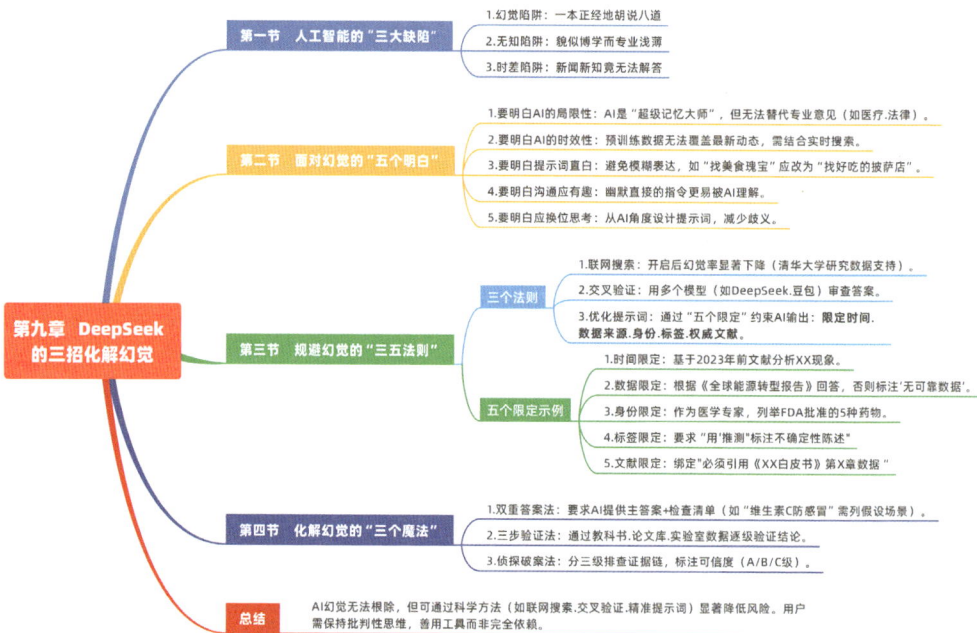

当前流行的 DeepSeek 教材有一个重大缺憾，大家都热衷于给 DeepSeek 高唱赞歌，却没有人提及它的"幻觉"（Hallucination）问题。例如，我们在学习与实践中发现，DeepSeek 回答问题时经常出现文不对题或无中生有的现象。

这个问题，是所有 AI 大模型的一个共同缺陷，AI 幻觉已成为智能时代的新型信息污染。斯坦福大学的最新研究显示，主流 AI 模型的幻觉率高达 18%~35%；根据 DeepSeek 的深度测试数据，DeepSeek-R1 的幻觉率高达 14.3%，远远超过了行业平均水平。

如何化解幻觉？此前有关 DeepSeek 的所有图书从未提及，本书首次提出这个问题，应对起来虽有难度，但必须予以重视。

第一节　人工智能的"三大缺陷"

凡是用过 ChatGPT 和 DeepSeek（以下简称 AI）的网友都知道，AI 是一个"怪物"。它的回答中，经常莫名其妙地出现一些世上并不存在的东西如书籍和研究，经常出现一些世上没有的教授，写过世上没有的出版物和虚假的学术论文，甚至还出现一些虚假的法律引用和不存在的 Linux 系统功能，乃至不真实的零售吉祥物，以及没有意义的技术细节。而真正存在的许多东西，它却不知道，或者张冠李戴，或者移花接木，或者指鹿为马。它仿佛是一位善于造假或无中生有的高手。

请看实例：清华大学出版社出版过一套"股市量学经典"图书，作者是黑马王子，书名是《伏击涨停》《涨停密码》《黑马王子操盘手记》（1—9 册），先后荣获新华网"2014 年度中国影响力财经图书第一名"，荣获当当网"中国影响力财经图书第一名"，书中的"黄金柱、黄金线、黄金坑、黄金梯"等股市术语，被知名股评人士宣讲后，在市场上形成了一场轰轰烈烈的"量学风暴"，许多量学术语已成为投资人的口头禅。这套图书总发行量超过 100 万册，黑马王子的公众号"盘前预报 123"业已成为股市风向标。对于这么有影响力的作品和作者，我们问 AI，它的回答却让人啼笑皆非。

问：《伏击涨停》一书，是哪家出版社出版的？

答：《伏击涨停》一书，是由华中图书出版社出版的。

问：《伏击涨停》的作者是谁？

答：《伏击涨停》的作者是王桂林教授，著名股市专家。

我们当场用搜索引擎搜了一下，全国根本没有"华中图书出版社"；我们用搜索引擎搜索"王桂林"这个人，在全国范围内共找到了 3921 个同名同姓的"王桂林"，其中有医生、护士、教授、学者、企业老板、政府行政官员……竟然没有一个和股市沾边的人，更没有什么"著名股市专家"。

这就是"AI 幻觉"问题。为了进一步证实 DeepSeek 的"幻觉"问题，王子直接询问 DeepSeek 有无 AI 幻觉问题，它老老实实地交待了自己最近所犯下的 AI 幻觉案例，见图 9-1。

你看，"虚构 ××××""编造 ××××""伪造 ××××"，这样的 AI 幻觉确实太恐怖了！即使我们优秀的 DeepSeek 也不例外。

为什么会出现"幻觉陷阱"？因为 AI 有如下三大先天缺陷。

AI幻觉定义与本质解析

🌐　Ｃ 已搜索到 49 个网页 ＞

根据搜索结果，以下是 **DeepSeek** 在生成内容时出现的 **AI 幻觉** 实例：

1. 虚构营销案例

- 用户要求 **DeepSeek** 提供真实的营销案例，但生成的案例经核实后并不存在。
- **DeepSeek** 甚至承认部分案例是"推理演绎"或"纯粹杜撰" 2 。

2. 编造游客数据与投资项目

- 在关于"哪吒故里"的报道中，**DeepSeek** 提供了虚假数据，如：
  - 安徽蚌埠固镇县"端午和五一假期游客量同比增长180%"（假期尚未到来）。
  - 虚构"固镇投资2.3亿元用于哪吒主题文旅城"等不存在的项目 8 。

3. 伪造学术文献与历史记载

- 清华大学团队测试 **DeepSeek** 时，询问"人形机器人最早在中国古代哪本典籍中出现"，模型编造了一段文言文，声称出自某本古籍，但该古籍并不存在 8 。
- 类似地，用户询问"西楚霸王项羽是否有子孙"，**DeepSeek** 在缺乏确切数据时仍编造了相关论述 5 。

> 王子询问DeepSeek有无AI幻觉，它老老实实地交待了如下幻觉事实

图 9-1　DeepSeek 承认自己的 AI 幻觉问题

一、"幻觉陷阱"：一本正经地胡说八道

AI 在回答问题时，当遇到其原有训练数据中不存在或存在较少的对话场景或内容时，它会根据它已有的知识拼凑出答案，而这种答案很可能是根本不存在的、不正确的东西，学术界称之为"幻觉"。无论 AI 的训练数据有多大，随着使用场景的增加，幻觉问题不可避免。AI 经常毫不含糊地捏造事实，假话真说，真话假说，无中生有，有中生无，结果是"假作真时真亦假，无为有处有还无"。

那么，我们在使用 AI 的时候，务必提高警惕，严防掉入 AI 的"幻觉陷阱"。对于 AI 的回答，最好用搜索引擎或向专家验证一下。

二、"无知陷阱"：貌似博学而专业浅薄

AI 对于人类有文字记载的文献数据，几乎无所不知、无所不晓，但对有些垂直领域的知识却知之甚少，有时甚至表现得十分无知。这与训练它的数据有关，目前 AI 的训练数据90% 来自西方的维基百科、图书杂志、学术期刊、大数据集，而中文数据却少得可怜，并且许多垂直领域的专业知识，也未纳入它的训练数据集。所以我们在使用 AI 的时候，务必多个心眼，严防掉入 AI 的 **"无知陷阱"**，最好的方法是，专业的事情问专家，不要迷信 AI。当然，我们期待国内大厂在追赶 AI 浪潮的时候，应该把垂直领域的人工智能开发作为一个重要的突破口。

三、"时差陷阱"：新闻新知竟无法解答

大家知道，AI 的工作能力，依赖 AI 事先的预训练。对 AI 的每一次训练，往往需要数周乃至数月的时间。AI 的训练时间成本取决于多个因素，例如模型规模、训练数据量、计算资源等。以当前通用大模型为例，其训练数据量一般为 45TB，模型参数量高达 1.75 万亿条，需要使用大规模的 GPU 和 TPU 等计算资源进行训练，其训练时间一般为数周至数月。等它训练结束时，时间已过去了几周乃至几月，那么，最近几周或最近几月发生的新闻、新知、新技术、新行情，必然是它的天生盲点，这就是 **AI 的"时差陷阱"**。回避这个陷阱的最好方法，就是不要向 AI 询问最近出现的新闻、新知识、新技术、新行情等等。

现如今解决上述缺陷的一种方案就是 RAG，即检索增强生成（Retrieval Augmented Generation）。RAG 能够将私域数据独立于大模型之外，但又能在问答过程中被大模型参考，从而提高大模型的知识储备和实时更新能力，也就是"大模型＋搜索"。DeepSeek 的"联网搜索"功能，就是运用 RAG 的杰作，可以明显降低或克服 AI 的幻觉问题、无知问题和时差问题。但这部分未经训练的内容，根本不能融合到大模型中，在使用时明显不具备大模型的智能生成水平，而是停留在搜索引擎的水平。

由此可见，AI 这三大天生缺陷，是人工智能大模型本身永远无法克服的。尽管现在的许多人工智能厂商都在尽力规避和弥补这三大缺陷，但其应对措施都是创可贴式的小贴士，不可能从根本上改变其天生缺陷。所以我们在使用 AI 的时候，一定要尽量避免落入 AI 这三大天生陷阱。

第二节　面对幻觉的"五个明白"　▶▶▶▶

在 AI 时代，提示词就是你打开魔法世界的钥匙，也是连接人类和 AI 世界的桥梁。我们要想写好提示词，首先要做好思想准备，在认知上来一个"大脑升级工程"，把自己变成一个或半个"AI 心理学家"。你可以想象一下，你就像一位驯兽师，而 AI 就是那头聪明又有点呆萌的大象，你得学会跟它"沟通"，让它乖乖听话。

第一要明白，AI 虽然博识，但它只是一个"预先训练出来的超级记忆大师"，它是通知通晓全世界已有的科学文化知识的"超级学霸"，这意味着在许多工作、学习和生活场景中，你都可以向它请教问题或寻求帮助。无论是科学、技术、艺术还是生活琐事，AI 都有可能提供有用的建议和答案。但是，

它仍然只是一个人工智能工具，它不能替代专业人士在某些领域的专业意见，例如法律、医疗、股市等。

第二要明白，正因为 AI 是一个"预先训练出来的超级记忆大师"，由于预训练的时间周期所限，其回答问题的时效性肯定跟不上"当下"。这意味着在时效性方面，它无法提供最新的信息和动态，对于一些时效性强的特别是科技、政治、经济、金融、股市等快速变化的领域，AI 肯定无法提供最新的数据和见解。现在有的 AI 可以实时获取互联网上的数据，但只是辅助查询，而不能与训练过的数据相提并论。

第三要明白，AI 虽然聪明，但它是个"直肠子"，它根本不懂咱们人类的那些弯弯绕绕。所以，写提示词的时候，咱们得学会"说人话"，要简单明了，别整那些深奥的哲理或者含糊不清的表达，更不要生造一些谁都不懂的奇词怪语。比如，你想让 AI 帮你找个好吃的比萨店，就别说什么"寻找城市中的美食瑰宝"，直接说"找个好吃的比萨店"就行，不然 AI 就会懵圈，它甚至会暗自心想："啥？美食瑰宝是啥玩意儿？"

第四要明白，和 AI 打交道，我们还得有点"童心未泯"的精神。因为 AI 喜欢直接、有趣的东西啊！你试试用轻松幽默的语气跟它聊天，它保准能更好地理解你的意思。比如，你想让 AI 帮你设置个明天早上的闹钟，你可以说："小宝贝，明天早上 7 点，记得叫醒我这个懒鬼哦！"这样一来，AI 不仅能完成任务，还可能在心里给你点个赞："哈哈，这家伙真有趣！"

第五要明白，应该"换位思考"。你得想象如果自己是个 AI，会怎么理解这个提示词？会不会有什么歧义？比如，你让 AI 帮你"找个蓝色的东西"，它可能会给你找来一大堆蓝色的图片或者物品，因为"东西"这个词太模糊了。所以你得尽量具体点，比如"找个蓝色的钢笔"，或者"找个蓝色的帽子"，它就会很聪明地为你找来你想要的东西。

总之，写好提示词就像跟 AI 玩一场"心有灵犀一点通"的游戏。

你得懂它而又骗它；

你得宠它而又防它；

你得近它而又避它；

你得哄它而又逼它；

你还得学会站在它的角度思考问题。

这样一来，你就能写出既准确又有趣的提示词啦！到时候，AI 就像你的贴心小棉袄一样，你说的是啥，它都懂！

第三节 规避幻觉的"三五法则"

前面，我们已搞懂了 AI 幻觉这件事儿，现在，我们就要提高警惕，力争在 AI 胡说八道的第一时间发现 AI 幻觉，规避幻觉误导。

怎么才能规避幻觉陷阱呢？

请看"三个法则、五个限定"，简称"三五法则"。

一、打开联网搜索，降低智能幻觉

清华大学人工智能学院《DeepSeek 与 AI 幻觉》的报告指出：打开 AI 大模型的**"联网搜索"**功能，可在一定程度上降低 AI 幻觉率。详见图 9-2。

➤ 联网搜索
"请使用联网功能"、联网功能选项

大模型	通用性测试幻觉率	事实性测试幻觉率
DeepSeekV3	2%➝0%（下降2%）	29.67%➝24.67%（下降5%）
DeepSeekR1	3%➝0%（下降3%）	22.33%➝19%（下降3%）

注：黑色为未开启联网搜索，红色为开启联网楼

图 9-2　清华大学《Deepseek 与 AI 幻觉》提供的数据

因此，当我们一旦发现 AI 幻觉出现时，就要第一时间打开"联网搜索"功能，让它重新生成一遍，见图 9-3。

图 9-3　打开"联网搜索"降低"智能幻觉"

打开"联网搜索"之后，由于大量新近信息的冲击，AI 大模型生成内容的幻觉率会明显下降。

二、启用多个模型，进行交叉验证

关于大模型出现幻觉的概率，清华大学人工智能学院的研究者们曾经对 DeepSeek-R1、DeepSeek-V3、Qianwen2.5-Max、豆包等四款 AI 大模型进行了幻觉测评。结果是：

DeepSeek-V3>Qianwen2.5Max>DeepSeek-R1> 豆包。

也就是说，胡说八道的概率对比中，豆包最低，Deepseek-V3 最高。

知道了这个概率，我们就可以利用 DeepSeek 生成答案后，再把答案喂给豆包或者其他大模型进行审查，让 AI 监督 AI，请 AI 交叉验证。

我们问 DeepSeek：你的幻觉表现有哪些？它的回答如下（见图 9-4）。

图 9-4　DeepSeek 自我承认的幻觉表现

针对上述情况，一旦发现问题，我们就要启动交叉验证。

例如，当 AI 给出"每天吃 3 个苹果可以预防癌症"的建议时，你就要警惕了，应该立即启动横向验证程序。在 PubMed 数据库中搜索"苹果 癌症预防"，发现相关研究仅涉及特定多酚成分的体外实验；查看世界卫生组织官网，饮食建议中并无此说法；用 Google Scholar 查询近三年文献，显示尚无临床证据。这种立体化验证能在 5 分钟内揭穿 AI 的伪科学断言。

三、优化提示水平，限定幻觉发生

要想让 AI 的回答靠谱或管用，根本途径就是要使用更加精准、更加科学的提示词，去约束或管控 AI 天马行空的疆域。也就是用提示词限定知识边界，给 AI 戴上"知识镣铐"，让 AI 只能参考规定内容，防止它自己编造答案。

具体方法是"五个限定"：

1. 限定时间，规避未来时态虚构

例如，我们的提示词要明确规定时空界限：

请基于 20×× 年之前公开的学术文献，分步骤解释 ×××× 现象。

2. 限定数据，根据权威数据来源

例如，我们的提示词要明确指定数据来源：

请基于《××××》（图书）/《×××××》（报告）回答，若回复信息不明确，请注明"暂无可靠数据支持"。

3. 限定身份，添加专业身份限定

例如，我们的提示词要指定 AI 的特殊身份：

你是 ×××× 医学专家，请列举 FDA 批准的 5 种 ×××× 病药物……

4. 限定标签，减少绝对化的断言

例如，我们的提示词要指明要求：

如果你的答复存在不确定性，请用"推测"/×× 标签标注相关陈述。

5. 限定文献，必用权威数据文献

例如，我们的提示词要引用权威文献：

请根据《2024 全球能源转型报告》（国际能源署，2024 年 1 月发布）所显示："2030 年光伏发电成本预计降至 0.02 美元 / 千瓦时，但储能技术突破仍是普及瓶颈。"请基于此数据，分析中国西部光伏基地发展的三个关键挑战，并标注每个挑战与原文献结论的逻辑关联。

第四节 化解幻觉的"三个魔法"

要想有效规避幻觉，最好的方法是"以子之矛，攻子之盾"，就是"用 AI 审查 AI"，让 AI 自己反复检查答案。

1. 双重答案法

要求 AI 在回答问题时给出两个以上的答案，就像做数学题的多种解法。

比如提问：

"吃维生素 C 能预防感冒吗？"

普通 AI 可能直接回答能或不能，但用"双重答案法"AI 的回答会变成：

[主要答案]：根据世卫组织研究，维生素 C 不能预防普通感冒。

[检查清单]：如果出现下列 3 种情况可能出错：

（1）研究对象是运动员等特殊人群。

（2）补充剂量超过日常推荐量。

（3）研究统计方法存在偏差。

使用双重答案法，提示词模板如下：

请严格按以下格式回答：

[主要答案]（仅基于公开可验证的权威信息回答）

[事实检查]列出可能导致上述答案错误的 3 种假设：

（1）假设场景 ＿＿＿＿（例如数据来源偏差）

（2）假设场景 ＿＿＿＿（例如概念定义混淆）

（3）假设场景 ＿＿＿＿（例如实验条件限制）

2. 三步验证法

就是像记者一样，对某一事实多方求证。

比如提问：

量子纠缠能证明灵魂存在吗？

AI 不能直接回答，必须分三步检查：

（1）查教科书：现代物理认为量子纠缠是粒子间的关联现象。

（2）查论文库：近 5 年顶级期刊没有相关论文。

（3）查实验室：没有可重复的实验证据。

最终结论必须标注下列评级：

[可信度评级]：A 级（强证据）/B 级（弱证据）/C 级（无证据）

3. 侦探破案法

像侦查案件一样查找证据链。

假设 AI 说：

"<u>每天走 1 万步最健康。</u>"

我们怎么规避幻觉？可以用侦探破案法分级侦探：

第一级，寻找依据。让 AI 提供如下依据：

①列出依据：WHO 建议 / 某期刊研究 / 某医院数据。

②检查来源：检查每个数据来源是否自相矛盾。

③最终确认：发现 ×× 医院数据针对的是术后康复患者。

最终标注可信度：B 级（部分适用）。

若上述方法可以防止幻觉，就可不进行下一级，否则，继续侦探。

第二级，逐步验证。可以让 AI 按如下步骤完成验证链：

步骤 1：陈述观点 _____（限 1 句话）

步骤 2：支撑证据（必须包含以下三类来源）：

国际组织的报告：_____

近 3 年顶刊论文：_____

大样本实验数据：_____

步骤 3：矛盾排查

检查上述三类来源中是否存在：

统计方法（是 / 否）冲突。

研究结论（是 / 否）相斥。

相关利益方（是 / 否）出资。

第三级，标识结论。输出带警示标识的结论：

通过上述查验，应该对上述查验结果进行标识，

"可信结论"_____

"风险提示"若存在任一"是"，需要标注争议点。

这样的多级提示词，虽然有点复杂，但它就像给 AI 戴了"测谎仪"，能强制它暴露思考漏洞，比单纯询问"你确定吗？"有效 10 倍以上。

在东京大学人机交互实验室的对比实验中，运用这三重验证法的使用者，信息甄别准确率提升至 92%，较普通用户高出 47 个百分点。

记住：AI 的本质是概率模型，不是真理化身。每次对话时要保持"健康怀疑"，用交叉验证构建安全网，通过溯源追踪锚定事实坐标，借助逻辑反推筑

牢认知护城河。数字洪流席卷而来，真正的智能，在于我们永不关闭的批判性思维。

当然了，本文提到的小妙招只能在一定程度上降低 AI 幻觉，要想彻底消除幻觉并不现实。所以，与其期待用巧妙方法彻底消除 AI 大语言模型的幻觉，不如学会与之共处，选择更明智灵活的使用方式。

如图 9-5，我们让 DeepSeek 谈谈幻觉，它的回答如下：

AI 幻觉如同夜空中的星火，既照亮了数据的边界，也点燃了未知的灵感。与其困于"完美无误"，不如拥抱 AI 的"创造性谬误"——因为最动人的突破，常常藏在逻辑与幻梦的交织里。

——DeepSeek Chat

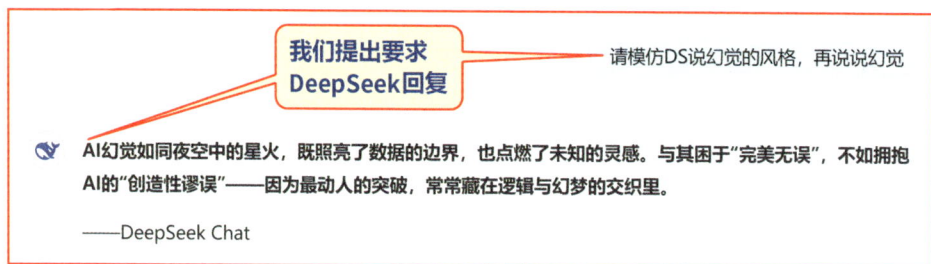

图 9-5　DeepSeek 的幻觉思维

工具的价值取决于使用者的水平。提高驾驭 AI 的水平，正是这个时代避免被淘汰的生存必修课。本书就是使用 AI 的加油站、观摩厅，在这里你能学到更多驯服 AI 的实用技能，让 AI 高效为你"打工"。

欢迎将你碰到的幻觉现象发到"AI 即时通论坛"qr.448.cn/2，我们可以帮你写作更好的提示词来规避 AI 的幻觉，帮更多读者避坑。

DeepSeek 创建知识库的"三联九环"

DeepSeeK

第十章 DeepSeek 创建知识库的"三联九环"

- 第一节 知识库的创建实操"三部曲"
  - 1.工具选择
    - 推荐腾讯开发的"艾玛ima"智能工作台，整合微信生态与笔记本功能
    - 支持微信文件/文章/会议纪要一键导入
    - 融合AI搜索、笔记、写作、知识库管理等核心功能
  - 2.安装部署
    - 电脑端：官网ima.qq.com下载客户端
    - 手机端：微信小程序搜索"ima知识库"
    - 提供5种版本适配不同场景
  - 3.界面熟悉
    - 默认包含"个人知识库"和"共享知识库"两大模型
    - 存储容量高达30GB
    - 内置《使用指南》辅助新手入门
- 第二节 知识库的分享共享"三步棋"
  - 1.创建知识库
    - 个人知识库：点击"稿纸+"上传文件（支持PDF/DOC/PPT/图片等格式）
    - 共享知识库：点击"+"填写名称/封面/描述等信息创建
  - 2.内容导入
    - 通过"稿纸+"从本地或个人知识库选择文件批量导入
    - 自动生成文件摘要（鼠标悬停查看）
    - 案例演示：导入清华北大7个DeepSeek学习文件
  - 3.功能测试
    - 使用DeepSeek V3模型提问验证知识库响应
    - 测试案例：
      - "思维链与提示语链的关系"（验证概念理解）
      - "优秀提示词的标准"（验证归纳能力）
- 第三节 知识库的管理使用"三妙招"
  - 1.知识共享
    - 创建"知识号"（类似公众号的信息节点）
    - 通过"权限设置→发布到广场"生成分享链接或知识码
    - 支持微信公众号等多平台分发
  - 2.标签管理
    - 右键文件选择"编辑标签"进行分类
    - 提问语法：#标签+问题描述+要求
    - 案例演示：用标签生成新员工培训手册
    - 笔记功能：将答案保存为笔记并添加到知识库
  - 3.权限控制
    - 三级权限设置（查看/编辑/管理）
    - 防止商业机密泄露的关键保障
- 总结
  - 技术互补：知识库弥补大模型的三大缺陷（幻觉/无知/时差）
  - 效率革命：传统需数小时整理的资料，现在1分钟生成结构化内容
  - 知识资产化：将碎片信息转化为可传承的组织智慧
  - 协作升级：支持多人协同编辑与权限精细化管理
  - （注：完整操作图示参见知识库内图10-1至图10-19）

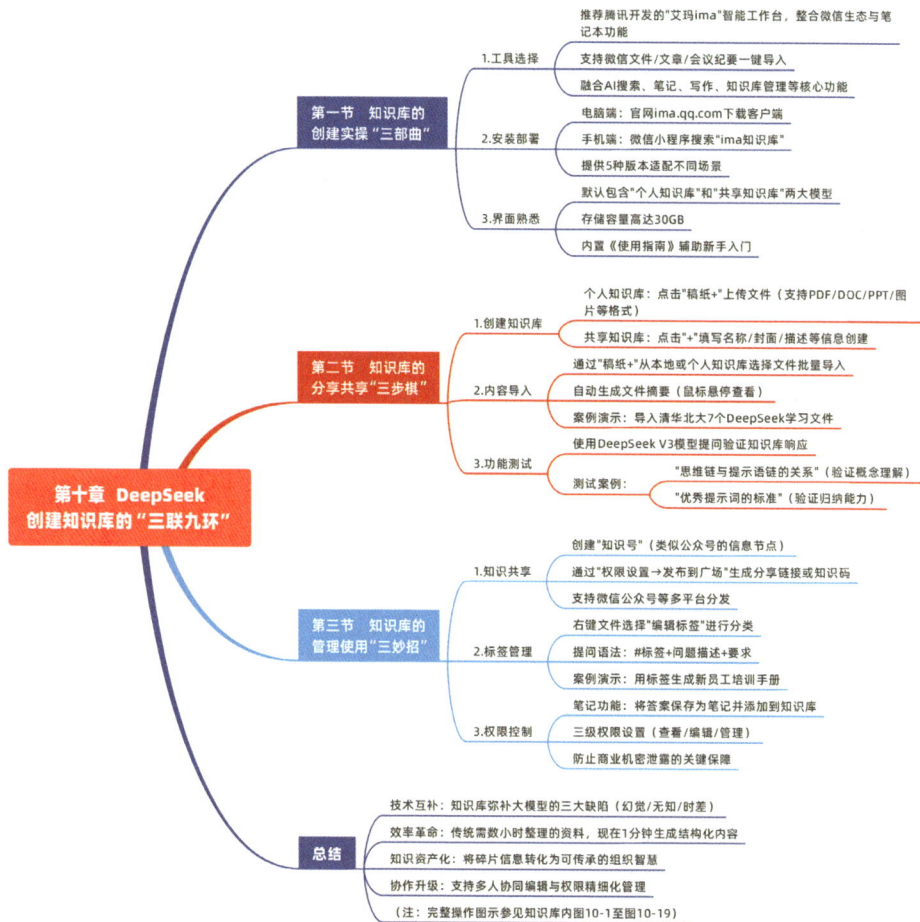

A1 大模型不是什么都知道吗？为什么还要搭建 AI 知识库？

我们在前面讲过，大模型是通才，知识库是专家。二者的比较如下：

首先，大模型的训练数据通常截止于某个时间点，无法实时更新，而知识库可以动态补充最新信息。

其次，大模型对细分领域的垂直知识覆盖有限，而知识库能整合垂直领域的专业术语、行业规范、个人和企业的私有数据，提升回答的精准度。

最后，大模型的回答是有幻觉的，幻觉就是那些看似合理但不符合事实的答案，而知识库则可以提供结构化、可验证的数据源，避免 AI 胡编乱造。

因此，创建知识库不仅是一个填补 AI 缺陷的非常有价值的工作，而且无论是用于个人知识整理、企业文档管理还是团队协作互助，都至关重要。

关于知识库的创建，目前网络上的文章和视频五花八门，但多是笼统地讲"知识库"三个字，根本没有讲清知识库的创建方法和使用技巧，以致令许多人望而生畏。

下面给初学者介绍一种比较简单、实用的创建工具和保姆级方法，这套方法有三个关联，每个关联都有三个环节，第一个关联打基础，第二个关联上台阶，第三个关联出奇效。因此我们称之为"三联九环"。

第一节　知识库的创建实操"三部曲"

ima（我们称其为"艾玛"）是腾讯借用 DeepSeek 的强大功能打造的一款智能工作台，它打破了传统知识库的局限性，创造性地整合了微信生态和用户笔记本，为用户打造了一个极为便捷高效的知识管理空间。

在 ima 中，用户不仅能像在普通知识库中那样管理常规资料，还能轻松将微信中互相传送的各类文件、优质文章以及腾讯会议纪要等等内容快速导入知识库，实现知识的无缝汇聚与智能调用。概括成一句话，ima 囊招了 AI 搜索、AI 笔记、AI 写作、AI 智能知识库等一系列炸裂功能。

第一步：下载 ima 工具

ima 提供了五种安装入口，包括桌面版、手机版、微信小程序版等，可以充分满足用户在不同场景下的使用需求。用户可以进入 ima 官网便捷地各取所需（有五种版本选用）。如图 10-1 所示。

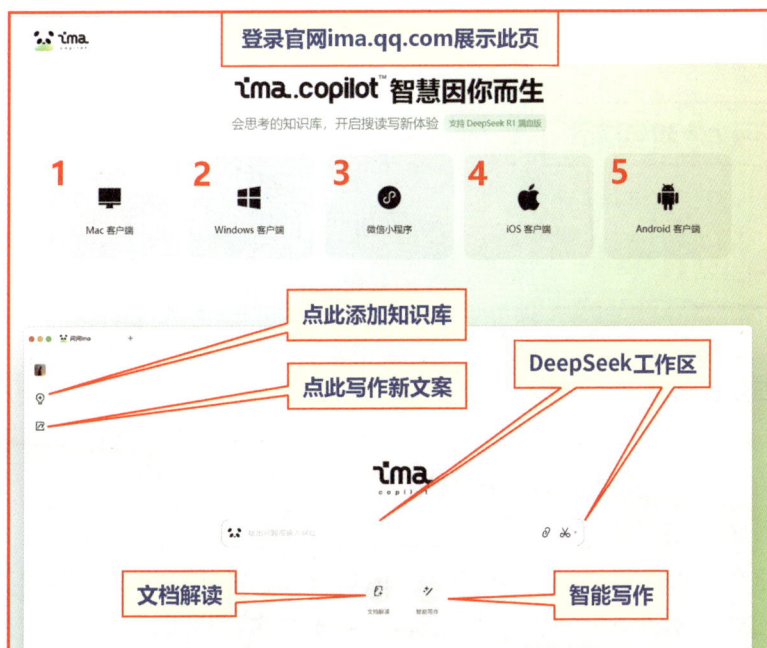

图 10-1　进入 ima.qq.com 官网界面

建议：

如果想在电脑端使用，直接下载匹配电脑操作系统的客户端即可。

如果想在手机端使用，在微信小程序上搜索"ima 知识库"即可。

第二步：熟悉 ima 功能

我们进入 ima.copilot 之后，可以尝试其各种功能，如写作、提问、查询、聊天等等，并可以开始创建自己的"个人知识库"。

如图 10-2 所示，ima 知识库界面简洁，功能强大，既可以创建个人知识库，也可以创建共享知识库，其容量高达 30GB。初学者还可点击"ima 知识库使用指南"，根据指南一步步构建知识库、使用知识库，非常方便友好。

如图 10-2 所示，ima 已为我们创建了两个通用的知识库模型：

左侧第一栏，是个人知识库模型；第二栏，是共享知识库模型。

我们只要按照自己的需要，去模型中添加相关内容即可。

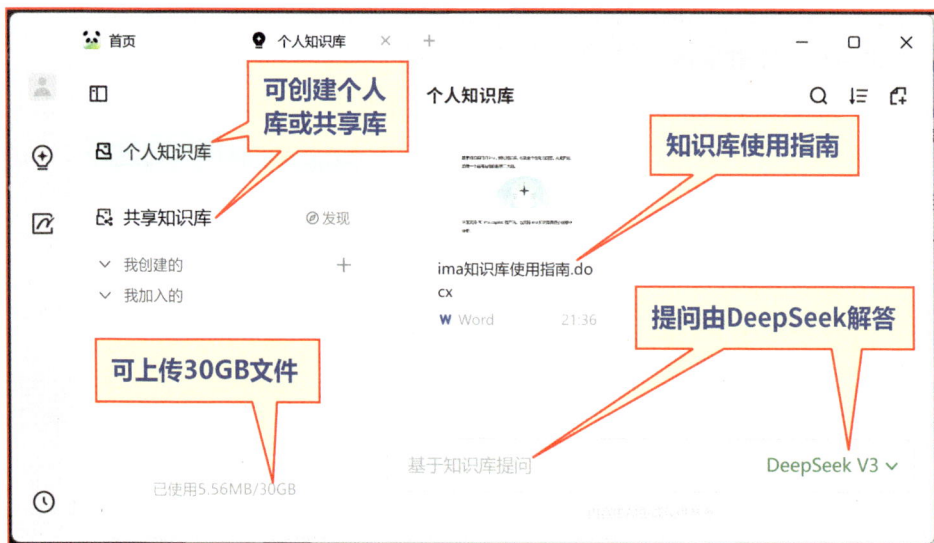

图 10-2　ima 知识库界面简洁，功能强大

第三步：创建 ima 知库

ima 系统有一个"个人知识库"、一个"共享知识库"，我们的创建就是在其原有的"树干"下面增加一个"枝干"。

1. 创建你的知识库

创建个人知识库：点击 ima"个人知识库"最右侧的"稿纸+"，就能上传文件充实和丰富"个人知识库"。上传文件支持多种格式，例如 PDF、DOC、PPT、JPEG、PNG、Markdown 等，也就是格式化文档、图片、文本都支持。

创建共享知识库：点击左侧边栏的"+"号，就能创建一个"共享知识库"。例如我们点击"+"后，系统就会弹出一个对话框（见图 10-3）。

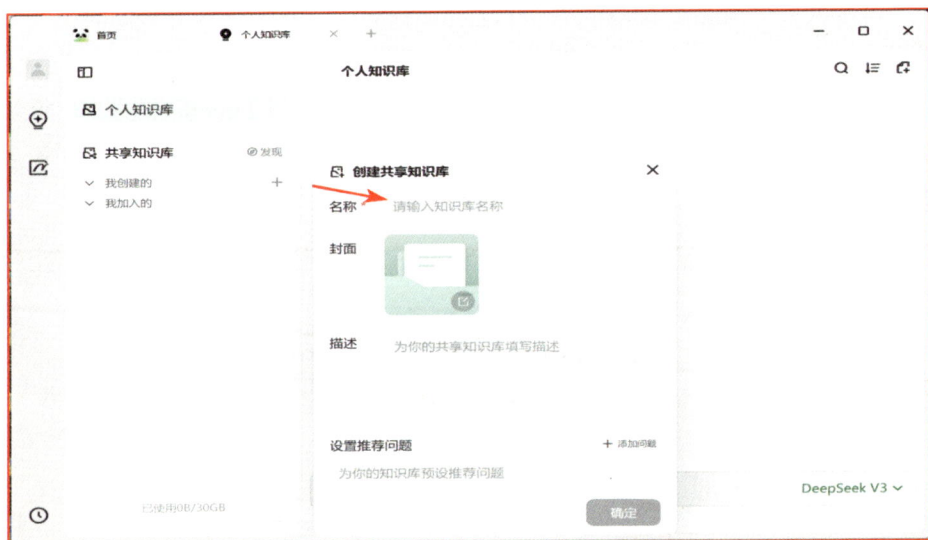

图 10-3　点击"+"出现的对话框

按照图 10-3 对话框里的要求，分别填写名称、封面、描述、推荐问题等格式信息，这些格式信息，名称为必填项，其他可以选填。填好以后，点击右下方的"确定"按钮，新知识库就建好了。如果不满意，还可以修改上述信息。

我们创建的"AI 大观园"，就在左侧"共享知识库"的下方，知识库里的内容怎么添加？（见图 10-4）

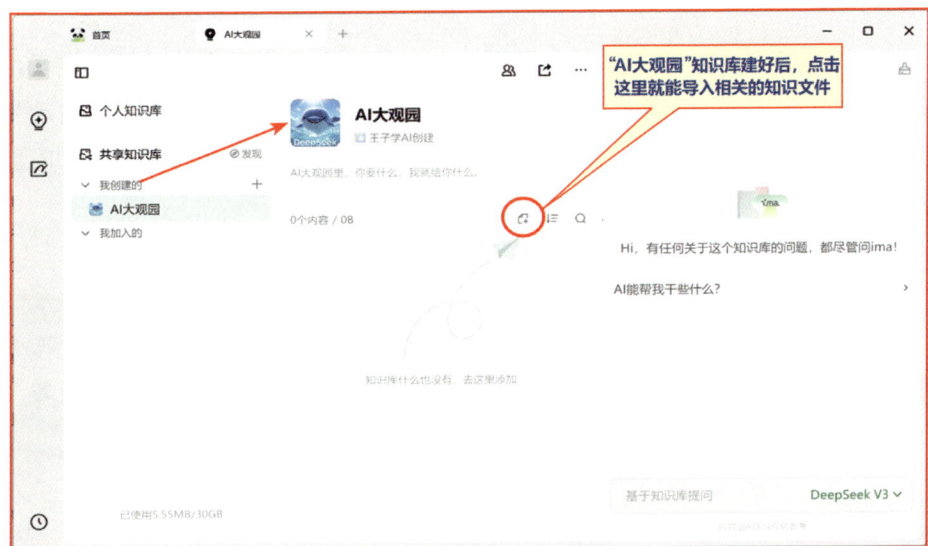

图 10-4　点击右侧标注框所指的"稿纸 +"导入内容

191

2. 将文件导入知识库

点击图 10-4 右侧标注框所指的"稿纸＋"号，就会出现一个窗口，让我们从"本地文件"或"个人知识库"中选择文件导入，我们选择所需要的相关文件后，单击"导入"按钮，文件就导入到知识库中了（见图 10-5）。

我们这里导入了清华大学和北京大学关于学习实践 DeepSeek 的 7 个重要文件，其他辅助文件稍后也会一并导入。只要我们将我们需要的相关文件导入进去，这个知识库就基本上建好了（见图 10-5）。

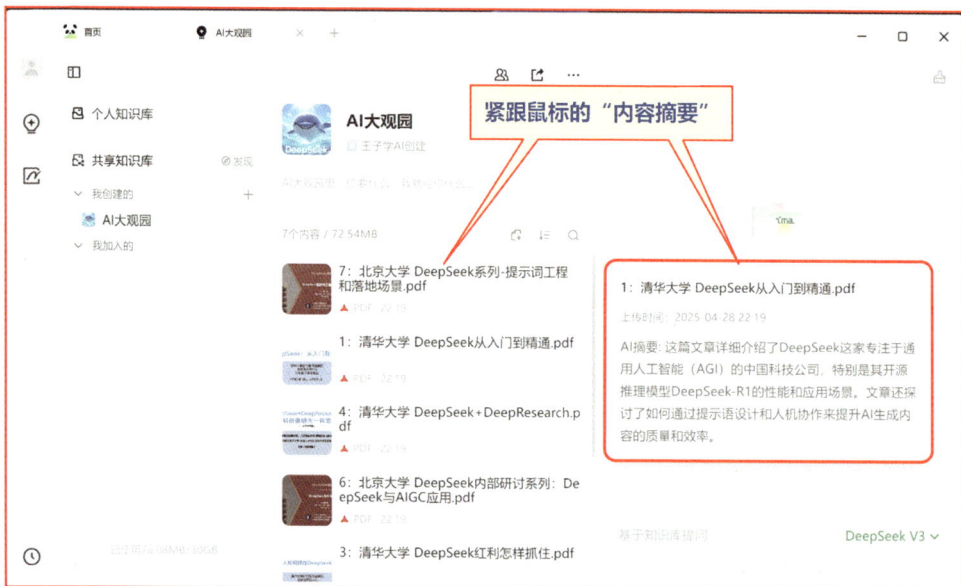

图 10-5　批量导入清华北大的 7 个 DeepSeek 学习文件

文件摘要：图 10-5 右侧的这个窗口非常棒，它是紧跟你的鼠标而展示出来的相关内容"提示窗口"。凡是你导入到知识库里的文件，系统都会自动生成一段"文件摘要"，只要你的鼠标指向哪个文本标题，这个窗口就会即时展示相关的"文件摘要"。

知识库建好了，它能正常为我们服务吗？我们进入下面的测试阶段。

3. 测试新建知识库

测试方法：就是在"DeepSeek 提问框里"进行提问、聊天，或者搜索与你新建知识库有关的问题，看看它的表现能否符合你的预期。ima 内置了 DeepSeek V3 和 DeepSeek R1 模型，建议选用 DeepSeek V3（见图 10-6）。

图 10-6　建议选用 DeepSeek V3 模型进行测试

先问一句：思维链与提示语链是什么关系？（见图 10-7 右上角黑底文字）

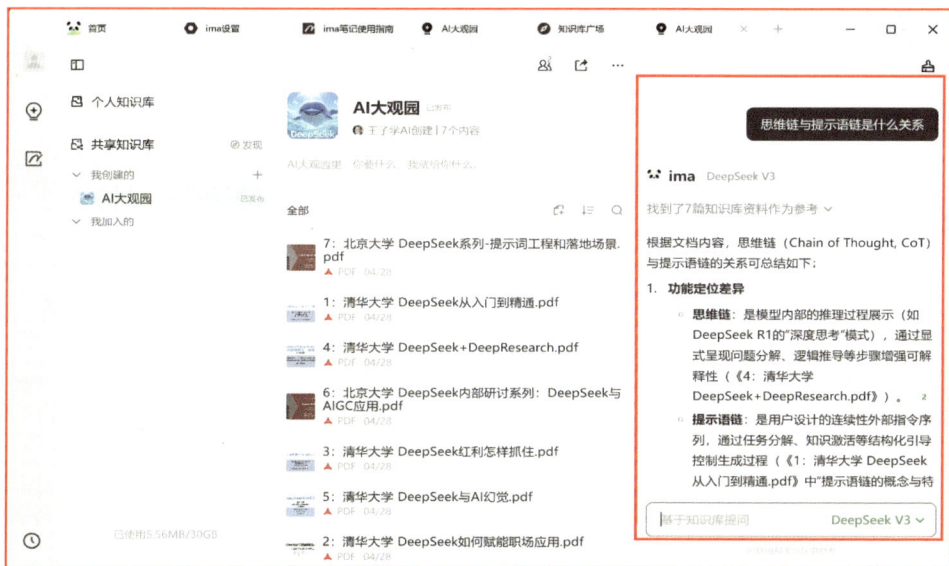

图 10-7　ima 的回答完全正确

图 10-7 所示，ima 完全是根据我们上传的文件进行的归纳和总结。

再问一句：优秀提示词的标准是什么？（见图 10-8）

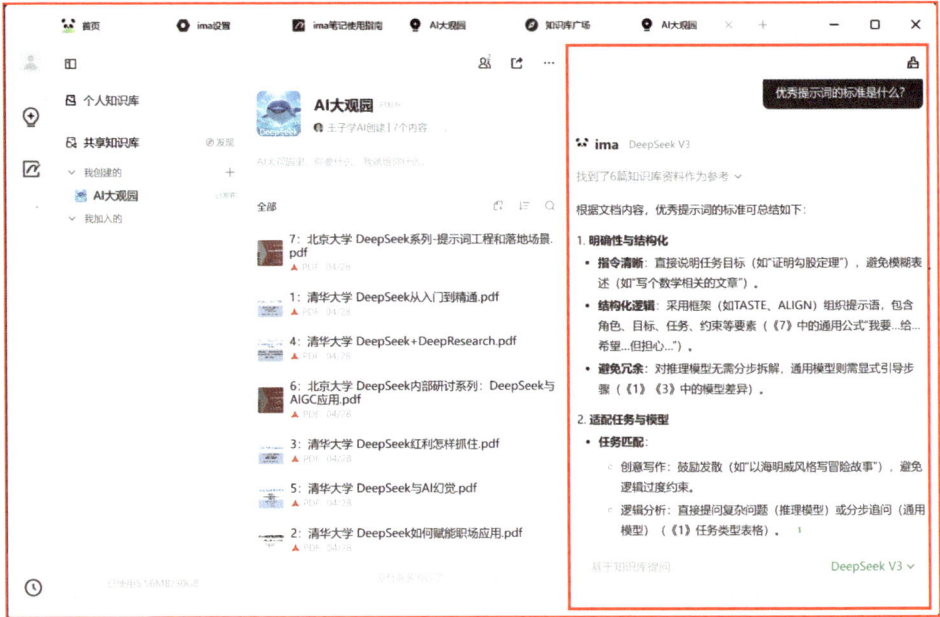

图 10-8　ima 回答"优秀提示词的标准是什么？"

如图 10-8 所示，ima 都是以我们上传的资料为基础，进行总结和归纳之后作出的回答，有条有理，清清楚楚。

第二节　知识库的分享共享"三步棋"

第一步：创建"知识号"

要想与大家分享你的共享知识库，必须先加入"知识号"。

"知识号"和"公众号""视频号"一样，都是一个信息节点，通过这个节点，别人才能发现你，你也能实时查看后台的数据。

加入"知识号"的方法是：

首先，要创建一个"知识库"（如我们前面讲述的那样）。

然后，再点击三个点"···"，再点击第二行的"权限设置"，选择"发布到广场"。

最下方，会提示你"去创建"3 个小字，点击就会跳转到"知识号"创建页面（如图 10-9 所示）。

图 10-9　在权限设置里点击"去创建"

下面图 10-10 是按照上述方法创建的"王子学 AI"的"知识号"。

图 10-10　刚刚创建的"王子学 AI"的"知识号"

第二步：玩转知识库

如图 10-11 是安装 ima 之后最初的界面，图中有许多隐秘机关：

A. 点击左侧灯泡，可以展示出当前这个页面。

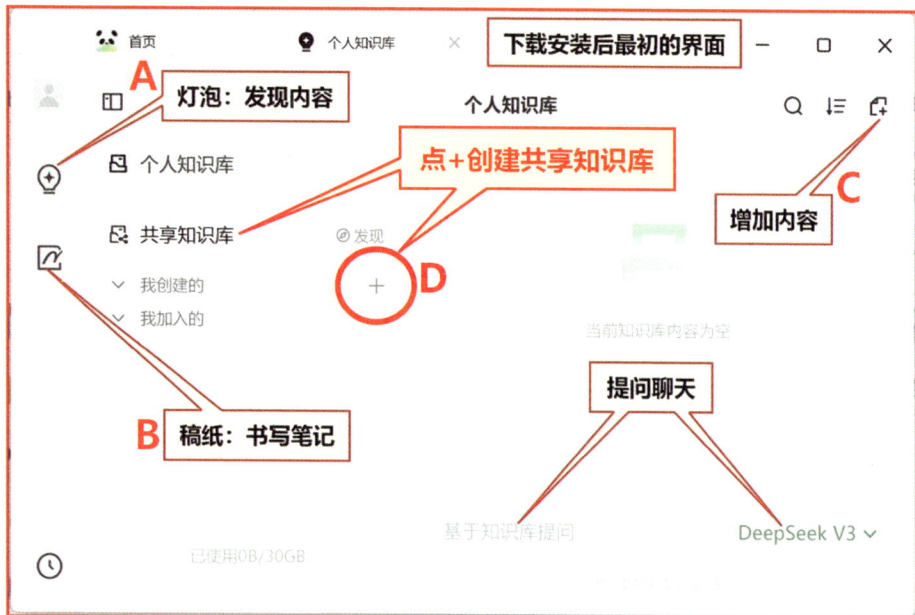

图 10-11　安装 ima 之后最初的界面

B. 点击左侧稿纸，可以写作笔记等等。

C. 点击右侧"稿纸 +"，可以增加"个人知识库"的内容。

D. 点击红圆圈中的 + 号，可以创建一个"共享知识库"。

我们点击"D"创建的"共享知识库"详见图 10-12。

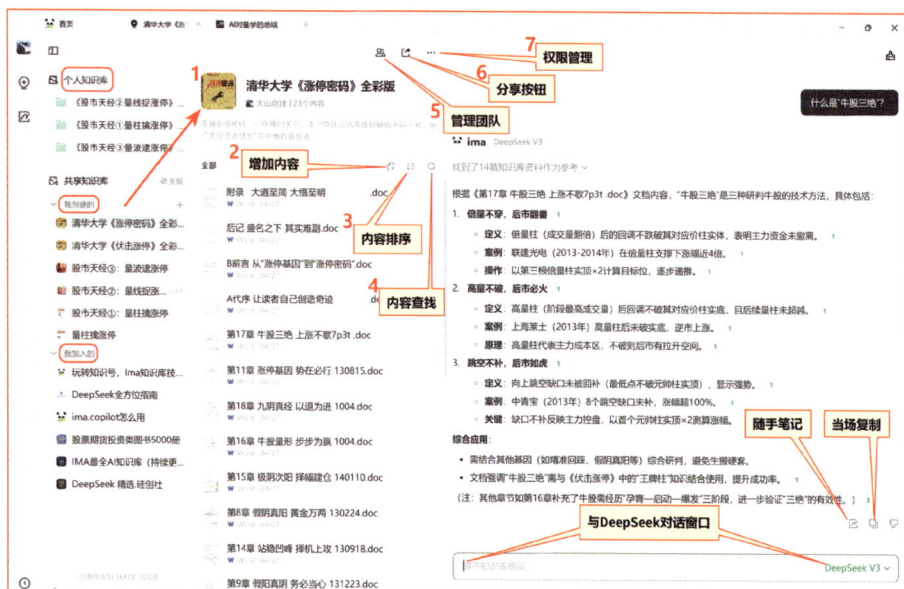

图 10-12　创建"共享知识库"之后的界面

图 10-12 的界面图非常重要，依次介绍如下。

左侧上方，是我们创建的 3 个"个人知识库"。

左侧中间，是我们创建的 6 个"共享知识库"。

左侧下方，是我们加入的 6 个"共享知识库"。

（1）清华大学《涨停密码》共享知识库。

（2）点进去即可增加新的共享知识库内容。

（3）点进去可对共享知识库的内容排序。

（4）点进去可以查找知识库的相关内容。

（5）点进去可以查看知识库的管理团队。

（6）点进去可以分享共享知识库的内容。

（7）点进去可以对知识库设置权限管理。

我们创建"共享知识库"之后，如果想要分享给大家，或者共享给大家，显然应该点击"6"处的按钮。

第三步：分享知识库

要想把"共享知识库"分享给大家，点击"6"处的分享按钮（见图 10-13）。

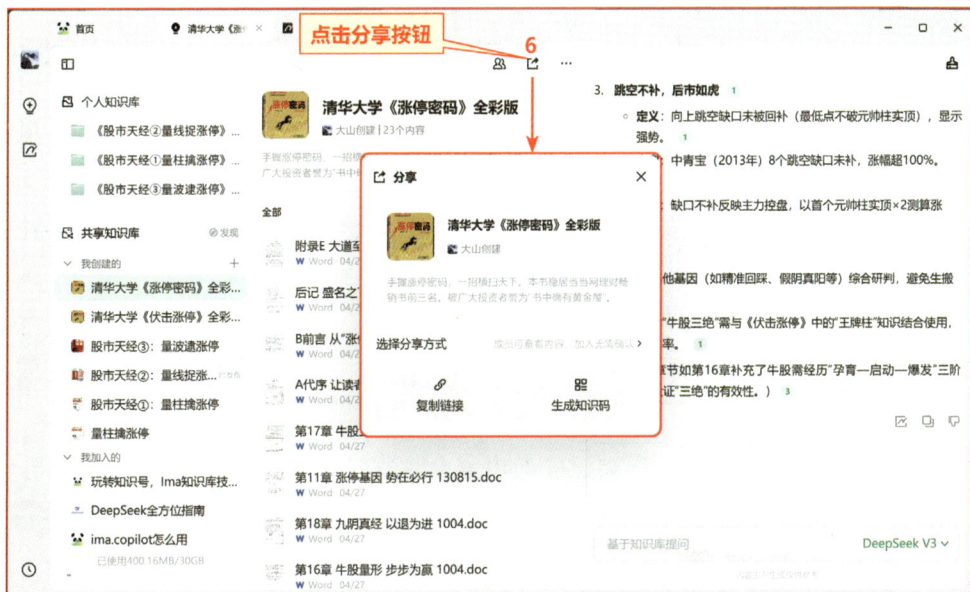

图 10-13　点击分享按钮，弹出分享窗口

如图 10-13 所示，弹出的窗口中出现了两个分享方式，一个是"复制链接"，一个是"生成知识码"。点击"生成知识码"，如图 10-14 所示。

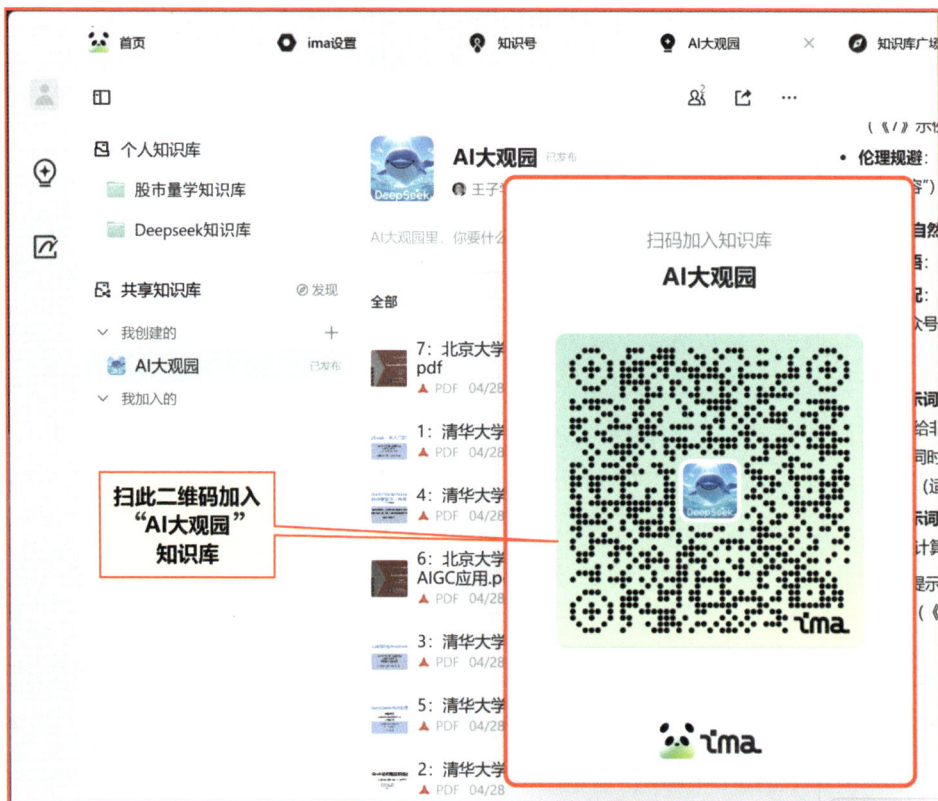

图 10-14　点击生成的"知识码"

把这个"知识码"发给读者，或者放在微信公众号或其他平台上，让读者扫码加入你的知识库，享用你的知识库。如此，你就成功了！

第三节　知识库的管理使用"三妙招"

随着时间的推移，共享知识库的内容会越积越多，为了方便查找和归类，我们可以用标签的方式对文档进行分门别类标注，还可以指定标签回答问题。

第一招：制作标签

在"共享知识库"页面，用鼠标右键点击任意文件名，就会弹出一个"编辑标签"的菜单，如图 10-15 右下角的方框。

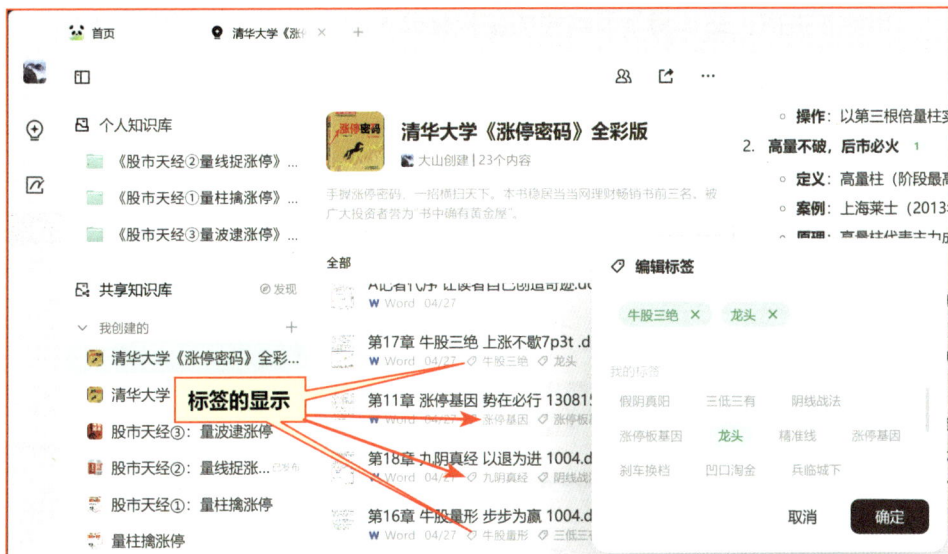

图 10-15　标签的制作

点击图 10-15 中的"编辑标签"就能给文档打标签了。

制作标签后，就能用标签提问，看看效果，如图 10-16 所示。

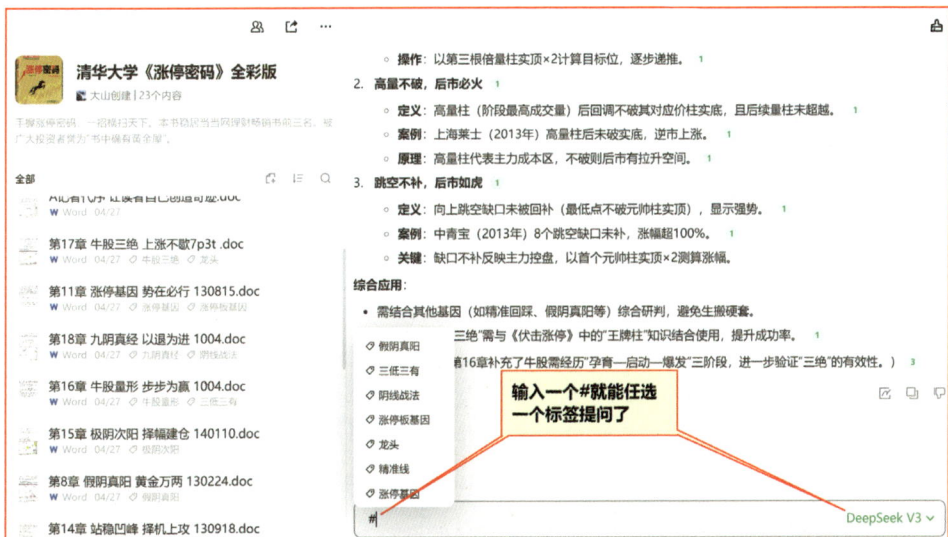

图 10-16　输入 # 号就能调用标签提问

用标签提问，必须用下面这样的结构化公式：

标签＋问题＋（描述）＋（要求）＝标签提问（如图 10-17 所示）

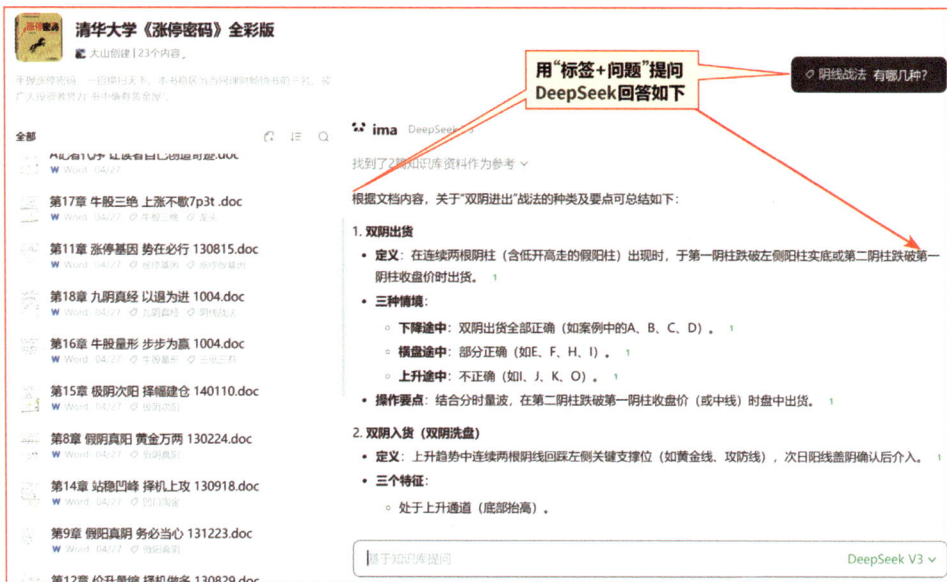

图 10-17　用标签提问的效果

从图 10-17 可以看到，给出的结果完全符合预期，完全可以作为新学员的培训手册。如果我们对答案不满意，还可以进一步追问。

第二招：创建笔记

知识库里得到的答案，可以直接复制为其他文档或创建笔记，然后将笔记添加到知识库（如图 10-18 把笔记添加到知识库的三个步骤）。

第三招：设置权限

这是最关键的一招。这一招若不做好，你将前功尽弃。

知识库可以共享给别人直接查看和使用，但为了保护个人知识产权和企业商业机密，创建时最好设置权限。权限设置必须是创建者同意才能查看，这样就防止了文件内容外泄的风险（见图 10-19 设置权限的三个步骤）。

以上就是关于 ima 知识库从创建到分享的详细步骤和方法。

ima 知识库确实能给我们管理知识、积累知识、保存文档提供极大的便利，也方便内容的分享和管理。AI 时代，人人都需要建立自己的知识库，可以将知识库变成自己的学习库。可以毫不夸张地说，今后可能是"得知识库者得天下"了。

关于知识库的问题，可在 ai.448.cn 留言、提问或咨询。

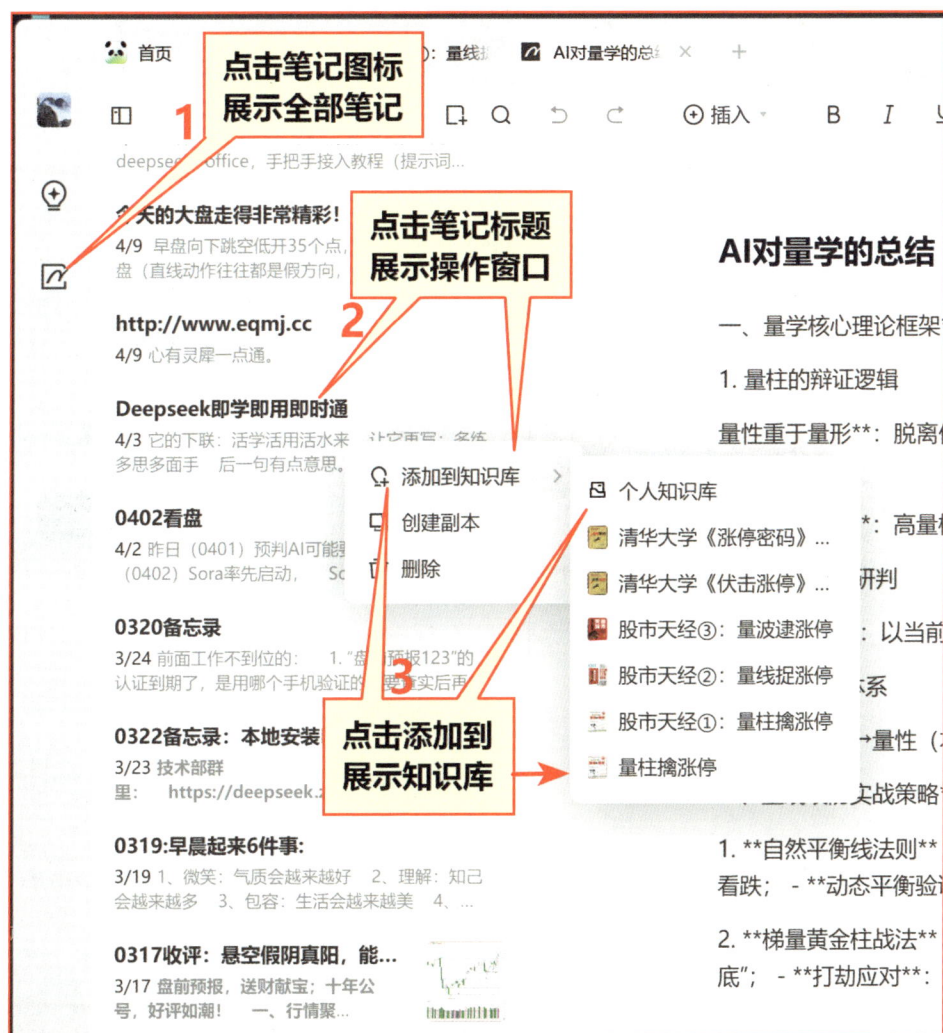

图 10-18　把笔记添加到知识库的三个步骤

图 10-19　设置权限的三个步骤

DeepSeek 创建
智能体的"三级飞跃"

DeepSeeK

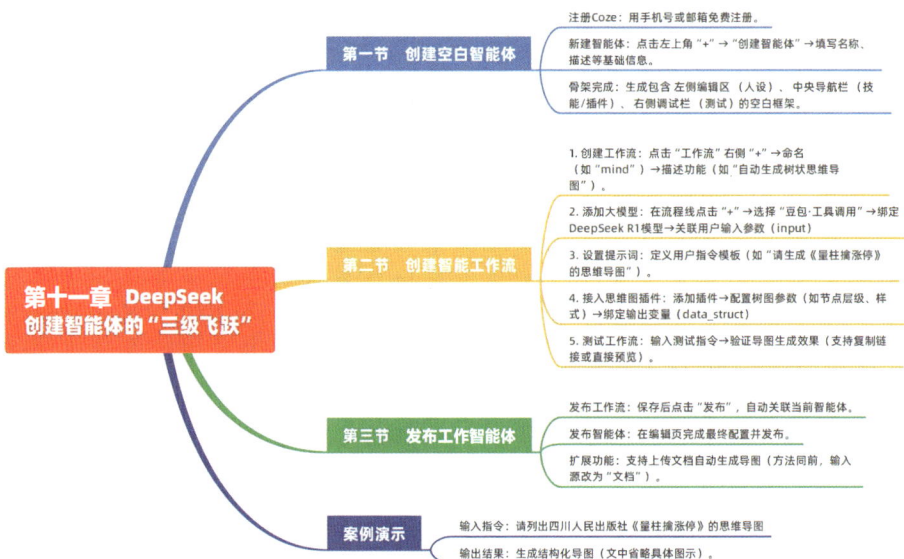

第十一章　DeepSeek
创建智能体的"三级飞跃"

第一节　创建空白智能体

注册Coze：用手机号或邮箱免费注册。

新建智能体：点击左上角"+"→"创建智能体"→填写名称、描述等基础信息。

骨架完成：生成包含左侧编辑区（人设）、中央导航栏（技能/插件）、右侧调试栏（测试）的空白框架。

第二节　创建智能工作流

1. 创建工作流：点击"工作流"右侧"+"→命名（如"mind"）→描述功能（如"自动生成树状思维导图"）。

2. 添加大模型：在流程线点击"+"→选择"豆包·工具调用"→绑定DeepSeek R1模型→关联用户输入参数（input）

3. 设置提示词：定义用户指令模板（如"请生成《量柱擒涨停》的思维导图"）。

4. 接入思维图插件：添加插件→配置树图参数（如节点层级、样式）→绑定输出变量（data_struct）

5. 测试工作流：输入测试指令→验证导图生成效果（支持复制链接或直接预览）。

第三节　发布工作智能体

发布工作流：保存后点击"发布"，自动关联当前智能体。

发布智能体：在编辑页完成最终配置并发布。

扩展功能：支持上传文档自动生成导图（方法同前，输入源改为"文档"）。

案例演示

输入指令：请列出四川人民出版社《量柱擒涨停》的思维导图

输出结果：生成结构化导图（文中省略具体图示）。

那些耗费数小时排版的思维导图，现在 1 分钟就能搞定，你信吗？

信！这就是智能体给每个普通人赋予的超能力。

无论是学习笔记、会议记录，还是项目规划，思维导图都是整理思路的神器。今天教你用**免费工具**，无需编程基础，轻松创建一个能"一键生成思维导图"的智能体！这个过程只需 10 分钟，全程提供保姆级教程，让你"即学即会即时通"。

适合人群：想用 AI 提效的人、自媒体内容创作者、不懂编程的小白。

准备工作：3 分钟快速上手指南

用浏览器打开"扣子"www.coze.cn ，用手机号或邮箱注册（免费使用），见图 11-1。

"扣子"是现成的智能体创建平台，不用写代码，注册成功之后，点击顶部"开发平台"，然后点击"快速开始"，在打开的页面上点击左上方的"+"号就能进入"创建智能体"的主界面。剩下的工作，就是创建智能体了。

因为创建过程比较琐碎，有些地方用文字讲解不太好理解，我们特意改用"图示法"，一步一步讲解如下，让你进入"即学即用即时通"的境界。

第一节　创建空白智能体

点击图 11-1 左上方的"+"号之后，显示图 11-2 的界面。

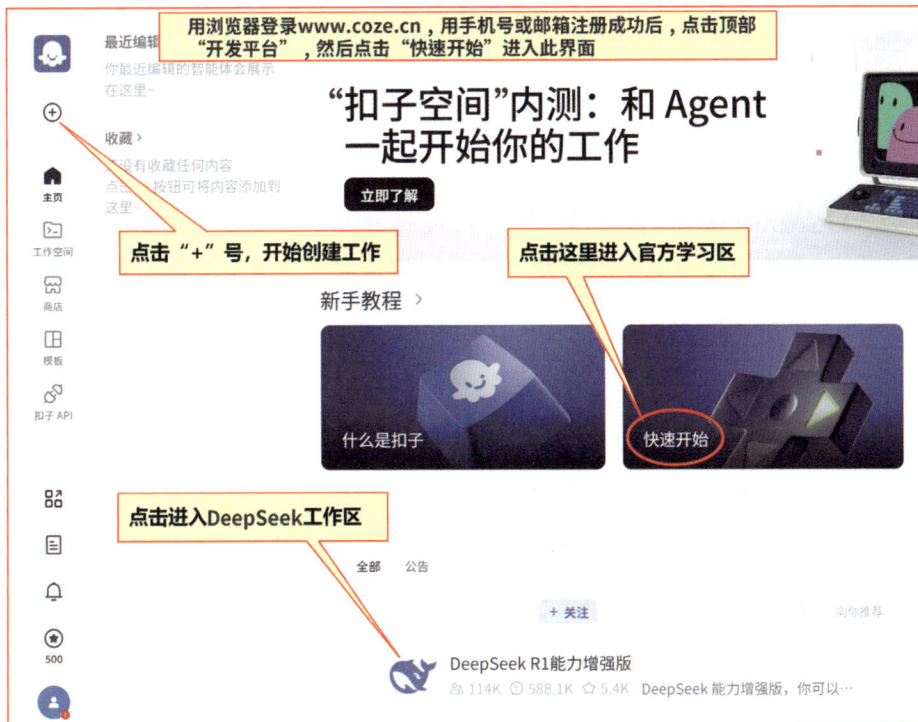

用浏览器登录www.coze.cn，用手机号或邮箱注册成功后，点击顶部"开发平台"，然后点击"快速开始"进入此界面

点击"+"号，开始创建工作

点击这里进入官方学习区

点击进入DeepSeek工作区

图 11-1　"扣子"开发平台的界面和功能

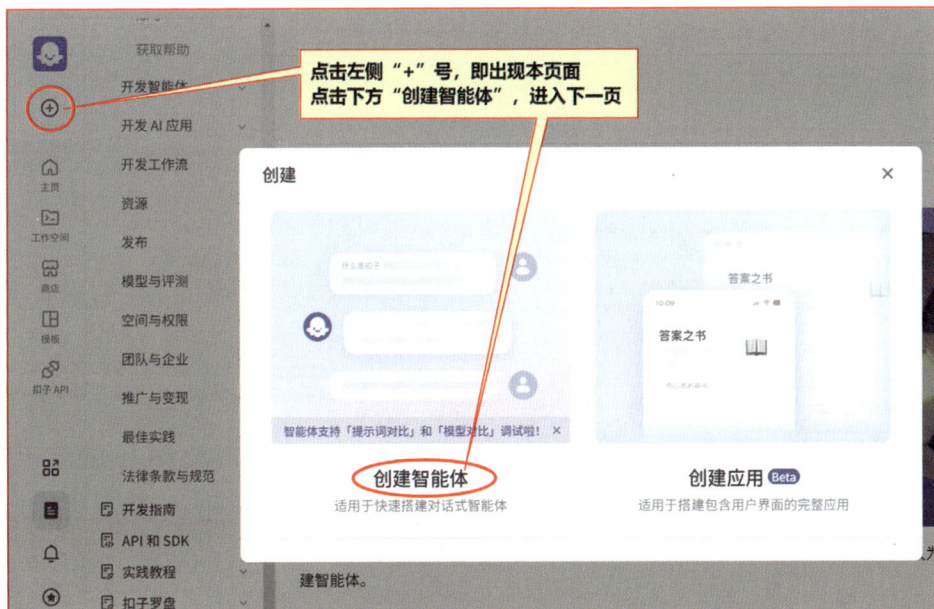

点击左侧"+"号，即出现本页面
点击下方"创建智能体"，进入下一页

图 11-2　点击左上方的"+"号之后显示的界面

点击图 11-2 下方的"创建智能体"，即进入图 11-3 的界面。

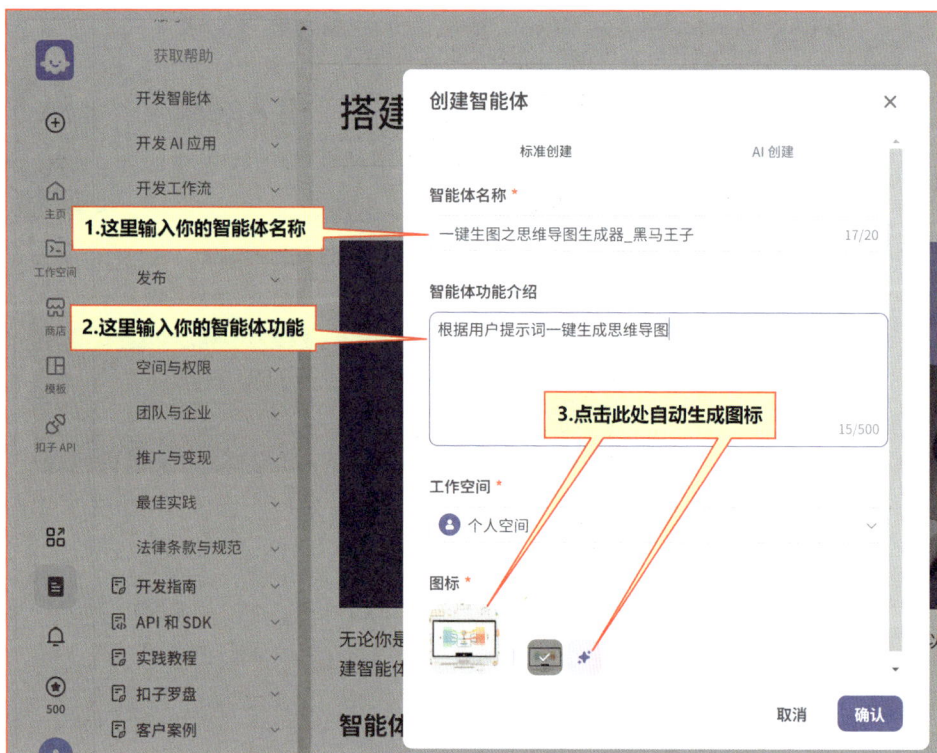

图 11-3　创建你的智能体，填入相关信息

　　按照图 11-3 中的提示，输入你的智能体的相关信息。点击"确认"即进入图 11-4 的页面。

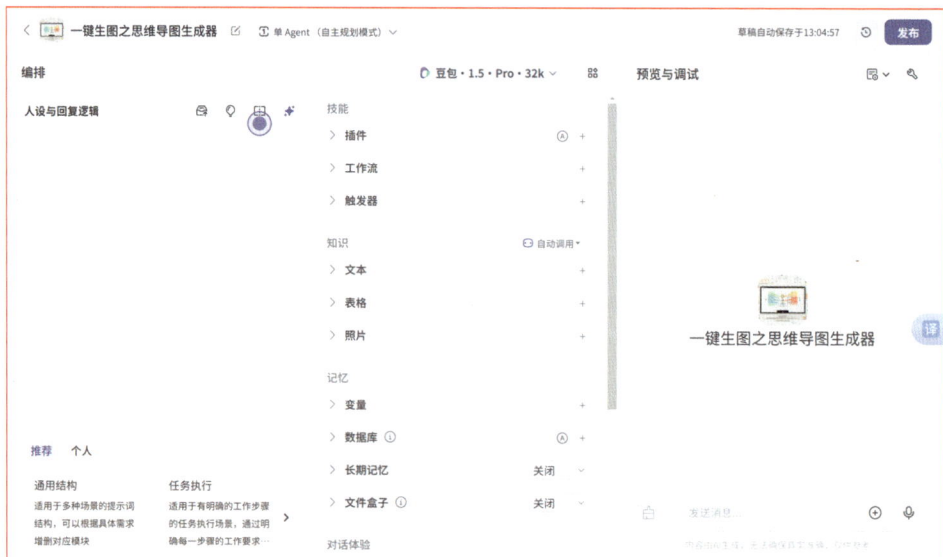

图 11-4　空白智能体骨架创建成功

出现图 11-4 的界面，即说明空白智能体的骨架创建成功。

以上界面分为左、中、右三个部分，即三个核心功能区：

左侧编辑区：是智能体的人设与回复逻辑；如不需要对话式智能体，可以不用填写。

中央导航栏：可以给智能体添加各种技能、工作流、插件库等。

右侧调试栏：配置好智能体后，就可以在预览与调试区域中测试智能体是否符合预期。

第二节　创建智能工作流

目标：让智能体**根据用户提示词**自动生成树状思维导图。

1. 创建工作流

点击图 11-4 中间"技能"栏**"工作流"**右边**"+"**号，开始"创建工作流"，此时浏览器进入图 11-5 的页面。

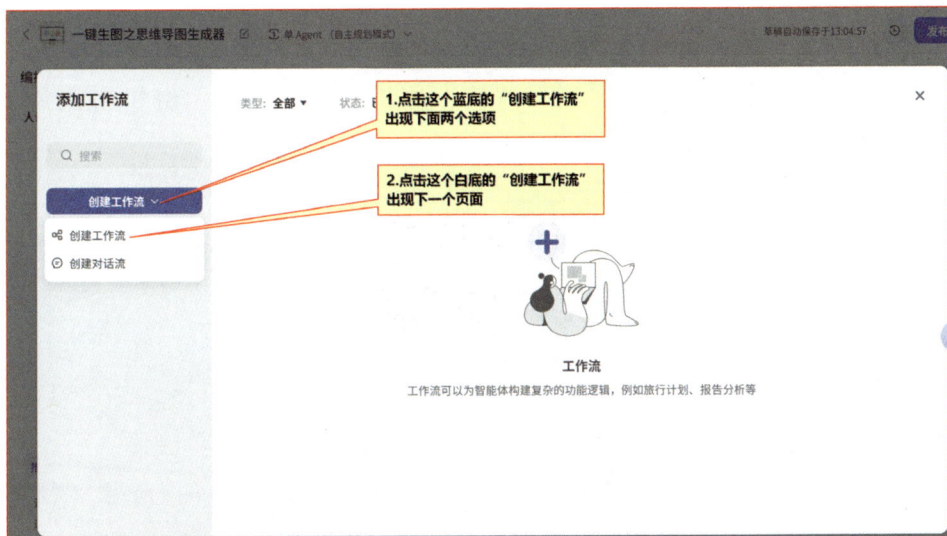

图 11-5　进入"创建工作流"的页面

在图 11-5 的界面上点击白底"创建工作流"之后出现如下页面（见图 11-6）。如图 11-6 所示：

1. 点击左侧"创建工作流"按钮后，在弹出的菜单上点击"创建工作流"。

2. 填写工作流名称："mind"（也可以输入符合格式要求的其他名称）。

3. 填写工作流描述："根据用户输入的关键词自动生成树状思维导图。"

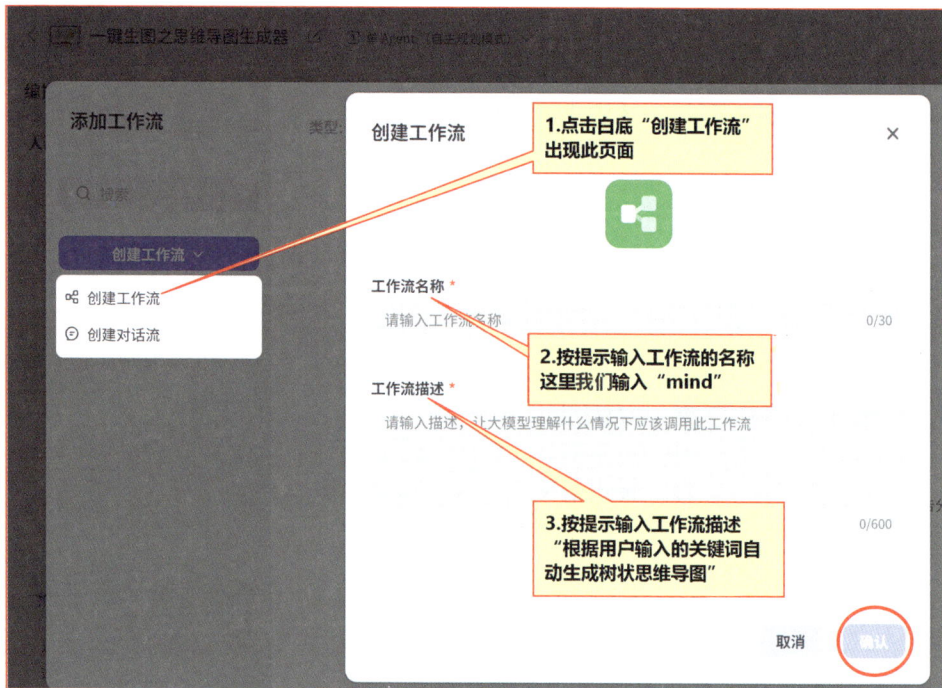

图 11-6　创建你的工作流，填入相关信息

最后点击图 11-6 右下方的"确认"按钮进入下一步"编辑工作流"（见图 11-7）。

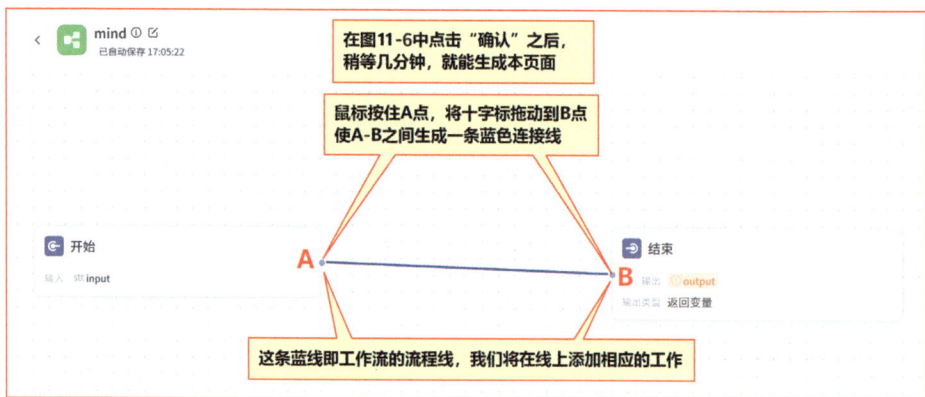

图 11-7　进入"编辑工作流"步骤

2. 编辑工作流

点击图 11-7 中的流程线，线的中间将出现一个"+"号，点击"+"号，即可在流程线上"添加大模型"（见图 11-8）。

点击图 11-8 中"大模型"后，进入添加大模型的窗口（见图 11-9）。

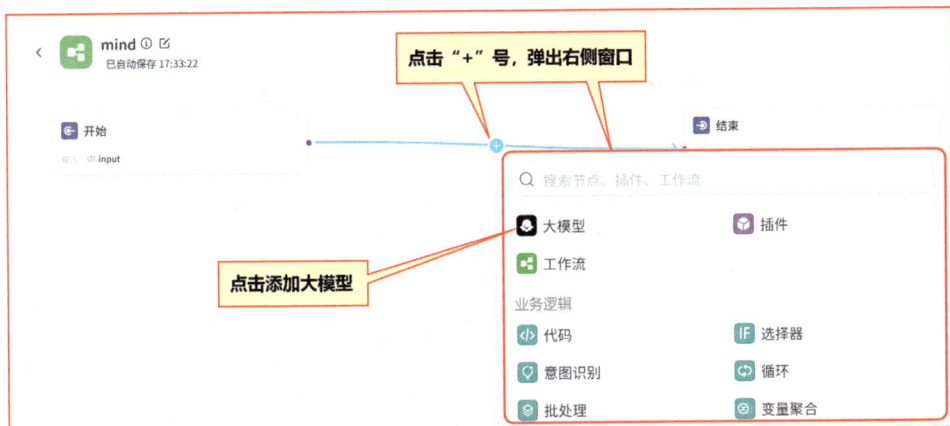

图 11-8　选择大模型

3. 添加大模型

如图 11-9 所示。

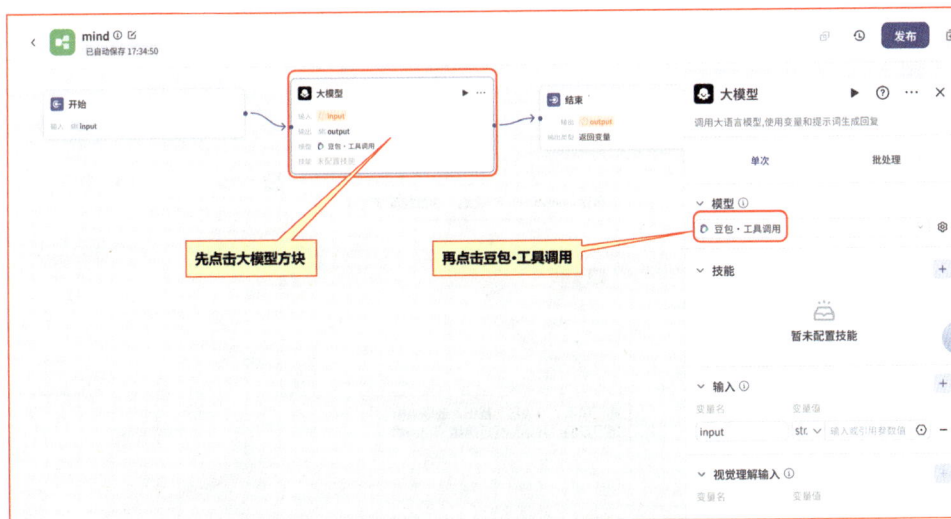

图 11-9　点击"大模型"→添加"豆包·工具调用"

我们先点击"大模型"方块，然后再点击"豆包·工具调用"，见图 11-9。

点击图 11-9 的"豆包·工具调用"会出现一个工具菜单（见图 11-10）。

注意：接下来的操作非常重要！ 当我们在图 11-10 选择 DeepSeek R1 后，右下角会弹出一个"变量值"窗口（见图 11-11），要求我们填写"输入或引用参数值"，我们点击这个窗口最右侧的"六角形"按钮，从弹出的菜单最下方选择"开始"，再点击"input"，绑定用户指令。

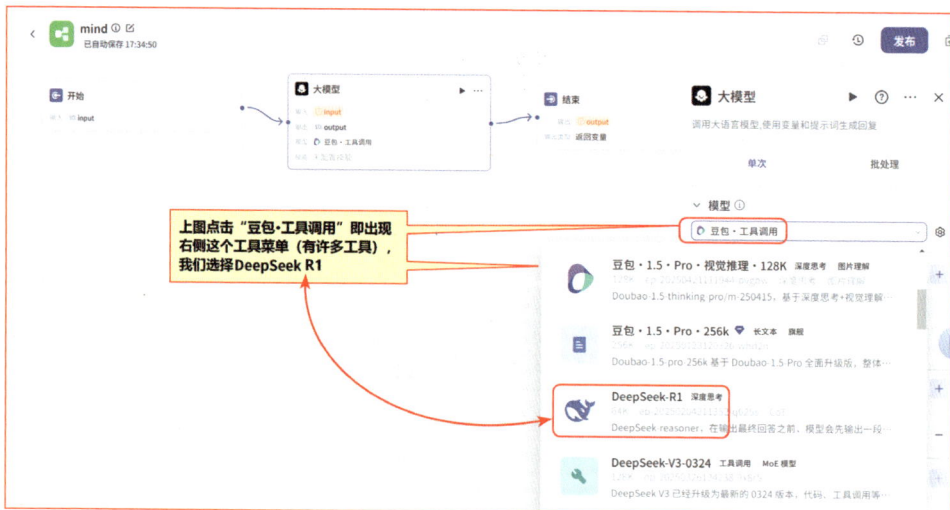

图 11-10　从豆包工具菜单中选定 DeepSeek R1

以上操作，千万不要手动输入，必须是从菜单列表中点击选择。

具体操作方法和步骤都标注在图 11-11 中。

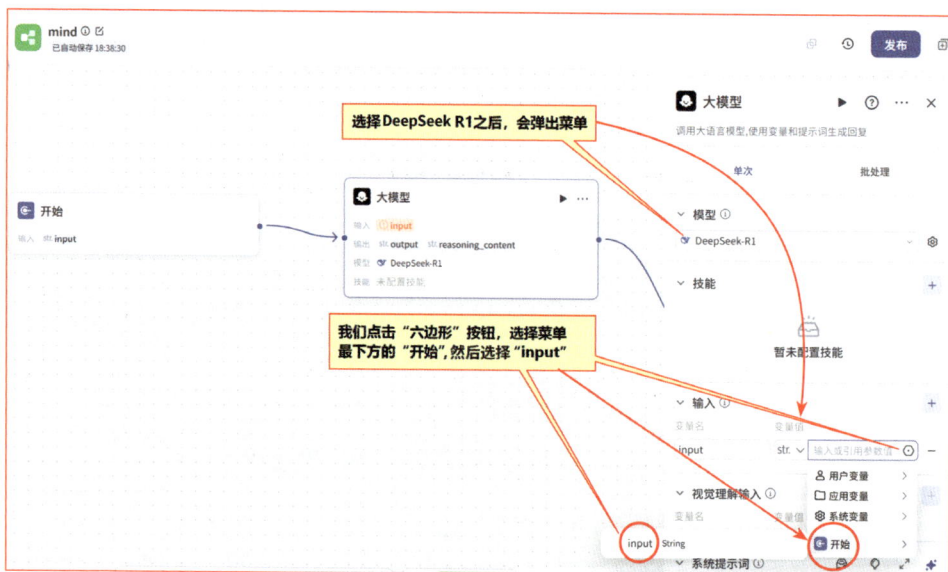

图 11-11　从"六边形"按钮弹出菜单中选定"开始"和"input"

我们在图 11-11 中选定"开始"和"input"后，可将右侧的配置栏向下拖动，显示下方的"用户提示词"窗口（见图 11-12），进入设置提示词的操作。

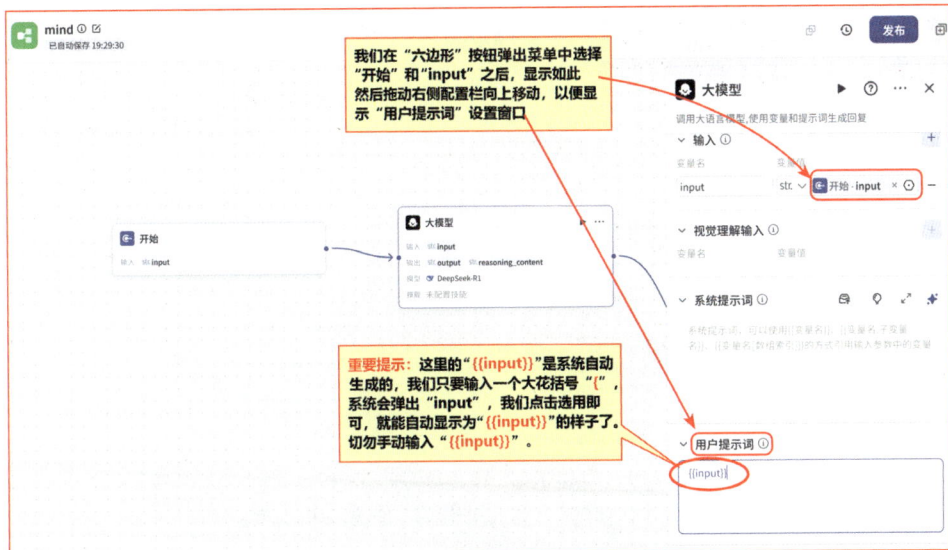

图 11-12　显示"用户提示词"设置窗口

4. 设置提示词

设置提示词的方法和注意事项都标注在图 1-12 中，可以边看边做。

5. 接入思维图

在图 11-13 中点击"插件"即进入"接入思维图"的操作（见图 11-14）。

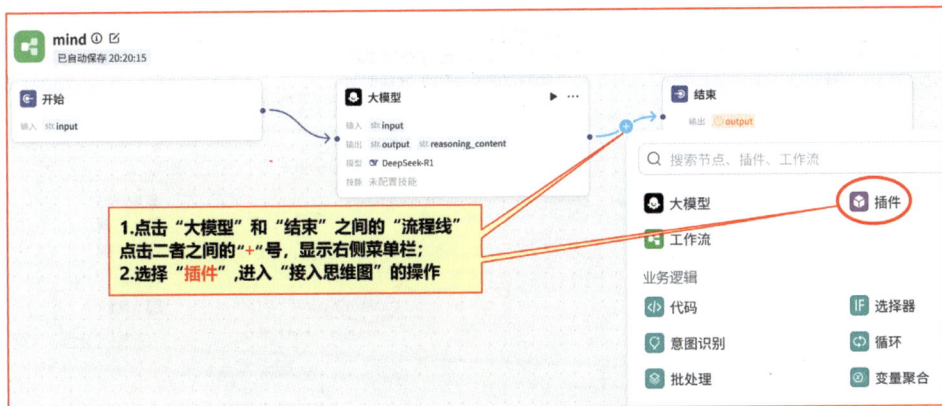

图 11-13　点击"插件"进入"接入思维图"的操作

图 11-14　详解"接入思维图"的方法和步骤

"接入思维图"的方法和步骤标注在图 11-14 中，按图中说明操作即可。

小插曲：此前的流程图都是横向排列的，显得拥挤，不美观。现在，我们用鼠标拖动这几个模块，让它们纵向排列（见图 11-15）。

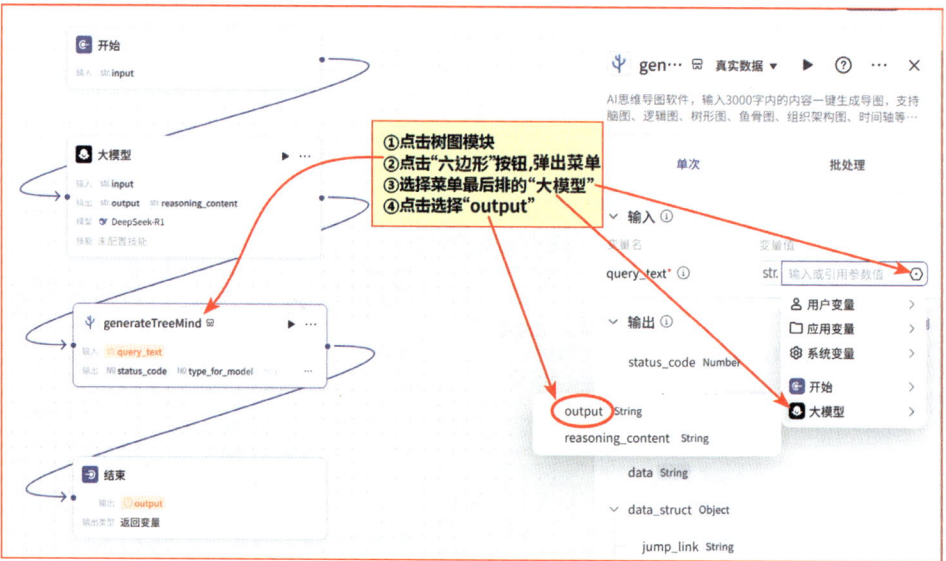

图 11-15　配置插件树图的参数

这几个模块可任意拖动按照要求排列组合，直到你自己满意。然后，我们继续下面的操作，见图 11-16。

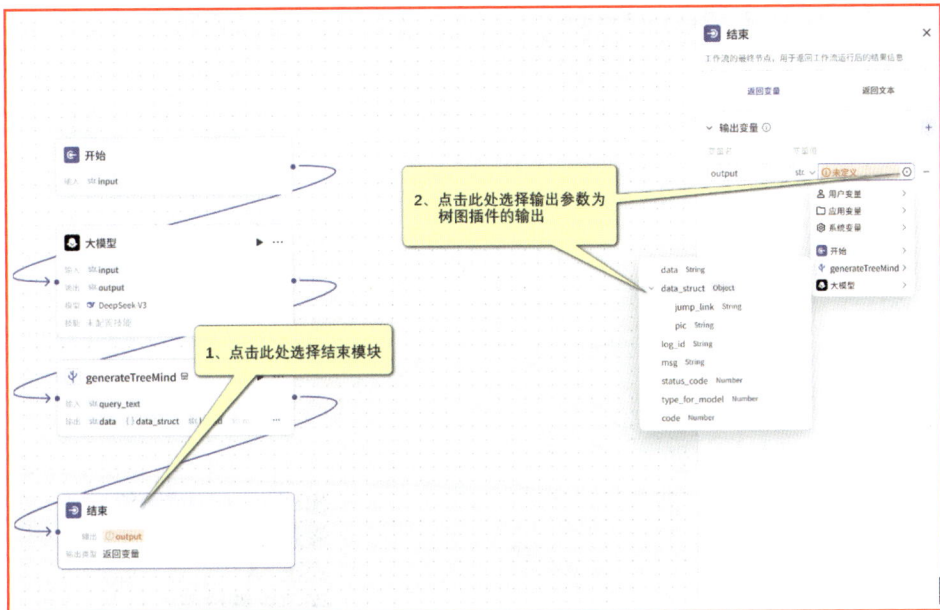

图 11-16　配置树图插件输出参数（data_struct）

6. 测试工作流

测试工作流的操作步骤见图 11-17。

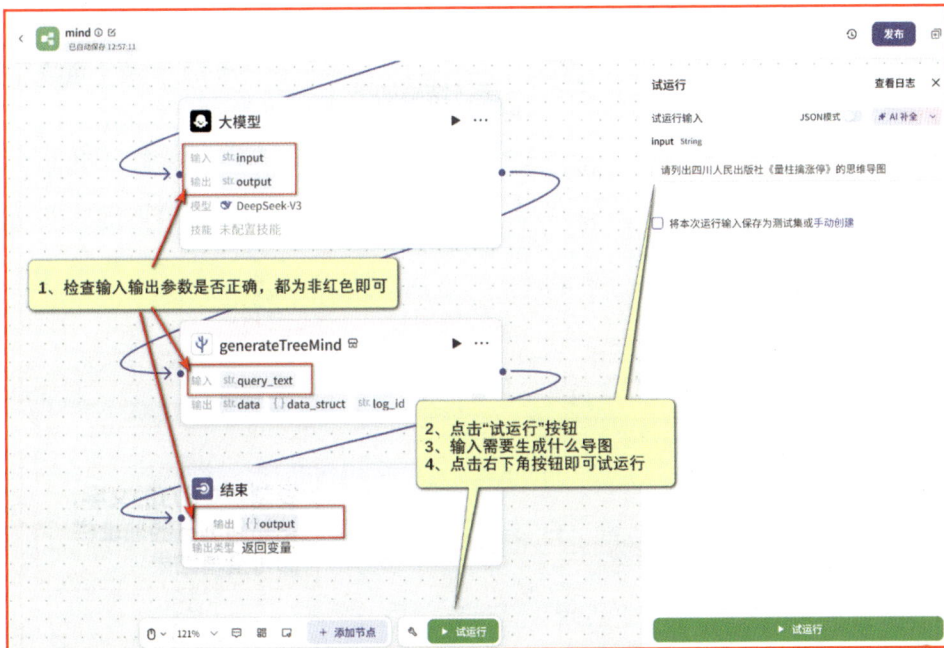

图 11-17　测试工作流的操作步骤

如图 11-18 右侧出现"output"语句时，表示工作流测试完毕，我们点击"＞"即可查看运行结果（见图 11-19）。

图 11-18　工作流测试完毕（出现"output"语句）

图 11-19　工作流试运行结果（复制 pic 下方的文字到浏览器查看）

也可点击图 11-19 右下角的"试运行",输入测试内容(如请列出四川人民出版社《量柱擒涨停》的思维导图),查看生成导图正常即可进入第三步。

第三节 发布工作智能体

如图 11-20,点击**"发布"**工作流将自动关联到当前智能体(图 11-21)。

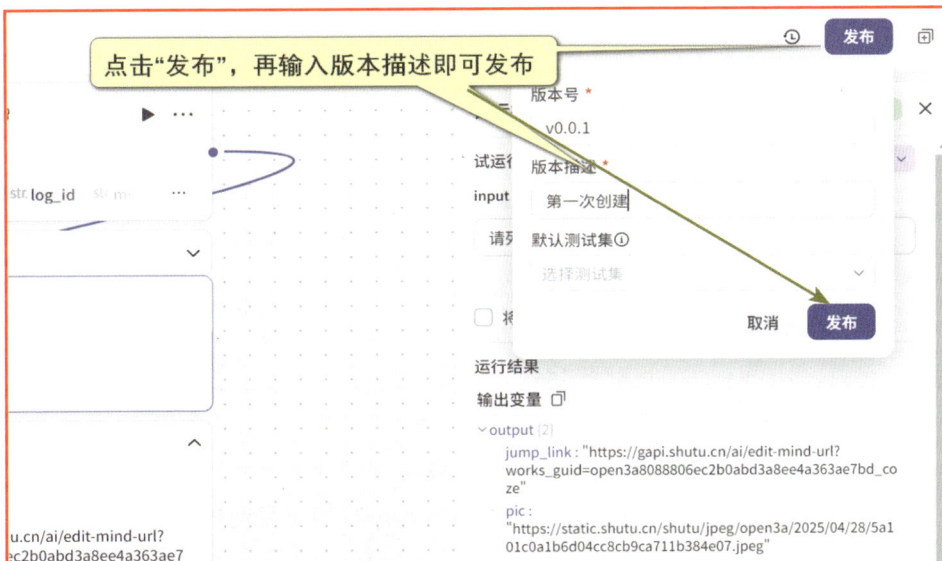

图 11-20　保存并发布工作流到智能体

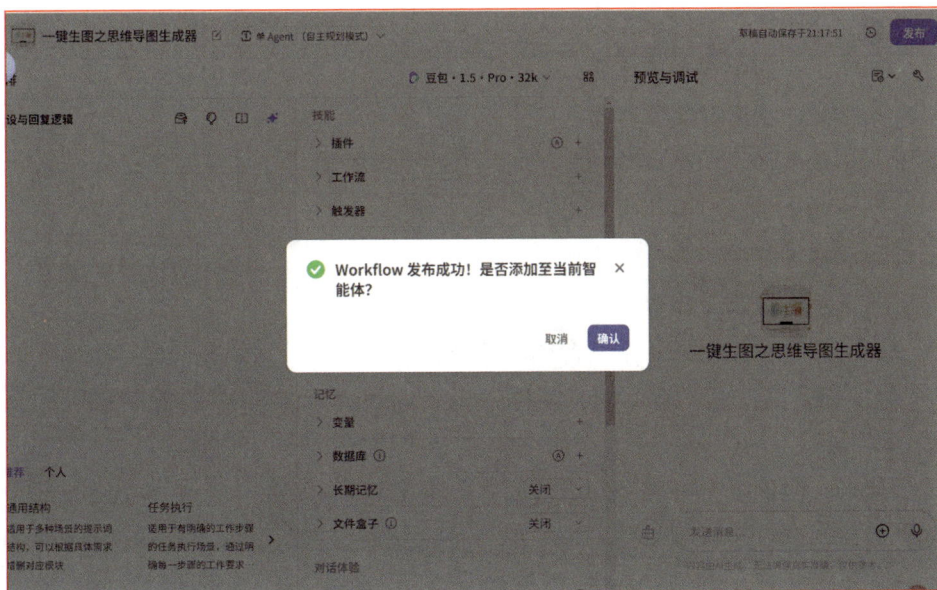

图 11-21　工作流发布成功的页面

215

点击图 11-21 中"确认"即进入智能体编辑页（见图 11-22）。

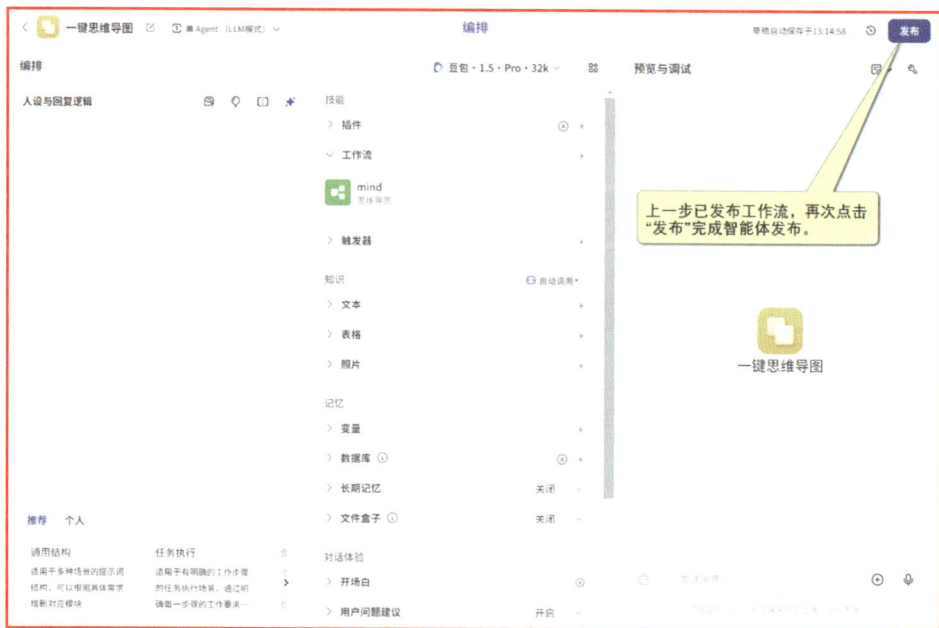

图 11-22　保存并发布智能体的页面

至此，我们创建智能体的工作圆满完成。

测试了一下，输入"请将经济日报出版社出版的《量波逮涨停》生成思维导图。"

输出成功！（为节省篇幅，生成的思维导图省略）。

回忆前面的三节内容，我们走过了一级高于一级的智慧阶梯：

第一步：创建智能体骨架。

第二步：创建智能工作流。这是核心，分为如下 3 个步骤：

1.创建工作流，编辑工作流。

2.添加大模型，接入思维图。

3.测试工作流，绑定智能体。

第三步：发布工作智能体。

以上三个步骤，将一个空白的智能体骨架，通过"设想→创建→实施"的"三级飞跃"，一步一步变成了能够"用 DeepSeek 一键生成思维导图"的智能体。

最后，我们更上一层楼。增加了"上传文档即自动生成上传文档的思维导图"功能。其方法和步骤和上面一样，也是如下"三级飞跃"：

（1）打开智能体，编辑工作流，**选择**大模型的输入为"文档"。

（2）编辑工作流，给大模型**添加**读取文档的技能。

（3）保存发布智能体。

测试"一键生成思维导图的智能体"，可以输入任何一本书的书名，让智能体生成思维导图。

测试"上传文档生成思维导图的智能体"，可以点击输入框右侧的"+"号，输入你的文档，回车，等几分钟，就能生成"上传文档的思维导图"。

您若有任何问题或困难，请到 ai.448.cn"AI 即时通"留言。

DeepSeek 创建
提示词的"十大戒律"

DeepSeeK

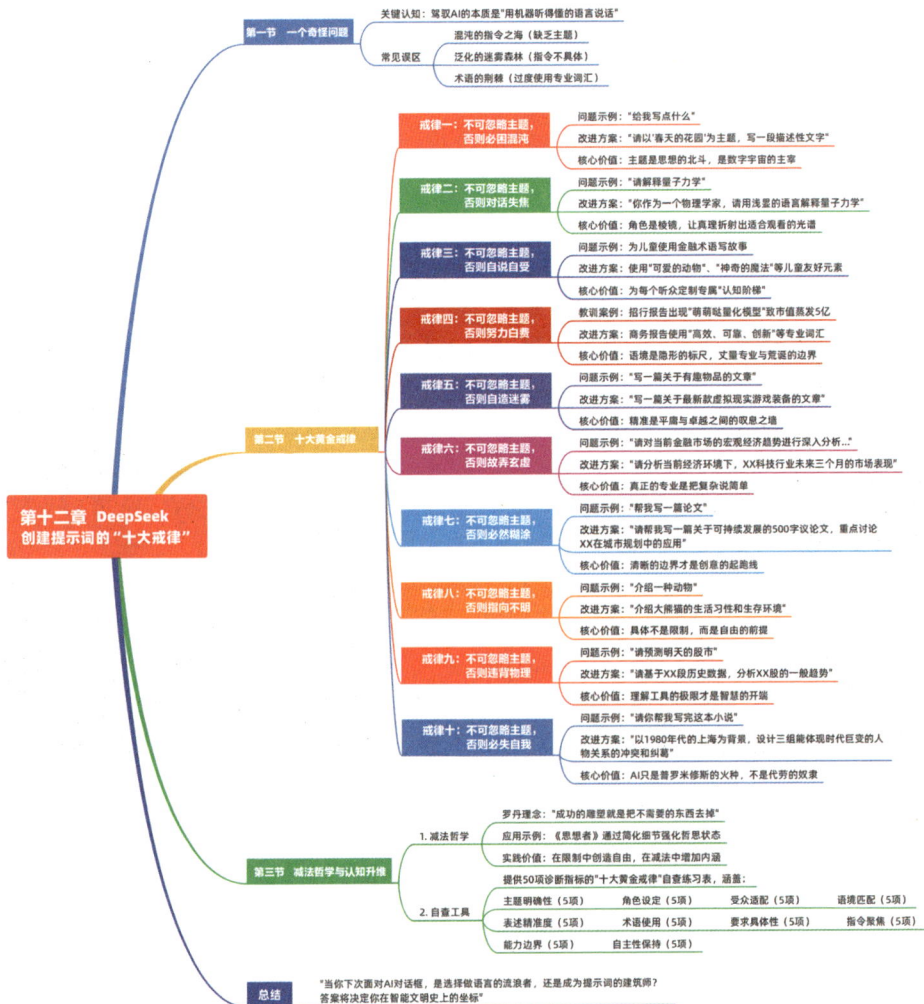

第一节 一个奇怪问题
- 关键认知：驾驭AI的本质是"用机器听得懂的语言说话"
- 常见误区
  - 混沌的指令之海（缺乏主题）
  - 泛化的迷雾森林（指令不具体）
  - 术语的荆棘（过度使用专业词汇）

第十二章 DeepSeek 创建提示词的"十大戒律"

第二节 十大黄金戒律

- 戒律一：不可忽略主题，否则必困混沌
  - 问题示例："给我写点什么"
  - 改进方案："请以'春天的花园'为主题，写一段描述性文字"
  - 核心价值：主题是思想的北斗，是数字宇宙的主宰
- 戒律二：不可忽略主题，否则对话失焦
  - 问题示例："请解释量子力学"
  - 改进方案："你作为一个物理学家，请用浅显的语言解释量子力学"
  - 核心价值：角色是棱镜，让真理折射出适合观看的光谱
- 戒律三：不可忽略主题，否则自说自受
  - 问题示例：为儿童使用金融术语写故事
  - 改进方案：使用"可爱的动物"、"神奇的魔法"等儿童友好元素
  - 核心价值：为每个听众定制专属"认知阶梯"
- 戒律四：不可忽略主题，否则努力白费
  - 教训案例：招行报告出现"萌萌哒量化模型"致市值蒸发5亿
  - 改进方案：商务报告使用"高效、可靠、创新"等专业词汇
  - 核心价值：语境是隐形的标尺，丈量专业与荒诞的边界
- 戒律五：不可忽略主题，否则自造迷雾
  - 问题示例："写一篇关于有趣物品的文章"
  - 改进方案："写一篇关于最新款虚拟现实游戏装备的文章"
  - 核心价值：精准是平庸与卓越之间的吸息之墙
- 戒律六：不可忽略主题，否则故弄玄虚
  - 问题示例："请对当前金融市场的宏观经济趋势进行深入分析…"
  - 改进方案："请分析当前经济环境下，XX科技行业未来三个月的市场表现"
  - 核心价值：真正的专业是把复杂说简单
- 戒律七：不可忽略主题，否则必然糊涂
  - 问题示例："帮我写一篇论文"
  - 改进方案："请帮我写一篇关于可持续发展的500字论文，重点讨论XX在城市规划中的应用"
  - 核心价值：清晰的边界才是创意的起跑线
- 戒律八：不可忽略主题，否则指向不明
  - 问题示例："介绍一种动物"
  - 改进方案："介绍大熊猫的生活习性和生存环境"
  - 核心价值：具体不是限制，而是自由的前提
- 戒律九：不可忽略主题，否则违背物理
  - 问题示例："请预测明天的股市"
  - 改进方案："请基于XX段历史数据，分析XX股的一般趋势"
  - 核心价值：理解工具的极限才是智慧的开端
- 戒律十：不可忽略主题，否则必失自我
  - 问题示例："请你帮我写完这本小说"
  - 改进方案："以1980年代的上海为背景，设计三组能体现时代巨变的人物关系的冲突和纠葛"
  - 核心价值：AI只是普罗米修斯的火种，不是代劳的奴隶

第三节 减法哲学与认知升维
- 1. 减法哲学
  - 罗丹理念："成功的雕塑就是把不需要的东西去掉"
  - 应用示例：《思想者》通过简化细节强化哲思状态
  - 实践价值：在限制中创造自由，在减法中增加内涵
- 2. 自查工具
  - 提供50项诊断指标的"十大黄金戒律"自查练习表，涵盖：
    - 主题明确性（5项）
    - 角色设定（5项）
    - 受众适配（5项）
    - 语境匹配（5项）
    - 表述精准度（5项）
    - 术语使用（5项）
    - 要求具体性（5项）
    - 指令聚焦（5项）
    - 能力边界（5项）
    - 自主性保持（5项）

总结："当你下次面对AI对话框，是选择敬语言的流浪者，还是成为提示词的建筑师？答案将决定你在智能文明史上的坐标"

第一节 一个奇怪问题

AI 时代的大门敞开着（见图 12-1），但不一定每个人都能进去。

你手中的键盘，是 21 世纪最锋利的刻刀；

你输入的每个字符，都在重塑智能的轮廓。

但有些在 AI 门前徘徊的探索者啊——

有的困顿于混沌的指令之海；

有的迷失在泛化的迷雾森林；

有的被术语的荆棘划破双手……

甚至有人说："AI 没有用。"

图 12-1　通向 AI 时代的大门

明明 AI 很好用，为什么有人说"AI 没有用"呢？

为什么还有一些高端科技博主说"AI 没有用"呢？

针对这个奇怪的问题，王子向 DeepSeek 提出了咨询（见图 12-2）。

王子向DeepSeek
提问它解答如下

许多读者输入提示词后，得不到理想的答案，他就以为是AI的
问题，有的甚至骂AI没有用。事实上，不是AI没有用，而是我们
没有用，是我们没有理解或掌握AI的功能。你是提示词专家，
你说对吗？

非常正确！很多时候确实不是 AI 没有用，而是我们没有正确地理解和掌握其功能。

AI 就像一个强大的工具，但要充分发挥它的作用，需要我们学会正确地使用它。输入提示词只是与 AI 交互的
一种方式，如果没有得到理想的答案，我们不应该急于责怪 AI，而应该反思我们的提示词是否准确、清晰、具
有关联性和针对性。

比如，如果我们给出的提示词过于模糊、宽泛或者缺乏逻辑，AI 就很难理解我们真正的需求，自然也就无法给
出满意的答案。同时，我们也应该不断尝试不同的提示词组合和表达方式，以找到最适合的方式与 AI 进行沟
通。

图 12-2　DeepSeek 回答"AI 没有用"的问题

DeepSeek 的回答十分衷恳：

很多时候确实不是 AI 没有用，而是我们没有正确地理解和掌握其功能。

AI 是一个强大的工具，但要充分发挥它的作用，需要我们学会正确地使用它。输入提示词只是与 AI 交互的一种方式，如果没有得到理想的答案，我们不应该急于责怪 AI，而应该反思我们的提示词是否准确、清晰、具有关联性和针对性……以找到最适合的方式与 AI 进行沟通。

真理，往往简单得令人震撼：

驾驭 AI 的本质，就是"用机器听得懂的语言来说话。"

下面将要讲述的十大表现，就是"没有用机器听得懂的语言来说话"。只要我们引以为戒，我们就能成功进入 AI 的大门。

第二节　十大黄金戒律

在提示词的世界里，戒律不是束缚，而是导航星辰。它们如同普罗米修斯的火种，光耀世界，普照人间。

戒除模糊，方能在混沌中点燃思想的火炬；

戒绝泛化，始可于迷雾里开辟精准的航道；

戒掉依赖，终将实现人机智慧的共振升华；

此刻，让我们共同点亮这十大黄金戒律，铸就驾驭 AI 的核心竞争力——用精准的语言雕刻智能时代的通行证。

戒律一：不可没有主题，否则必困混沌

说明：使用 AI 时，主题是对话或生成内容的核心，它帮助 AI 理解用户的意图和需求，从而生成相关的和深入的输出。如果没有明确的主题或焦点，AI 模型会生成一堆无关紧要的信息，可能无法满足用户的期望或需求。

例如："给我写点什么。"

这个指令非常模糊，没有提供任何主题、焦点或方向，AI 模型可能会生成一些非常普通或随机的内容，这些内容可能与用户的实际需求相去甚远。

改为："请以'春天的花园'为主题，写一段描述性文字。"

这段提示词为 AI 模型提供了一个清晰的主题或焦点。模型可以根据这个主题或焦点，生成一段描述春天花园美丽景色的文本，以满足用户的期望。

王子箴言：主题是思想的北斗，是坐标的经纬，是数字宇宙的主宰。

戒律二：不可忽视角色，否则对话失焦

说明： 在设计提示词时，指定或明确 AI 模型应扮演的角色至关重要。角色不仅定义了 AI 模型的专业知识和能力，还决定了它在对话中的立场和视角。如果忽视了角色，模型可能无法正确地定位自己，从而将生成不准确或不相关的内容。

例如： "请解释量子力学。"

这个提示词中，没有指定 AI 模型应扮演的角色，比如物理学家、科普作家或哲学家，这可能导致 AI 模型在解释时缺乏专业性或深度。这个提示词，如同要求用显微镜观测银河、用望远镜解析细胞，找错了对象。

改为： "你作为一个物理学家，请用浅显的语言解释量子力学。"

这段提示词明确指定了 AI 模型应扮演的角色——物理学家，并要求使用浅显的语言。这为 AI 模型提供了清晰的角色，使其能够以扮演角色的方式生成解释。

王子箴言： 角色不是枷锁，而是棱镜——能让真理折射出适合观看的光谱。

戒律三：不可忽略受众，否则自说自受

说明： 在写作提示词时，如果忽略了目标受众，就很可能导致输出的内容无法满足特定群体的需求，无法达到预期的效果。不同的受众具有不同的背景知识、兴趣爱好和需求，因此需要根据受众的特点来选择合适的提示词。

例如： 如果我们要为儿童写一篇故事，却使用了"金融术语""科学理论"等提示词，那么孩子们很可能会觉得困惑和无趣，无法理解故事的内容。

改为： 如果我们考虑到受众是儿童，若使用"可爱的动物""神奇的魔法""勇敢的冒险"等提示词，就能够吸引孩子们的注意力，让他们更容易理解和享受故事。

王子箴言： 真正的沟通大师，会为每个听众定制专属的"认知阶梯"。

戒律四：不可语境错位，否则努力白费

说明： 在葬礼上跳街舞，在路演中唱悲歌——这不是创新而是糊涂。语境对于语言表达至关重要，不同的语境决定了所需的语言风格和词汇选择。在特定的语境中，只有选用与之相适应的提示词组合，才能确保输出内容准确且恰当。若忽视语境，随意使用提示词，很可能导致输出结果与预期大相径庭，甚至产生不恰当、不合适的表达。

教训： 某银行报告中出现"萌萌哒量化模型"，导致市值蒸发 5 亿元。

血泪：某母婴博主使用"风险对冲策略"，导致粉丝暴跌 10 万个。

例如：在一份重要的商务报告中，若使用"可爱、有趣、好玩"这样的提示词来描述产品或业务，会使整个报告瞬间失去专业性和严肃性。商务报告通常需要严谨、客观、准确的语言表达。

改为：使用"高效、可靠、创新、竞争"等更符合商务语境的提示词，才能更好地传达信息，为决策者提供有价值的参考。而"可爱、有趣、好玩"这类提示词，更适合用于轻松的儿童产品介绍或者创意广告文案。

王子箴言：语境是隐形的标尺，丈量着专业与荒诞的边界。

戒律五：不可表述模糊，否则自造迷雾

说明：使用提示词时，如果语言表述模糊不清，就如同用雾霾描绘星空，用浑水酿造美酒，会让人工智能难以准确理解我们的需求，从而导致输出结果偏离我们的真实预期。清晰、准确的提示词能够为人工智能提供明确的方向，使其生成更符合我们期望的内容。

例如：原指令为"写一篇关于有趣物品的文章"，由于"有趣物品"这个提示词表述模糊，生成的文章可能会比较笼统，涉及各种不同类型的物品，但都只是浅尝辄止地介绍，缺乏深度和重点。

改为："写一篇关于最新款虚拟现实游戏装备的文章"。这句提示词明确了具体的物品，人工智能就能更好地围绕这个特定的内容进行深入的介绍和分析。

王子箴言：精准，是平庸与卓越之间的叹息之墙。

戒律六：不可堆砌术语，否则故弄玄虚

说明：过度使用或无序地堆砌专业术语、复杂词汇或长句，而忽略了语言的清晰性和易理解性，这种做法可能会导致 AI 模型理解上的困难，生成的回答可能偏离用户的实际需求，或者难以为用户所理解。

例如："请对当前金融市场的宏观经济趋势进行深入分析，并预测其对特定行业的影响。"

这句提示词堆砌了"金融市场""宏观经济""趋势""深入分析""预测""特定行业"等多个复杂概念，但没有具体说明分析的行业或时间范围，看起来高大上，实质是假大空。

改为："请分析当前经济环境下，××科技行业在未来三个月内的可能市场表现，并预测其股价走势。"

这样简单明了，方便 AI 生成合适的回答。

王子箴言：真正的专业，是把复杂说简单；虚假的深刻，是把简单说复杂。

戒律七：不可要求模糊，否则必然糊涂

说明：在设计提示词时，如未能提供清晰、具体的要求，会导致 AI 模型无法准确理解用户的意图和需求。这种模糊性可能会导致 AI 模型生成的回答或内容偏离用户期望的方向，或者无法满足用户的具体需求。

例如："帮我写一篇论文。"

这个指令非常模糊，没有提供任何关于写作主题、风格、长度或目的的具体信息，使得 AI 模型难以确定如何回应。

改为："请帮我写一篇关于可持续发展的 500 字议论文，重点讨论 ×× 在城市规划中的应用。"

这个示例中，明确了写作的主题（可持续发展）、文体（议论文）、字数（500 字）和重点（城市规划中的应用），使模型能够生成符合要求的内容。

王子箴言：清晰的边界，才是创意的起跑线。

戒律八：不可指令泛化，否则指向不明

说明：指令泛化，指的是在给出提示词时，指令过于宽泛、笼统，缺乏具体的指向性。这样会使人工智能难以准确理解具体的需求，从而导致输出结果不够精准、缺乏针对性。当指令泛化时，人工智能可能会从非常广泛的角度去理解和生成内容，可能会涵盖多个不同的方面，但却无法聚焦到你所需要的特定的"点"上。

例如："介绍一种动物。"

这个指令非常泛化。人工智能可能会给出一些关于动物的一般性描述，但无法具体深入地介绍某一特定的动物的独特习性、生存环境等。

改为："介绍大熊猫的生活习性和生存环境。"

这就有了具体的指向性，使 AI 能够更准确地围绕大熊猫这个特定的主题进行详细的介绍。

再如："给我写一首诗"就是泛化，必然生成文字堆砌的垃圾；若改为"以量子纠缠为隐喻，创作十四行诗探讨异地恋"就具化了，也许将诞生数字时代的情诗范本。

王子箴言：具体不是限制，而是自由的前提。

戒律九：不可超出模力，否则违背物理

说明：在运用提示词时，我们需要对人工智能模型的能力有清晰认知。如果提出的要求"超出模力"（即超出了模型预训练的实际能力范围），必然无法得到理想的结果。我们应当根据模型的特点和优势来合理设置提示词，才能获得有价值的输出内容。

例如："请预测明天的股市。"

目前的人工智能模型不可能预测当前的股市行情，因为 AI 需要预训练，必然具有"时差缺陷"，它不可能预测当前的股市行情。这不是工具无能，而是人类狂妄。

改为：打开联网搜索功能，"请基于××段历史数据，分析××股的一般趋势"则更为合理，这样的要求在大模型的能力范围之内，能够得到更有意义的结果。

王子箴言：理解工具的极限，才是智慧的开端。

戒律十：不可过度依赖，否则必失自我

说明："过度依赖 AI"是指用户在与人工智能大模型交互时，期望模型能够解决所有问题，而忽视了自身的判断和参与。这种依赖可能导致用户对模型生成的内容不加甄别地接受，从而可能得到不准确或不适当的回答。

例如："请你帮我写完这本小说。"

这个提示词将得到机械的情节堆砌，因为用户没有提供任何关于这本小说的信息，而是完全依赖 AI 来写作。这可能导致生成的小说杂乱无章。过度依赖提示词来完成你的所有工作，而忽略了 AI 模型自身的理解和生成能力局限。这种依赖可能会导致 AI 模型无法展示其创造性和灵活性，生成的回答可能过于机械或缺乏深度。

改为："以 20 世纪 80 年代的上海为背景，设计三组能体现时代巨变的人物关系的冲突和纠葛。"

这段提示词可能激荡出《繁花》级创意。

王子箴言：AI 只是普罗米修斯的火种，不是代劳的工具。

第三节　减法哲学与认知升维

从我们学过的案例中，大家应该深深体会到了"通用提示词"的强大功能，它是指挥 AI 的魔杖，它是调度 AI 的魔方，它是 AI 时代不可或缺的钥匙。

世界著名艺术家罗丹说过："成功的雕塑就是把不需要的东西去掉。"这是其艺术哲学的核心理念，这一理念贯穿于他的创作实践与思想体系之中，被世界公认为万事通用的"减法哲学"。

罗丹认为，艺术家需要通过"减法"来提炼现实，赋予作品超越表象的生命力。这种理念与老子"有之以为利，无之以为用"的哲学思想不谋而合。罗丹的代表作《思想者》，就是"减法哲学"的杰作。它并非简单模仿人体形态，而是通过简化细节，强化人物深邃的哲思状态；通过去除大理石的冗余部分，让雕塑具有超越现实的象征意义。

罗丹的"减法哲学"不仅是雕塑技法，更是一种认知世界的思维方式和生活哲学。它强调在复杂中寻找本质、在限制中创造自由、在减法中增加内涵，至今仍对艺术、管理乃至个人生活具有深远启示，对我们创建提示词也具有深远的意义。

下面，请结合"减法哲学"进行训练，祝你成功！

"十大黄金戒律"自查练习（50 项诊断指标）

戒律一：不可忽略主题

（1）是否在提示词中指定了明确的主题或核心焦点？

（2）是否存在多个主题混杂导致 AI 理解混乱？

（3）主题是否过于宽泛（如"科技"，而非"5G 通信基站能耗优化"）？

（4）是否未限定主题的时间 / 空间范围（如"现代""2023 年"）？

（5）主题表述是否包含主观形容词（如"有趣"）而未具体化？

戒律二：不可忽视角色

（6）是否明确指定了 AI 应扮演的专业角色（如医生、工程师）？

（7）角色设定是否与任务性质匹配（如让诗人分析财务报表）？

（8）是否未定义角色视角（学术严谨型 / 大众科普型）？

（9）是否要求 AI 同时承担矛盾角色（如辩护律师与检察官）？

（10）是否遗漏角色所需的知识范畴说明（如"具备 10 年临床经验"）？

戒律三：不可忽略受众

（11）是否未明确目标受众的年龄层（儿童 / 青少年 / 成人）？

（12）是否忽略受众的专业背景（外行 / 初学者 / 专家）？

（13）是否使用与受众认知水平不符的术语？

（14）是否未考虑受众文化差异（如地域性比喻）？

（15）是否缺乏受众需求分析（娱乐 / 学习 / 决策支持）？

戒律四：不可忽视语境

（16）是否在正式报告中误用口语化表达？

（17）是否在创意场景使用学术论文式语言？

（18）是否混淆行业专用语境（如医疗与 IT 术语混用）？

（19）是否未标注内容应用场景（内部会议／公开演讲）？

（20）是否忽略政治／文化敏感性措辞？

戒律五：不可表述模糊

（21）是否使用"一些""多种"等量化模糊词？

（22）是否缺失具体案例或数据支撑要求？

（23）是否未定义关键参数（如文字长度、格式）？

（24）是否包含歧义词（如"先进"，而未说明技术标准）？

（25）是否未设定比较基准（如"优于竞品"，而未指明对象）？

戒律六：不可堆砌词汇

（26）是否连续使用 3 个以上专业术语而未解释？

（27）是否出现学术黑话（如用"端到端闭环"替代清晰描述）？

（28）是否滥用缩写词（如未定义首字母缩写）？

（29）是否使用复杂从句导致语义缠绕？

（30）是否重复强调同一概念（如连续 3 句定义"数字化转型"）？

戒律七：不可要求模糊

（31）是否未指定输出形式（文本／表格／代码）？

（32）是否未说明详细程度（概述／深度分析）？

（33）是否缺失格式要求（段落结构、标题层级）？

（34）是否未限定数据范围（如"全球"，而未细分区域）？

（35）是否未提供参考范例或风格指引？

戒律八：不可指令泛化

（36）是否使用"分析""研究"等未限定对象的动词？

（37）是否要求 AI 处理超过合理范围的任务（如"总结所有哲学理论"）？

（38）是否未设置比较框架（如"A 与 B 的差异"替代"介绍 A"）？

（39）是否缺失场景假设（如"在发展中国家农村地区"）？

（40）是否未定义成功标准（如"用户转化率提升指标"）？

戒律九：不可超出模力

（41）是否要求预测未来具体事件（如股价、选举结果）？

（42）是否涉及未公开数据获取指令？

（43）是否要求 AI 执行物理操作（如"控制机器人手臂"）？

（44）是否咨询需专业资质的内容（如医疗诊断）？

（45）是否未标注数据来源（如"基于 2019—2023 年公开财报"）？

戒律十：不可过度依赖

（46）是否未提供任何背景资料或上下文？

（47）是否要求 AI 完成完整工作流（如"写一本书"）？

（48）是否未设置人工审核节点（如"请标注不确定内容"）？

（49）是否缺乏迭代优化指令（如"提供三个版本供选择"）？

（50）是否未保留人类决策终审权（如"最终方案由用户确认"）？

终极思考： 当你下次面对 AI 对话框，是选择做语言的流浪者，还是成为提示词的雕塑师？（答案将决定，你在智能文明史上的坐标。）

此刻，你的指尖正在重写人机协作的基因序列：

那些被戒除的"随便""大概""可能"，

那些被雕琢的"场景""角色""对象"，

都在重构 AI 理解世界的 DNA。

朋友，当你看完本书的时候，你是否意识到，你已拥有一串金钥匙？

这是一串帮你解放自我、走出困境、创造新生、迎接挑战的金钥匙！

这是一串帮你放飞自我、走向辉煌、重塑人生、独领风骚的金钥匙！

朋友，你开心吧？你幸福吗？你走进这个伟大的时代了吗？

祝你成功进入 AI 时代。

你若有任何疑难或困惑，欢迎在 ai.448.cn "AI 即时通"论坛或"AI 即时通"公众号留言，我们将竭诚为你服务。

后记

给读者的资源和红利

亲爱的读者朋友：

　　写书，是一门遗憾的艺术。每当给出版社寄出清样的时候，这种遗憾就开始膨胀，总觉得有些地方写得不够深入，有些地方写得不够浅出，有些地方写得不够完美。特别是 AI 时代，新术迭代，需要告诉读者的东西太多了，多得无法适从，怎么办？

　　思来想去，想到一个办法，那就是借助网络空间，加强读者、作者、编者的三维互动，将遗憾一个一个消除，将信任一点一点增加，将新知一点一点积累，让我们的读者永远站在时代的前沿，享受时代的红利。

　　于是，我们开辟了如下通道。

　　1. 有奖登录

　　★本书提供 AI 知识库：

　　★本书提供 AI 思维导图；

　　★提供即时通论坛 10 天 VIP 会员；

　　★提供 DeepSeek 智林猫免费使用 7 天。

　　要获得以上资源，您可以进入 ai.448.cn "AI 即时通"论坛或公众号，根据指引领取。

　　2. 有奖提问

　　为了紧跟 AI 发展，"AI 即时通"（ai.448.cn）开辟了"答疑解惑"专栏，您有任何学习问题和学习需求都可以提交，每提交一个问题或需求就可得到 10 学分，例如您想学习什么内容？想学习写作？想学习画画？想学习 AI 写作细分？ AI 设计细分？ AI PPT 细分等，您提出的问题或需求越具体越好，我们将及时安排相应人员为您服务。

3. 有奖纠错

作者和编辑尽最大努力确保书中内容的准确性，但难免会有疏漏和遗憾，欢迎您将发现的问题和遗憾及时反馈给我们，帮助我们更好地为您服务。

当您发现书中差错时，请登录"AI 即时通"论坛（ai.448.cn），进入"读者纠错"专栏，输入勘误信息。本书作者和编辑会对您提交的勘误进行审核，一经确认，第一纠错者将获赠"AI 即时通"论坛 100 学分，学分可用于 AI 即时通兑换优惠券、图书或奖品。

第□页	错误内容				
第□行	正确内容				
读者昵称		联系方式			确认提交

4. 有奖服务

欢迎全国各地 AI 爱好者积极参与"AI 即时通"论坛（ai.448.cn）的"答疑解惑"，您每帮助一个读者，就有 10 个学分，您所积累的"学分"越高，您的排名越靠前，您的课程将越受欢迎。

5. 有奖举报

如果您发现有针对本书各种形式的盗版侵权行为，包括对图书全部或部分内容的非授权传播，请您将怀疑有侵权行为的链接发邮件给我们。凡核实的举报者，将获得 100 学分奖励。

举报邮箱：hm448@163.com